陕西省社会科学基金项目

西迁精神对延安精神的传承创新研究

何志敏 著

陕西新华出版 陕西人民出版社

图书在版编目（CIP）数据

西迁精神对延安精神的传承创新研究 / 何志敏著.
—西安：陕西人民出版社，2023.12
　　ISBN 978-7-224-15296-8

　　Ⅰ.①西… Ⅱ.①何… Ⅲ.①西安交通大学—校史②延安精神-研究 Ⅳ.①G649.284.11②D648.4

中国国家版本馆 CIP 数据核字（2024）第 027577 号

责任编辑：白艳妮
整体设计：姚肖朋

西迁精神对延安精神的传承创新研究

作　　者	何志敏
出版发行	陕西人民出版社
	（西安市北大街 147 号　邮编：710003）
印　　刷	西安市建明工贸有限责任公司
开　　本	787 毫米×1092 毫米　16 开
印　　张	15.75
字　　数	223 千字
版　　次	2024 年 5 月第 1 版
印　　次	2024 年 5 月第 1 次印刷
书　　号	ISBN 978-7-224-15296-8
定　　价	49.00 元

如有印装质量问题，请与本社联系调换。电话：029-87205094

前　言

本专著为2018年陕西省社科基金"西迁精神对延安精神的传承创新研究"（立项号：2018A14）结项成果。2018年9月，接到立项通知书后，课题组成员先后对西迁精神、延安精神，西迁精神与延安精神的相互关系进行了详细系统的研究。经过反复打磨，本专著首先对西迁精神、延安精神的核心概念与相关理论进行了分析研究；在此基础上对西迁精神的历史意义与当代价值进行了研究，接着深入挖掘了西迁精神与延安精神的共性与个性；从胸怀大局、听党指挥，高扬爱国主义旗帜，无私奉献、艰苦创业，解放思想、实事求是四个层面探究了西迁精神对延安精神的传承；从奉献报国、严谨精致、开拓进取、团结互助、爱国奋斗五个层面研究了西迁精神对延安精神的创新发展。在第六章对西迁精神和延安精神认知传播和传承创新现状进行了调查研究，结果显示：西迁精神对延安精神传承创新过程中，在一定程度上仍然存在着主体意识薄弱，客体（内容）有待系统化、科学化、大众化，介体有待拓宽，环体有待优化等现实问题。针对以上问题，在第七章提出了通过增强主体自觉、丰富相关内容、拓宽媒介渠道、优化传播环境的西迁精神传承创新的提升路径。在第八章把延安精神和西迁精神放在红色文化的背景下加以考察，主要包括红色文化的内涵、延安精神在红色文化中的地位、西迁精神在红色文化中的地位三个方面，进一步提升延安精神、西迁精神的地位，为传承创新延安精神和西迁精神提供了理论和实践支撑。

参加本专著写作的人员及分工。第一章绪论由何志敏、崔玉改负责完成（2.4万字），第二章由何志敏、段柯负责完成（1.9万字），第三章由何志敏、王雪莹负责完成（3.1万字），第四章由何志敏、黄鹤负责完成（3万字），第五章由罗梦菲负责完成（3.2万字），第六章由史雨川负责完成（2.5万字），第七章由何志敏、刘畅负责完成（3.5万字），第八章由何志敏负责完成（2.5万字）。全书由何志敏负责总纂。值此专著出版之际，谨代表课题组所有研究人员向关心和支持专著写作的各位同仁表示衷心的感谢。

何志敏

2023年10月于古都西安

目 录

第一章　绪论 / 001

一、研究背景 / 003

二、文献综述 / 005

　　（一）国内研究现状 / 005

　　（二）国外研究现状 / 008

　　（三）简要述评 / 008

　　（四）拟解决的难点问题 / 009

三、研究意义 / 009

　　（一）理论意义 / 009

　　（二）应用价值 / 009

四、思路方法与研究框架 / 009

　　（一）基本思路 / 009

　　（二）研究方法 / 010

　　（三）研究提纲 / 010

五、相关概念阐述和理论基础 / 011

　　（一）相关概念阐述 / 011

　　（二）相关理论基础 / 022

第二章　西迁精神的历史意义与当代价值研究 / 027

一、西迁精神的历史意义 / 029

（一）对中华优秀传统文化的继承与发展 / 029

（二）对民族精神的继承与发展 / 033

（三）对延安精神的继承与发展 / 036

二、西迁精神的当代价值 / 039

（一）为时代精神注入新的内涵 / 039

（二）为公民道德建设注入新的内涵 / 040

（三）为社会主义核心价值观注入新的内涵 / 042

（四）为党中央治国理政注入新的内涵 / 044

第三章　西迁精神与延安精神的共性与个性 / 047

一、西迁精神与延安精神的共性 / 049

（一）以爱国主义为核心的伟大民族精神 / 049

（二）坚定的政治信念和崇高的革命理想 / 052

（三）艰苦奋斗、不屈不挠的英雄主义精神 / 055

（四）重于求实和勇于创新的革命精神 / 059

（五）忠诚于党和服务人民的崇高品德 / 062

（六）顾全大局和无私奉献的报国精神 / 065

（七）同属于红色文化和中国共产党人精神谱系 / 068

二、西迁精神与延安精神的个性 / 071

（一）时代背景不同 / 071

（二）历史任务不同 / 074

（三）创造主体不同 / 075

（四）斗争对象不同 / 077

第四章　西迁精神对延安精神的继承 / 079

一、胸怀大局、听党指挥 / 082
　　（一）响应党的号召，哪里需要就到哪里去 / 082
　　（二）立足大局的前瞻智慧 / 083
　　（三）坚定正确的政治方向 / 085

二、高扬爱国主义旗帜 / 087
　　（一）始终坚定共产主义信仰 / 087
　　（二）坚决维护中华民族最高利益 / 090
　　（三）重视发扬教育对强国的意义 / 091
　　（四）始终保持对人民的热爱 / 093

三、无私奉献、艰苦创业 / 095
　　（一）耐得住寂寞的钻研精神 / 095
　　（二）守得住初心的奋斗精神 / 098
　　（三）融个人前途于祖国命运的奉献精神 / 100

四、解放思想、实事求是 / 102
　　（一）坚持一切从实际出发 / 103
　　（二）敢于打破传统的革命精神 / 104
　　（三）敢于开拓进取的创新精神 / 106

第五章　交大西迁精神对延安精神的创新 / 111

一、奉献报国 / 113
　　（一）不忘初心、牢记使命 / 113
　　（二）勇立潮头，培养人才 / 115
　　（三）个人理想融入国家发展 / 118

二、严谨精致 / 120

（一）敬国畏业，沉静专注 / 120

　　　（二）一丝不苟，精益求精 / 122

　　　（三）坚持不懈，追求卓越 / 125

　　三、开拓进取 / 126

　　　（一）不畏艰难，自强不息 / 127

　　　（二）追求真理，脚踏实地 / 129

　　　（三）敢于创新，永不满足 / 131

　　四、团结互助 / 132

　　　（一）顾全大局，担当负责 / 133

　　　（二）互相学习，精诚协作 / 135

　　　（三）瞄准国际，取长补短 / 137

　　五、爱国奋斗 / 138

　　　（一）坚守爱国情怀 / 139

　　　（二）坚定奋斗意志 / 141

　　　（三）建功立业新时代 / 142

第六章　西迁精神和延安精神认知传播传承创新现状调查 / 145

　　一、主体意识有待强化 / 148

　　　（一）对延安精神、西迁精神的学习持续性不足 / 149

　　　（二）对延安精神、西迁精神的学习不够深入 / 149

　　　（三）学习存在应试性倾向 / 150

　　　（四）文化认知相对不够全面 / 151

　　　（五）传承意识相对欠缺 / 152

　　二、客体（内容）尚待系统化、科学化、大众化 / 153

　　　（一）西迁精神内涵挖掘不足 / 153

　　　（二）延安精神的"三进"工作亟须加强 / 156

（三）对西迁精神与延安精神的传承关系研究不足 / 157

三、介体仍需拓宽 / 158

（一）对延安精神和西迁精神的宣传力度不强 / 159

（二）西迁精神和延安精神的普及机制建设不完善 / 163

四、环体尚需优化 / 166

（一）文化多元化冲击个体正确价值观的形成 / 166

（二）复杂社会思潮挑战主流意识形态 / 167

（三）高校文化环境建设成效不彰 / 169

第七章 西迁精神传承创新的路径研究 / 171

一、增强主体自觉 / 174

（一）强化内容教育 / 174

（二）提升价值认同 / 176

（三）坚定理想信念 / 178

二、丰富相关内容 / 181

（一）构建理论体系 / 181

（二）强化学理阐释 / 184

（三）拓展精神外延 / 187

三、拓宽媒介渠道 / 190

（一）开发红色旅游资源 / 190

（二）立足实体文化形式 / 193

（三）紧守网络宣传阵地 / 196

四、优化传播环境 / 199

（一）营造红色文化氛围 / 199

（二）发挥主流媒体引导 / 201

（三）强化相关部门管理 / 204

第八章 延安精神、西迁精神与红色文化 / 209

一、红色文化的内涵 / 211

（一）不同历史时期红色文化的内涵 / 212

（二）红色文化的共同内涵 / 216

二、延安精神在红色文化中的地位 / 217

（一）从历史维度来看延安精神在红色文化中的地位 / 217

（二）从价值维度来看延安精神在红色文化中的价值 / 226

（三）从实践维度来看延安精神对红色文化的传承创新 / 227

三、西迁精神在红色文化中的地位 / 229

（一）从历史时期来看西迁精神在红色文化中的地位 / 229

（二）从逻辑推理上来分析：西迁精神—大学精神

——红色文化 / 230

结束语 / 235

后 记 / 237

第一章

绪论

第一章 绪论

一、 研究背景

习近平总书记在陕西考察时指出:"老一辈革命家和老一代共产党人在延安时期留下的优良传统和作风,培育形成的以坚定正确的政治方向、解放思想实事求是的思想路线、全心全意为人民服务的根本宗旨、自力更生艰苦奋斗的创业精神为主要内容的延安精神,是我们党的宝贵精神财富。"坚持不懈继承和弘扬延安精神,对于不断把中国特色社会主义伟大事业推向前进具有重要意义。延安精神诞生于抗日战争和解放战争时期,是中国共产党先进理论成果与高尚革命精神的生动写照。随着时代的发展,延安精神逐渐被赋予了深刻内涵,主要内容为"坚定正确的政治方向、解放思想实事求是的思想路线、全心全意为人民服务的根本宗旨、自力更生艰苦奋斗的创业精神",在新时代焕发出新的精神力量。对此,国家领导人也多次强调延安精神并没有过时,社会主义现代化建设需要延安精神,呼吁让延安精神折射出时代的光芒。

2017年11月,15位交大西迁老教授给习近平总书记写信,信中说:"多年来在西北的奋斗,我们形成了'胸怀大局、无私奉献、弘扬传统、艰苦创业'的'西迁精神',并在代代师生中传承弘扬。"2017年12月11日,习近平总书记对来信作出重要指示:"向当年响应国家号召献身大西北建设的交大老同志们致以崇高的敬意,希望西安交通大学师生传承好'西迁精神',为西部发展、国家建设奉献智慧和力量。"

2018年年初，习近平总书记在新年贺词中再次提到西迁老教授的来信："广大人民群众坚持爱国奉献，无怨无悔，让我感到千千万万普通人最伟大，同时幸福是奋斗出来的。"同年1月底，教育部召开教师工作战线学习西迁精神座谈会，深入贯彻习近平总书记对西安交通大学15位西迁老教授来信作出的重要批示精神，学习西迁老教授们胸怀大局、无私奉献、弘扬传统、艰苦创业的西迁精神，激励全国广大教师传承和弘扬西迁精神，激发爱国奋斗情怀，积极投身新时代中国特色社会主义伟大事业建设，为建设教育强国努力奋斗。

2018年8月，中央组织部、中央宣传部要求在广大知识分子中深入开展"弘扬爱国奋斗精神、建功立业新时代"活动。习近平总书记对以钱学森、邓稼先等"两弹一星"元勋和西安交通大学"西迁人"为代表的老一辈知识分子"党让我们去哪里，我们就背上行囊去哪里""始终与党和国家的发展同向同行"的家国情怀和奉献精神予以高度赞扬。

2020年4月22日，习近平总书记在西安交通大学考察时指出：西迁精神的核心是爱国主义，精髓是听党指挥跟党走，与党和国家、与民族和人民同呼吸、共命运，具有深刻现实意义和历史意义。要坚持党对高校工作的全面领导，坚持立德树人，建设高素质教师队伍，努力培养更多一流人才。

2021年9月，党中央发布中国共产党人精神谱系第一批伟大精神，西迁精神与延安精神均位列其中，与其他44种伟大精神共同彰显了中华民族和中国人民长期以来形成的伟大创造精神、伟大奋斗精神、伟大团结精神、伟大梦想精神。

西迁者身上体现出来的顾全大局、爱国奉献、艰苦奋斗等优秀的精神品质同延安精神一脉相承。随着中国特色社会主义进入新时代，不断地继承和弘扬优秀的延安精神，意义重大。因此，本书致力于研究交大西迁精神对延安精神的继承和发展。用科学的理论体系和恰当的分析方法对这一课题进行系统研究，试图厘清西迁精神与延安精神传承与创新的关系，从而进一步挖掘交大西迁精神在新时代的价值，使之升华为陕西追赶超越乃至促进西部经济社会发展的重要精神动力。

二、文献综述

（一） 国内研究现状

1. 关于西迁精神的研究

目前关于西迁精神有狭义和广义的理解，狭义的理解就是指交通大学的西迁精神，而广义的理解指所有西迁的企事业单位及高校等的精神。（1）西迁精神的起源。有学者认为，西迁精神源于南洋公学精神。陈容认为，南洋公学精神主要包括：注重体育、注重国学国文、注重科学工艺。（2）西迁精神的内涵。朱继洲（2005）从爱国爱校、顾全大局、乐于牺牲、无私奉献、尽职敬业、艰苦奋斗等不同层面和视角对西迁精神进行了阐发。郑南宁（2006）将其归纳为胸怀大局、无私奉献、弘扬传统、艰苦创业。史维祥（2006）在《西迁精神是西安交通大学的宝贵财富》一文中提道："我可以肯定地说，我们无私奉献，无怨无悔。我们确实牺牲了许多物质方面的幸福生活，但我们培养了那么多的人才，在这片黄土地上建成了一所这么好的大学，我们以国家利益为前提，我们的无私奉献换来了辉煌的成绩，内心是很安慰的。"张肇民（2006）在《对西迁精神的几点看法》一文中提道：西迁精神最根本的一条是"爱国爱校，追求真理，无私奉献"，"西迁精神也体现为建设名校、艰苦创业的精神"，"西迁精神还体现为交大人顾全大局、团结协作的精神"。前高教部部长周济（2006）在《继承、弘扬西迁精神，为创建世界高水平大学而努力奋斗——在教育部纪念交通大学迁校五十周年座谈会上的讲话》中指出："西迁精神是新中国广大的知识分子热爱祖国、服务人民高尚情操的光辉写照。""它是老一代交大人在坚持国家利益与学校自身发展相统一的方向下不断取得学校各项事业成功的经验总结，是交通大学在办学过程中和教育实践中不断推进自身建设和走向成熟的经验总结，是一代又一代交大人艰苦创业成就了国家高等教育结构调整成功典范的伟大实践的高度概括和总结。"原西安交通大学秘书长、校史中心主任、档案馆馆长贾箭鸣

(2014)在其所著的《百年淬厉电光开》一书中提道：西迁精神是勇于为国家民族担当的精神，是一种伟大的创业创新精神，是艰苦奋斗实现理想价值的精神。张迈曾（2015）认为，西迁精神是奉献报国的使命文化；是严谨精致的卓越文化；是开拓进取的创新文化；是团结互助的团队文化。蒋大宗（2016）在《交通大学的历史记忆》一文中提道："西迁精神是老一辈交大人用一腔热血谱写出来的，是人民对党和政府的政策和决定有无比的信赖感和认同感""是自觉地把国家和民族的利益放在前面"。习近平总书记（2020）指出，西迁精神的核心是爱国主义，精髓是听党指挥跟党走，与党和国家、与民族和人民同呼吸、共命运，具有深刻现实意义和历史意义。（3）西迁精神的传承与创新研究。朱继洲（2005）指出，西迁精神是交通大学爱国爱校、顾全大局的革命精神的传承与创新；是交通大学无私奉献、勇挑重担的创业精神的传承与创新；是交通大学尽职敬业、艰苦奋斗的务实精神的传承与创新。赵力（2006）指出，要将西迁精神视为校园文化的灵魂和校园文化建设的核心内容。胡勇华（2011）指出，要恪守尊重学者、崇尚学术的办学理念，坚持育人为本、学风求正的发展道路，履行服务社会、造福乡邦的社会责任，倡导艰苦奋斗、勤俭办学的创业精神。交大党委（2017）指出，要谱写落实习近平总书记重要讲话精神的新篇章；续写爱国、集体、英雄、乐观的新故事；提交学科建设满意新答卷；为西部的追赶超越发展做出新贡献；建好促进大学发展的新平台。燕连福、李婧（2020）将牢记习近平总书记的嘱托，以西迁精神培育时代新人、勇担职责使命续写爱国奋斗新故事，敢于开拓创新，奋力走好新时代新征程总结为弘扬好西迁精神的重要路径。（4）西迁精神的价值研究。主要涵盖时代价值。助力新时代交大科技工作（王树国，2018）；强化新时代领导干部队伍建设，激励新担当新作为（柴渭，2018）；助力区域经济社会发展，谱写追赶超越新篇章（吕扬，2018）；为国家整体建设发展贡献智慧和力量（陆航，2018）。对高校思想政治教育的价值，如爱国精神教育价值、大局意识教育价值、历史担当教育价值、重义轻利教育价值、艰苦创业教育价值、追求卓越教育价值（卢黎歌，2018）。

2. 关于延安精神的研究

习近平总书记（2009）在陕西考察时指出："伟大的延安精神滋养了几代

中国共产党人，始终是凝聚人心、战胜困难、开拓前进的强大精神力量。"邢利民（2014）指出，延安精神的主要内容包括：坚定正确的政治方向，解放思想、实事求是的思想路线，全心全意为人民服务的根本宗旨，自力更生、艰苦奋斗的创业精神。吴曾睿（2015）指出，坚定的政治方向和信念、实事求是的思想灵魂、以人为本的服务理念、勤俭朴素的节约精神、锐意创新的进取之心是延安精神的思想精髓。

杨彩娟（2017）指出："抗日救亡的时代主题决定了延安精神是一种忧患意识危机意识的精神；延安严酷的生活环境决定了延安精神是一种艰苦奋斗自力更生的精神；共产党崇高的理想决定了延安精神是一种全心全意为人民服务的精神。在我国社会主义建设进入攻坚战的今天，我们要发扬延安精神，培养党员干部和群众的忧患意识，坚持艰苦奋斗精神，树立全心全意为人民服务的精神。"王洁（2018）指出："实事求是，群众路线，独立自主，艰苦朴素构成了延安精神的核心。这个核心又涵盖着极其丰富的内容。具体表现为：为人民服务的精神，自力更生、艰苦奋斗、自强不息、开拓进取的精神，同心同德、顾全大局、团结奋斗的精神，实事求是的精神，勤俭节约、励精图治、无私奉献的精神，先人后己、不怕牺牲、顽强奋斗的精神等。它作为历史的产物和时代的产物，是在坚持马克思主义理论的基础上，结合中国特有的国情和地域的基础上产生的，具有自己独特的理论思维。延安精神就其形态来说，它不是一个理论体系，它是一种人生观、伦理观，又是一种工作作风、敬业精神。新时期，延安精神并没有过时，仍然有着其特殊的指导意义。"李国喜（2021）认为，延安精神是党的性质和宗旨的集中体现，是党的优良传统和作风的集中体现，是伟大中国精神的重要组成部分。新时代弘扬延安精神，必须深刻把握延安精神的丰富内涵。

3. 关于交大西迁精神与延安精神关系的研究

徐茂义（2006）在《西迁精神与交大传统》一文中将西迁精神与长征精神、延安精神做类比，并阐述了交大"爱国爱校，追求真理，勤奋踏实，艰苦朴素"的十六字的校风传统，"起点高，基础厚，要求严，重实践"的教学传统，以及丰富的校园文化，活跃的课余活动的素质培养传统。并指出，只要发扬西迁精神，恢复、继承和发扬老交大传统，教学质量下滑的现象定能纠正，"高质量本科生"名牌定能重振雄风。梁桂（2015）认为，西迁精神是对延安精神的继承、发扬，是高教战线的宝贵财富，对交大西迁精神包含的内容也做出了概括。交大党委（2015）指出，要把发扬西迁精神与弘扬延安精神、与践行社会主义核心价值观、与开展"三严三实"专题教育、与建设"四有"教师、与高扬"四个主义"伟大旗帜紧密结合。韩锐、纪梦然（2020）认为，西迁精神是对红船精神、延安精神等与时俱进的继承与发展，是特定历史时期党的奋斗历程、光辉业绩与精神状态的集中体现。

（二） 国外研究现状

国外有关延安精神和西迁精神的研究较少，几乎为空白。早年埃德加·斯诺先生的《西行漫记》以及美军观察组延安之行所形成的相关记载，是对延安精神形成过程的直观见证和真实记述。

近年来，随着西安交通大学发起成立"新丝绸之路大学联盟"以及交大西部科技创新港的建设，国外学界给予高度关注和支持。

澳大利亚新南威尔士大学中国战略及发展部主任 Laurie Pearcey（2015）指出，"新丝绸之路大学联盟"提出中国与多个地区的连接对于发展未来研究和创新生态系统至关重要。

圣路易斯华盛顿大学校长 Mark Wrighton（2016）指出，"新丝绸之路大学联盟"将为人类文明的发展做出贡献。

（三） 简要述评

综上，国内外学者对交大西迁精神和延安精神进行了开拓性研究，现有成果对本书研究具有重要学术价值，但也存在明显的不足：一是对延安精神的内涵、特征以及交大西迁精神的内涵等方面进行研究的文献比较零散，系统性研究不足；二是对交大西迁精神的历史传承与创新，以及它与延安精神的关系的研究相对缺乏；三是对交大西迁精神的影响力及其当代价值的挖掘还有所欠缺。

鉴于此，本书以习近平总书记关于交大西迁精神的重要指示为指导，在对交大西迁精神研究历史经验回顾总结的基础上，试图厘清其与延安精神传承与创新的关系，进一步挖掘交大西迁精神在新时代的价值，使之升华为陕西追赶超越乃至促进西部经济社会发展的重要精神动力。

（四）拟解决的难点问题

一是进一步提炼交大西迁精神和延安精神的内涵。目前，关于这两种精神的提炼和概括还不够一致，需要有一个深化的过程。

二是深入探究交大西迁精神与延安精神传承与创新的关系。交大西迁精神如何并在哪些方面传承和创新了延安精神，需要进一步具体分析。

针对上述难点问题，本书在大量调研和查阅文献资料的基础上，将进行深入细致的分析，力争取得突破。

三、研究意义

（一）理论意义

能够为深化中国共产党人精神谱系研究提供理论支撑；为交大西迁精神的理论研究提供借鉴；为延安精神传承及创新研究提供理论参考。

（二）应用价值

通过研究，为交大西迁精神纳入实施"一带一路"倡议下承接延安精神、丝路精神提供政策建议；为在陕西和全国范围内开展传承交大西迁精神的主题教育活动提供现实指导；为教育战线开展"弘扬爱国奋斗精神、建功立业新时代"等主题活动提供路径指导。

四、思路方法与研究框架

（一）基本思路

通过对西迁精神相关文献的整理与分析，对中国精神、西迁精神、延安精神等核心概念进行界定；在此基础上，运用史论、比较、实证等研究方法，深入阐释西迁精神的内涵,并厘清西迁精神与延安精神的辩证关系。对知识分子在西迁精神、延安精神认知方面存在的问题进行归纳整理,进而尝试以问题为导向,阐明传承创新西迁精神、延安精神的具体实践路径。

(二) 研究方法

1. 史论研究法

通过检索、查阅大量交大档案馆和校史馆代表人物的档案资料及相关西迁精神论文集和未公开发表的资料,对西迁精神的历史脉络做出细致梳理,进而揭示出西迁精神的本质内涵及发展规律。

2. 比较研究法

对西迁精神与延安精神进行比较,对二者的辩证关系予以深刻阐释,进而形成对二者关系及互补价值的系统表述。

3. 实证研究法

为了深入研究知识分子对西迁精神、延安精神深刻内涵及发展现状的认知程度,拟展开多维度的问卷调查和人物访谈,尽可能获得全面、可靠的第一手资料,并通过统计分析,归纳出认知存在的问题并寻找有效对策。

(三) 研究提纲

1. 核心概念与相关理论

(1) 核心概念:中国精神、大学精神、西迁精神、延安精神。(2) 相关理论:关于中国特色社会主义精神文明建设的相关理论、中国共产党人精神谱系、习近平总书记关于精神的重要论述。

2. 西迁精神的历史意义与当代价值

(1) 历史意义:中华优秀传统文化的继承与发展、民族精神的继承与发展、延安精神的继承与发展。(2) 当代价值:为时代精神注入新的内涵、为公民道德建设注入新的内涵、为社会主义核心价值观注入新的内涵、为党中央治国理政注入新的内涵。

3. 西迁精神与延安精神的共性和个性

(1) 西迁精神与延安精神的共性:以爱国主义为核心的伟大民族精神、坚定的政治信念和崇高的革命理想、艰苦奋斗不屈不挠的英雄主义精神、重于求实和勇于创新的革命精神、忠诚于党和服务人民的崇高品德、顾全大局和无私奉献的报国精神，同属于红色文化和中国共产党人精神谱系。（2）西迁精神与延安精神的个性：时代背景、历史任务、创造主体、斗争对象具有差异性。

4. 西迁精神对延安精神的继承

胸怀大局、听党指挥；高扬爱国主义旗帜；无私奉献、艰苦创业；解放思想、实事求是。

5. 西迁精神对延安精神的发展

奉献报国；严谨精致；艰苦卓绝；团结互助；爱国奋斗。

6. 知识分子对西迁精神、延安精神的认知存在的问题

（1）调查基本情况。（2）调查数据总结分析。（3）存在问题：主体意识薄弱，客体（内容）有待系统化、科学化、大众化，介体有待拓宽，环体有待优化。

7. 路径研究

增强主体意识、丰富相关内容、拓宽媒介渠道、优化传播环境。

五、相关概念阐述和理论基础

（一）相关概念阐述

1. 中国精神

列宁指出："在分析任何一个社会问题时，马克思主义理论的绝对要求，就是要把问题提到一定的历史范围之内。"[1] 中国精神的概念产生并非无源之水、无本之木，其蕴含着深厚的历史渊源、突出的时代特征与鲜明的实践指向。具体而言：一方面，中国精神是中国的国家精神。作为一种以国家为主体的精神，中国精神彰显了整个国家和民族的价值理念与文化气质，表现出

---

[1] 列宁选集：第 2 卷 [M]. 北京：人民出版社，1995：375.

个体、社会、民族、国家四个层面的内在规定性，其与中华民族精神、中国人的精神、中国国民性等概念不完全重合；另一方面，中国精神是民族精神和时代精神的有机统一，中国精神贯穿于中华民族历史进程之中，始终与中国社会发展同向同行，历经了从古至今的发展演进。2013年，习近平站在时代前沿和人类社会发展整体的高度，作出了将民族精神和时代精神概括为"中国精神"的重要论断，中国精神的思想理论形态由此初现雏形，中国精神从"幕后"走到了"台前"，从原来的"自在、自发和被动"状态跃升为"自为、自觉和主动"的状态，成为实现中华民族伟大复兴的强大精神动力。

中国精神内涵丰富，外延宽广。西迁精神和延安精神作为中国精神的重要组成部分，既具有中国精神中的爱国主义、团结统一、牺牲奉献、舍己为人、艰苦奋斗、胸怀大局等精神元素，又具有自身的丰富内涵。因此，将西迁精神和延安精神放在中国精神的大范围中去理解，更能深刻地理解西迁精神和延安精神的契合点和区分点，可以在中国精神的大背景下了解西迁精神传承了延安精神的哪些要素，又对延安精神的哪些方面进行了发展，进而厘清两种精神的密切关系。

2. 西迁精神

经研究发现，我国历史上的西迁精神不仅限于交通大学，教育战线，还包括诸多企事业单位、社会组织的搬迁乃至某些民族的迁徙，涉及范围十分广范。例如，抗战时期著名的西南联合大学就是众多高校合力西迁的产物，其在极端艰苦的条件下培养了诸多科技文化精英，大大推动了我国西南地区经济文化的发展，为中华民族做出了巨大贡献，这同样是一种西迁精神。它既体现了民族危亡之际我国知识分子崇高的人生理想与价值追求，也在客观上为我国发展相对滞后的地区带来了文明新风。同时，这些高校在艰苦岁月中形成了自身独具特色的大学精神文化，为一代又一代的后辈提供了难能可贵的精神养料，也为其校园精神文化的建设与发展奠定了坚实的基础。

本书所使用的西迁精神概念，特指交通大学自20世纪50年代内迁西安始逐步形成的特有精神品质。1955年，交通大学响应国家号召，全校师生克服重重困难，从繁华的上海迁到西安，扎根西部，建立新校园，艰苦创业，将学校建设为驰名中外的高水平大学。对于西迁精神的内涵,笔者倾向于西安交通大学党委作出的"胸怀大局,无私奉献,弘扬传统,艰苦创业"的十六字概括。这一概括是对交大师生不畏艰难、顾全国家形势、响应号召、拼搏创业的优秀品质和高尚情操的高度凝练和精准把握,其简洁洗练,已成为西迁精神最重要的代名词。

近年来,通过校内外各界人士的深入挖掘与研究,西迁精神的内涵表述愈发凝练简明。朱继洲将西迁精神总结为:爱国爱校,顾全大局,乐于牺牲,无私奉献,尽职敬业,艰苦奋斗。[①]霍有光认为西迁精神由拓荒者精神、艰苦创业精神、攀登精神三种精神汇聚而成。[②]张迈曾将西迁精神视作奉献报国的使命文化、严谨精致的卓越文化、开拓进取的创新文化、团结互助的团队文化。[③]习近平总书记强调,西迁精神的核心是爱国主义,精髓是听党指挥跟党走,与党和国家、与民族和人民同呼吸、共命运。

(1) 爱国主义是西迁精神的核心。

听党指挥,胸怀爱国志。新中国成立后,党和国家作出了开展"一五计划"的重大部署,着力推进西部建设发展。1955年,交大人坚决服从和拥护党中央关于交通大学内迁西安的战略决策,打起背包就出发,毅然决然地奔赴大西北,到祖国最需要的地方建功立业,争做西部建设的先锋队和排头兵。"听党指挥跟党走",胸怀爱国大志的交大人怀揣着报效祖国的宏图大志,为国家的发展贡献自己的力量。

坚定信念,奉献报国情。西迁教师、中国工程院首届院士谢友柏回忆说:"我已经在西安交通大学工作61年了,回顾迁校的那一段经历,还是热血沸腾。那时候大家都有一种精神,一种为了国家的富强不顾一切去奋斗的精神。"60多年来,西安交通大学始终坚守"扎根西部,服务国家,世界一流"

---

① 朱继洲,刘朔,崔瑞峰. 西迁精神:交通大学文化的传承与创新[J]. 西安交通大学学报(社会科学版),2005 (01):88-92.

② 霍有光. 从交通大学西迁历程看西迁精神[J]. 高等教育研究学报,2006 (01):42-43.

③ 张迈曾. 在西迁精神座谈会上的讲话[N/OL]. 西安交通大学新闻网,2015-09-25 [2020-03-11]. http://news.xjtu.edu.cn/info/1033/11621.htm.

的办学定位，坚持"四个面向"，深入贯彻科教兴国和人才强国战略，着力培养造就一大批德智体美劳全面发展的高素质人才，担负起中国特色社会主义大学的初心与使命。

艰苦奋斗，交出满意卷。迁校初期，规划、征地、建设、搬迁、教学等各项工作都在有条不紊地进行，即使在三年困难时期，老一辈交大人依然坚守着自己的理想和信念，克服了生活中难以想象的困难，努力拼搏，终于让一栋栋巍峨的大楼在沉睡了千年的唐代皇家园林旧址上拔地而起，一个设计精巧、结构规范、气势恢宏的校园展现在人们眼前。"当年，西迁过来以后，条件比上海艰苦，但我们是怀着爱国的情怀来西部奋斗的。到祖国最需要的地方去，踏踏实实地干、去奋斗，是我们的志愿。"西迁亲历者这样回忆那段激情燃烧的岁月。胸怀爱国大志的交大人用激情、热血和青春年华，撬动了中国高等教育的格局，打造了西部首屈一指的教学科研高地。

（2）胸怀大局是西迁精神的前提。

胸怀大局，牢记使命。为改变旧中国遗留下来的高等学校布局不合理的状况，党中央和国务院根据第一个五年经济建设的需要和国际形势的影响，作出交通大学西迁内陆的决定，这个决定既是出于对当时国际国内形势的考虑，也是国家对新中国未来的教育、科技和工业发展布局的深谋远虑。爱国爱校精神是镌刻于交大人灵魂深处的精神血脉，正是怀揣着这种坚定的理想信念与赤诚的奉献情怀，交大人毅然决然放弃了上海优越的教学和生活环境，踏上建设大西北的新征程，牢记把我国从"一穷二白"的旧中国建设成为社会主义现代化强国的历史使命，矢志为刚成立不久的新中国建设做出自己卓越的贡献。

胸怀大局，尽责担当。20世纪50年代，有"东方MIT"之称的交通大学在迁往西部、扎根西部的过程中，凝铸了交大人爱党报国的使命担当。学校西迁之时，已步入天命之年的彭康校长胸怀国家发展和为人民办好教育的担当情怀，指明了交通大学的重要定位："我们这个多科性工业大学如何发挥作用，都要更有利于社会主义建设""我们的国家是社会主义国家，因此，考虑我们学校的问题必须从社会主义建设的合理部署来考虑"。也正是这种胸怀大局、尽责担当的精神情怀，使交大顺利完成了西迁，逐渐成为西部科教发展的璀璨明珠。

胸怀大局，攻坚克难。新中国成立初期，西安的物质设施十分简陋，交大师生迁校初期的生活条件也非常艰苦。但马路不平、电灯不明、取暖不便、用水紧张等问题却从未影响广大西迁人的奋斗热情与干劲，他们始终奋战在校园建设一线，为支援大西北无怨无悔地牺牲奉献。为了建设好西安交通大学，一批批背后默默付出的"可爱的西迁人"，不辞劳苦，日夜奋战，攻坚克难。最终保质、保量、按时完成新校园建设的艰巨任务，保证了9月10日按时开学。

胸怀大局，心有大我。新中国成立后，交大的招生人数迅速扩大，许多优秀的教师全身心投入教育事业中，希望为中国培养出更多的优秀科技人才。1956年迁校时，周恩来总理曾提出，钟兆琳先生年龄较大，身体不好，夫人又卧病在床，他可以留在上海，不去西安。但钟兆琳表示："上海经过许多年发展，西安无法和上海相比，正因为这样，我们要到西安办校扎根，献身于开发共和国的西部。"最终，年届花甲的钟兆琳第一批到达西安，并以毕生的心血推动西安交通大学电机系逐渐发展为国内基础雄厚的一流专业。正是因为有像钟教授这样一批心有大我的教师，西安交通大学才有今天的辉煌成就。

（3）无私奉献是西迁精神的重点。

吃苦在前，忘我工作。全体西迁人吃苦耐劳、无怨无悔的无私奉献精神是西迁精神极为可贵的精神财富。在20世纪50年代中期，面对西北地区粗粮野菜的艰苦生活条件，许多西迁的教职工病倒了。但为了交通大学这棵在上海生长了60年的大树能够在西北顺利地生根、开花、结果，他们咬紧牙关、埋头苦干，坚持为兴办新专业而"边干边学"，甚至带病教学、带病劳动，在他们的不懈努力下，西安交通大学在祖国的大西北站稳了脚跟，成为一所全国重点大学。

个人利益服从党和人民利益。著名数学家张鸿在迁校时任交通大学的副教务长。在党中央和国务院发出支援西北建设的号召后，他站在社会主义建设和国家发展的高度审视迁校方案，提出"西北是祖国强大的工业基地，迫切需要一个专业齐全、力量强大的学校为她服务，因此，应该争取交大西迁，来支援祖国的社会主义建设"。随后，他不顾个人利益，怀着满腔热情携妻女迁往西安干事创业。建校工作繁重，他便废寝忘食、不分昼夜；主讲教师缺乏，他便重拿教鞭、奋战教学一线，以实际行动维护党和人民的利益。

青春热血，洒在西北。60多年前，交通大学一大批知识分子和青年学生，在祖国最需要的时候响应号召，毫不犹豫来到那时还很贫困落后的西安，投身西部高等教育事业，献出了自己的青春年华，甚至生命，在大西北为祖国贡献了一颗高等教育的璀璨明珠。"现在的年轻人问我，你们西迁过来的那代人牺牲了那么多的幸福，你们后悔吗？我的回答是，我们无怨无悔。因为虽然牺牲了许多物质方面的幸福生活，但却培养了那么多的人才，在这片黄土地上建成了一所这么好的大学，我们以国家的利益为前提，用无私奉献换来了辉煌的成绩，内心是安慰的。""我们从苦难中走来，怀着报效祖国的热忱，这是责任，也是使命。"朱继洲教授的话，深刻地阐释了老一辈交大人的使命与担当。

（4）弘扬传统是西迁精神的基础。

这里所说的弘扬传统，包括中华优秀传统文化和中国革命精神。

爱国爱校，追求真理。爱国爱校精神历来在交大的师生群体中表现得淋漓尽致。我国金属材料强度学科的奠基人周惠久教授不断地追求真理，在材料强度、塑性和韧性合理配合理论、小能量多次冲击理论和低碳马氏体强化理论的科学研究中做出了突出贡献。中国科学院院士管晓宏教授在留学归国后毅然选择回到当时生活和科研条件仍较为落后的母校，在系统工程理论与应用研究领域探索创新。

舍小家、保大家。西迁路上，困难重重，许多西迁者为了国家，舍小家，不计较个人得失，无私奉献。西迁时，蒋大宗教授上有年迈的老母亲，下有三个正在读书的女儿和一个完全瘫痪在床的六岁儿子，生活中的困难并没有使蒋教授妥协，他毅然选择奔赴千里之外的西安，为国家的建设，为西北的教育事业贡献自己的力量。

胸怀天下，忧国忧民。交通大学的迁校过程并非一帆风顺，其中，也一度出现了迁校争议。而从迁校到分设两地再到两地独立建校，正是因为交大师生继承弘扬老交大人"工业救国"思想,以及爱国爱校、顾全大局,明大理、识大体,一心为中国富强的忧国忧民精神,迁校争议才得以顺利解决。

以教兴国,尊师重道。教育是国家的生命线,一个国家教育事业的发展直接影响着这个国家未来的长期发展。交大西迁,为国家平衡教育资源、促进西部地区教育事业的发展发挥了非常重要的作用。教育兴国,一个国家,教育兴,则国兴。1989年9月,老校友江泽民同志来西安交通大学考察时满怀深情地说:"交大是我的母校,交大主要部分是迁到这边来了,我读的电机系基本上都迁过来了,应该说这里是我的母校。严教授是我的老师,教我电机设计;沈尚贤教授教我照明学,蒋大宗教授高我几级,他当时是助教,也是我的老师。"[1] 交大学子这种尊师重道的精神,值得我们学习。

(5) 艰苦创业是西迁精神的重要特质。

师生齐心,攻坚克难。交通大学从上海整体搬迁到西安,文书档案、图书资料尤其是仪器设备等,搬迁本身工作量非常大,任务非常艰巨。而教职工自己的家也要举家西迁。时间紧迫,任务繁重,困难很大。在繁重的迁校建校任务下,交大人并没有忽视对教学科研的推进。老领导们身体力行、事必躬亲,广大教师潜心钻研、埋头深耕,职工们全力以赴、做好保障。正是全体师生和教职员工的齐心协力,全校一盘棋,才跨过了一道道难坎,攻克了一道道看似不可逾越的鸿沟,在基建上创造了惊天动地的"交大速度",在教学上创造了"不落一门课"的交大精神。

艰苦朴素,勤俭节约。当时主持迁校的彭康校长生活极为简朴,不管是学校大小会议,还是各项文化活动,他总是身着一件藏青色的人民装、一件笔挺的黑色大衣出席。同时,彭康校长也参与设计了学校的草棚大礼堂,而迁校第一年的开学典礼也正是在这个简朴的礼堂中顺利举办。艰苦朴素是交大师生自西迁以来形成的优良传统;勤俭节约是西迁人秉承中华民族优良道德传统的生动写照。

刻苦钻研,勇于探索。在创建西安交通大学的业绩中,交大人自强不息、

---

[1] 朱继洲,刘朔,崔瑞峰. 西迁精神:交通大学文化的传承与创新 [J]. 西安交通大学学报(社会科学版),2005 (01):88-92.

刻苦钻研的探索精神非常突出。保质量、创一流是上上下下共同的目标和愿望。提高教育教学质量必须改革创新，专业及课程设置和教育教学方法都要改革创新。教师们为了改革创新，开办新专业、新课程，保证和提高教学质量，实验室人员为了配合教学开出高质量的实验，没有星期天、节假日。他们付出了多少艰辛，熬过了多少不眠之夜！多少教师和实验人员为了开出新课和改进实验，加班加点，放弃休息，自己动手改进或自制实验设备。

自力更生，奋发图强。交大西迁之时，正值新中国建设初期。学校当时面临的更为紧迫的问题是西迁后如何建设和发展，如何适应国家现代化建设的新需要。为了适应新时期的要求，必须改革教育和科学技术落后的局面。当时学校面临着双重重担，既要完成西迁任务，又要进行教育教学改革；既要保证不因迁校影响教学和科研水平、质量，又要适应新时期的要求进行改革、创新。那时我国处在某些西方国家的封锁之中，唯一的出路就是学习苏联进行教育教学改革。教师遇到的首要问题是开办新专业，开出新课程和新实验。不少教师是从突击俄文开始的，其中的困难可想而知。但是，西迁人并没有被困难吓倒，而是迎难而上，奋发图强，为学校的建设努力奋斗。

3. 延安精神

延安精神主要包括：坚定正确的政治方向，解放思想实事求是的思想路线，全心全意为人民服务的根本宗旨，自力更生艰苦奋斗的创业精神。解放思想、实事求是是延安精神的精髓，全心全意为人民服务是延安精神的本质。

（1）解放思想，实事求是是延安精神的精髓。

20世纪40年代的延安整风，是中国共产党历史上一次全党范围的普遍的马克思主义教育运动，也是破除党内把马克思主义教条化、把共产国际决议和苏联经验神圣化错误倾向的思想解放运动。

延安时期，我党在带领广大军民开展革命斗争的过程中，面对艰险、复杂多变的革命环境和许多棘手的问题，这些问题对于党领导革命斗争的水平和能力是极大的考验。我党坚持一切从实际出发，将马克思主义普遍真理同我国革命斗争的具体实际相结合，独立自主地分析和解决中国革命的情况和问题。经过延安整风运动，在全党确立了解放思想、实事求是的思想路线，巩固和加强了党的团结统一,为抗日战争和解放战争的胜利提供了坚强保障。

实事求是是科学精神和实际精神的统一。[①] 首先,实事求是是一种科学精神,它主张追求真理,崇尚科学,反对迷信,反对哗众取宠。其次,实事求是是一种脚踏实地、追求实际的精神,它反对好高骛远、弄虚作假,强调理论联系实际,知行合一。坚持实事求是的思想路线,必须不断地解放思想。一方面,解放思想是党的思想路线的本质要求,是实现实事求是的前提条件。如果不解放思想,就不可能做到实事求是。另一方面,实事求是是解放思想的目的和归宿,解放思想是实现实事求是的内在要求。解放思想、实事求是的精神贯穿于延安精神的各个方面,是延安精神的精髓。

(2) 全心全意为人民服务是延安精神的本质。

全心全意为人民服务是共产主义道德特征和规范。为人民服务,指"为人民的利益而工作的思想和行为",最早作为毛泽东同志提出的共产主义道德的基本特征和规范之一出现,而全心全意为人民服务即是共产主义道德的最高表现和最基本的行为规范。

全心全意为人民服务是毛泽东思想的精髓。毛泽东同志关于全心全意为人民服务的思想,运用马克思主义唯物史观,对中国共产党同中国最广大人民之间的关系以及共产党人的价值观念、行为准则和工作标准等做出了科学的论断。他指出,"应该使每一个同志懂得,只要我们依靠人民,坚决地相信人民群众的创造力是无穷无尽的,因而信任人民,和人民打成一片,那就任何困难也能克服,任何敌人也不能压倒我们,而只会被我们所压倒"[②],充分揭示了我们党植根人民、相信人民、依靠人民的逻辑必然性。

全心全意为人民服务是中国共产党的根本宗旨,也是共产党人的根本立场。中国共产党从诞生之日起,就把为人民的解放和自由而斗争、为人民大众谋福利作为自己一切工作的宗旨。正是由于全心全意为人民服务这一根本宗旨,实现了延安时期党的空前团结与统一的局面,形成了人民战争的"汪

---

① 金鑫. 延安精神的内涵与时代价值 [J]. 学校党建与思想教育,2010 (06):41-42.

② 毛泽东选集:第3卷 [M]. 北京:人民出版社,1991:1095.

洋大海",筑牢了抗日战争的铜墙铁壁。

全心全意为人民服务是延安精神的本质。在延安时期,无论是中国共产党人、人民军队,还是革命干部,都将全心全意为人民服务作为自己行为的最高准则,并涌现出一批批服务模范和一段段感人的事迹。为了减轻人民群众的负担,党领导陕甘宁边区进行大生产运动。除了在实践中积极地深入贯彻全心全意为人民服务的宗旨,在延安时期,我党更是从理论上深入地阐述了全心全意为人民服务的思想。在中共七大的政治报告中,毛泽东指出:"全心全意地为人民服务,一刻也不脱离群众;一切从人民的利益出发,而不是从个人或小集团的利益出发;向人民负责和向党的领导机关负责的一致性;这些就是我们的出发点。"[①] 同时,在延安时期将全心全意为人民服务正式确立为党的政治准则和根本宗旨。

(3) 理论联系实际是延安精神活的灵魂。

理论联系实际是马克思主义的认识论和辩证法。作为辩证唯物主义世界观在无产阶级政党作风上的具体表现,理论联系实际的基本精神是达到主观和客观、理论和实践、知和行的具体的历史的统一。推动理论联系实际,就必须坚决反对主观主义和形而上学思想,既要有科学的理论,又要密切联系实际。[②] 马克思主义理论是我党的指导思想,指引着我党进行伟大斗争,但是,理论的实施必须与当时我国的社会实际相结合,必须与当时所面临的实际问题相结合,如此才能发挥出强大指导意义,引领实践取得不断成功。

反对教条主义和思想僵化。延安时期,党内教条主义、思想僵化问题严重,毛泽东同志深知这种思想对党的事业危害严重,为制定党的正确思想路线倾注了极大精力。在抗日战争初期,毛泽东写了《实践论》和《矛盾论》,深刻阐明了马克思主义认识论和唯物辩证法的基本原理,成为党的思想路线的坚实基础。在延安整风运动期间,毛泽东同志又写下了《改造我们的学习》《整顿党的作风》和《反对党八股》三篇重要论著,深入剖析了教条主义对

---

① 毛泽东选集:第3卷 [M].北京:人民出版社,1991:1094-1095.
② 刘力波.马克思主义中国化与延安精神的培育和弘扬 [J].中央社会主义学院学报,2009 (06):77-81.

党和革命事业的危害,号召全党树立起理论联系实际、实事求是的思想作风。

大兴调查研究之风。延安时期,老一辈革命家大兴调查研究之风,制定了《中央关于调查研究的决定》,成立了中央调查研究局和各类调查团,通过在陕甘宁、晋西北等地开展政治、经济、军事、文化及群众生活等的调查,掌握客观实际情况,提供科学决策咨询;他们坚持理论联系实际,用马列主义之"矢"去射中国革命之"的",实现了马克思主义中国化的第一次飞跃。

(4) 自力更生、艰苦奋斗是延安精神的基础。

自力更生、艰苦奋斗是延安精神最鲜明的特征,也是中国共产党在长期革命斗争中凝铸而成的优良传统,更是我党战胜困难、求得胜利的一件重要法宝。

自力更生、艰苦奋斗的工作作风首先表现为一种独立自主、自立自强的精神。正如毛泽东所说:"我们是主张自力更生的。我们希望有外援,但我们不能依赖它,我们依靠自己的努力,依靠全体军民的创造力。"[1] 自力更生、艰苦奋斗就是要自己依靠自己,自己相信自己的,我党在与日寇的斗争中实行独立自主的抗日民族统一战线策略,在敌人的后方实行独立的游击战术,为中国的抗日战争做出了自己独特的贡献,起到了中流砥柱的作用。

自力更生、艰苦奋斗的工作作风还表现为一种不畏艰苦、奋发图强的创业精神。延安时期,外部侵占掠夺和内部经济封锁使解放区军民陷入严重的生活和财政困境。在此形势下,党领导广大抗日军民开展了生产自救的大生产运动,以坚强意志和坚忍毅力战胜无数艰难险阻,在实践中铸就了自力更生、艰苦奋斗的创业精神。

正是自力更生、艰苦奋斗作风所体现出的这种无畏艰险、勇于创造的精神,铸就了延安精神的风貌和意志品格,因而自力更生、艰苦奋斗作风是延安精神的基础。

4. 传承与创新

传承是指接续、传递、承继,泛指对某种学问、技艺、教义在师徒间的

---

[1] 毛泽东选集:第3卷 [M]. 北京:人民出版社,1991:1061.

传授和继承的过程。创新是指基于已有思维模式提出区别于常规思路的新观念、新见解。精神指人的情感、意志等生命体征和一般心理状态。精神主要包含人的生命体征、自我意识、理念、精力活力、情感状态、风采神韵等。

精神的传承是指对前人的思想观点的接续、传递、承继。精神的创新是指对现有思想观点推陈出新，提出有别于常规思维和常人思维的新的见解。

传承是创新的基础，没有传承，创新就成为"无源之水，无本之木"，无传承，文明就失去了积累，因此，传承是一个量变的过程。创新是传承的发展，是建立在传承基础上的质变。无传承则无创新，无创新传承也会失去活力和吸引力。世界上不存在无传承的创新，也不存在无创新的传承。传承为创新提供了依据，创新则为传承提供了动力，传承与创新结合起来，人类的物质文明和精神文明才能不忘根本，勇往直前。

（二）相关理论基础

1. 中国共产党人精神谱系

中国共产党人精神谱系具有双重要义。从理论上看，其内蕴着马克思主义的坚定信仰，独立自主、自力更生的鲜明品格，理论联系实际、密切联系群众等优良作风，以及奋斗奉献、开拓创新等精神风貌。从实践上看，中国共产党人精神谱系由一个个鲜明具体的精神汇聚而成，凝结为一个内涵丰富的体系。2021年9月，中国共产党人精神谱系第一批伟大精神正式发布，共有46种精神纳入其中。诸如，在新民主主义革命时期，有井冈山精神、长征精神、延安精神等；在社会主义革命和建设时期，有抗美援朝精神、大庆精神、焦裕禄精神、"两弹一星"精神等；在改革开放及之后，有女排精神、特区精神、抗震救灾精神、载人航天精神等。

中国共产党人精神谱系不仅是中国共产党不同历史时期伟大精神的高度凝练，也是党团结领导人民在波澜壮阔中奋斗创造的生动写照，它跨越时空而历久弥新，展现出巨大的理论与现实价值，"过去是、现在是、将来仍然是我们党的宝贵精神财富，永远不会过时"[①]。

---

① 习近平. 做焦裕禄式的县委书记［M］. 北京：中央文献出版社，2015：38.

西迁精神和延安精神虽然是不同时代的产物，体现特定时代的价值追求和崇高理想，但它们同样作为中国共产党人精神谱系的重要组成部分，共同起着为党和国家事业发展提供良好精神指引的强大功能。

2. 习近平总书记关于精神的重要论述

良好的精神是一个国家的整体风貌，展现一个国家的精神气度。习近平总书记十分重视精神的引领作用，在多次讲话中都有重要论述。

（1）爱国奋斗精神。习近平总书记指出："以爱国主义为核心的伟大民族精神是中国人民抗日战争胜利的决定因素。古往今来，任何一个有作为的民族，都以自己的独特精神著称于世。爱国主义是中华民族民族精神的核心。"[1]爱国主义精神是每一个中国人必须具有的精神品质，有国才有家，只有根植于内心深处的强烈的爱国情怀才能唤起人民对于这一片土地的热爱。中华民族之所以生生不息，就是因为爱国主义精神强烈地支撑着这个民族克服一切的艰难险阻，为国家强盛贡献自己的力量。其一，爱国主义的本质就是坚持爱国和爱党、爱社会主义高度统一。"祖国的命运和党的命运、社会主义的命运是密不可分的。只有坚持爱国和爱党、爱社会主义相统一，爱国主义才是鲜活的、真实的，这是当代中国爱国主义精神最重要的体现。"[2] 在社会主义中国，爱国就是爱社会主义、爱党，它们统一于爱国思想当中。在近代历史中，中国人民处于水深火热之中，是中国共产党找到了一条适合中华民族的道路，为建设社会主义新中国不惜奋斗牺牲。在当代，中国共产党依然将继续带领我们乘风破浪，勇往直前。其二，把爱家和爱国统一起来。习近平指出："千家万户都好，国家才能好，民族才能好。我们要积极培育和践行社会主义核心价值观，弘扬中华民族传统美德，把爱家和爱国统一起来，把实现个人梦、家庭梦融入国家梦、民族梦之中，用我们4亿多家庭、13亿多人民的智慧和力量，汇聚起夺取新时代中国特色社会主义伟大胜利、实现中华民

---

[1] 习近平. 在纪念中国人民抗日战争暨世界反法西斯战争胜利69周年座谈会上的讲话［M］. 北京：人民出版社，2014：8.

[2] 习近平. 论党的宣传思想工作［M］. 北京：中央文献出版社，2020：178.

族伟大复兴中国梦的磅礴力量。"① 家是最小国，国是最大家。家国统一历来都是中华民族的追求，有国才有家，有家才能使国家建设得更加富强，彼此之间相互联系，相互依存。其三，热爱祖国是青年的立身之本、成才之基。习近平指出："新时代中国青年要听党话、跟党走，胸怀忧国忧民之心、爱国爱民之情，不断奉献祖国、奉献人民，以一生的真情投入、一辈子的顽强奋斗来体现爱国主义情怀，让爱国主义的伟大旗帜始终在心中高高飘扬！"② 青年是国家的未来，民族的希望，只有青年一代担当起自己的使命，未来的中国才能屹立于世界民族之林。其四，天下为公、担当道义，是广大知识分子应有的情怀。"我国知识分子历来有浓厚的家国情怀，有强烈的社会责任感。'修身齐家治国平天下'，'为天地立心、为生民立命、为往圣继绝学、为万世开太平'，'先天下之忧而忧，后天下之乐而乐'，这些思想为一代又一代知识分子所尊崇。"③ 责任和担当是每一个青年学子必须具备的优良精神品质。中华民族有着几千年的历史，未来依然会延绵不绝，继续书写自己的光辉，青年使命重，责任大，作为新一代的青年，更应该了解自己身上的责任与担当，不断锤炼自己，随时准备为国奉献。其五，具有强烈的爱国情怀，是对我国科技人员第一位的要求。习近平指出："科学没有国界，科学家有祖国。广大科技人员要牢固树立创新科技、服务国家、造福人民的思想，把科技成果应用在实现国家现代化的伟大事业中，把人生理想融入为实现中华民族伟大复兴的中国梦的奋斗中。"④ 科技是未来的趋势，是一个国家综合国力的重要体现，当今世界的竞争，越来越注重科技和人才之间的竞争，科技工作者责任重，更应该潜心地提升自我，不断地提升自己的科技水平，为未来国家科技的腾飞和综合国际实力的提升不断努力。

---

① 习近平. 在2018年春节团拜会上的讲话 [N]. 人民日报，2018-02-15（02）.

② 习近平. 在纪念五四运动100周年大会上的讲话 [N]. 人民日报，2019-05-01（02）.

③ 习近平. 在知识分子、劳动模范、青年代表座谈会上的讲话 [M]. 北京：人民出版社，2016：5-6.

④ 习近平关于实现中华民族伟大复兴的中国梦论述摘编 [M]. 北京：中央文献出版社，2013：49-40.

（2）民族精神。如何建构中华民族精神，推动中华民族精神的不断丰富、创新和发展，是习近平总书记关于中华民族精神重要论述的主要内容之一。其一，坚持巩固马克思主义在意识形态领域的指导地位。马克思主义作为一种科学的、开放的理论，必须与中国具体实际相结合、与当前中国社会主义意识形态发展要求相结合，才能焕发出强大生命力，引领我国建设具有凝聚力和引导力的社会主义意识形态，筑牢全国人民团结奋斗的思想根基。其二，发挥社会主义核心价值观对民族精神建构的引领作用。社会主义核心价值观和中华民族精神具有历史、理论与实践上的高度契合性。从生成逻辑看，社会主义核心价值观与中华民族精神均发轫于中华优秀传统文化；从丰富内涵看，二者共同蕴涵着爱国主义核心要义；从实践指向看，社会主义核心价值观是当代民族精神与时代精神的集中体现，凝结着中华民族共同的情感认同和行为习惯，表现出深刻的精神引领意义。其三，始终坚持人民群众的主体地位。习近平指出："人民是历史的创造者，历久弥新的中华民族精神是由人民培育的"。[①] 中华民族精神植根于人民、作用于人民，是中国人民的鲜明思想特质和精神禀赋。因此，中华民族精神的构建离不开人民这一重要主体，必须坚守人民立场，做到相信群众、依靠群众。

---

① 习近平. 在第十三届全国人民代表大会第一次会议上的讲话 [N]. 人民日报，2018-03-02（02）.

第二章

西迁精神的历史意义与当代价值研究

一、 西迁精神的历史意义

（一） 对中华优秀传统文化的继承与发展

1. 西迁精神是中华农耕文化与家文化的延续

学者雷原认为，"西迁精神是中华农耕文化与家文化精神的延续"[①]。中华民族起源于北纬35度的黄河流域，这里四季分明，有寒冷的冬季，并且温差大，耕种庄稼并不容易，不似诸如古印度、古巴比伦的亚热带农耕文化，种植容易，故中华之农耕较之印度等农耕文化多了一份艰难，也因此多了一份奋进的不怕艰苦的精神。正是这种艰苦奋进的精神，使中华农耕文化能抵御来自北方游牧文化的侵犯。古印度、古巴比伦等国家环境温湿，反而欠缺了这种奋进与拼搏的精神，所以很早就落败于北方之游牧文化。所以说，中华农耕文化不同于温湿之地长成的乐于享受的农耕文化，其所表现出来的是一种艰苦奋进的文化特质。而西迁正是从温暖而至寒冷，从富庶而至贫瘠，富庶容易导致奢侈，而贫瘠则容易造就勤俭与奋进。

中华民族自古以来所具有的"艰苦创业"的精神品格，正是中华农耕文化造就而成，西迁精神如此，延安精神之"自己动手、丰衣足食"所表现出来的艰苦朴素同样也是中华农耕文化固有精神的体现。

[①] 雷原. 谈西迁精神 [EB/OL]. 2019-01-11 [2020-04-12]. https：//ishare. ifeng. com/c/s/v002p8NFLCiVnRlBaxXRzhAQlMIKGvhQKINNG2IgDa3ag--c__ .

中华文化不仅起源于农耕文化。我们祖先很早就发现了一种组织，这种组织无须监督，或者仅有少许监督就可以依靠自己的力量完成农业生产，这种组织即是我们所说的"家庭组织"。从周朝至秦而汉而唐而宋、明、清，所确立之土地制度皆为以家庭为单位的产权制度；即使是改革开放后的土地承包制，虽然在产权上仍有不足，但产权主体依然是家庭而非个人，其中体现出来的价值是公有制的精神。建立于家庭公有制基础上的道德精神则为孝悌伦理，而勤劳勇敢的中华民族并不仅仅满足于家庭层面的孝悌之道，而是将孝悌之道推及国家与天下，所以中华文化很早就树立了一种"修身、齐家、治国、平天下"的理想。家国情怀自然而然具有"胸怀大局"的国家意识与天下意识。因此，可以说"胸怀大局"就是中华农耕文化"治国、平天下"理想的体现。

通过对中华农耕文化做进一步的分析，可以发现其在长期的农耕实践中所总结出来的农业丰收要靠三种力量，即"不违农时、因地制宜与人的勤奋"，如此才能最大限度地获得丰收。这种借天、借地、借人之力的思想其实就是"天人合一""心物一体"的思想。"天人合一"的思想其实就是指宇宙是一和合的整体。具体一点讲，即是人与自然、人与人、人之身与心、精神与物质的和谐，与"胸怀大局"的理念不谋而合，与习近平总书记所提出的构建人类命运共同体的思想更是一脉相承。

"无私奉献"其实源于"但求耕耘，莫问收获"，与农耕文化崇尚的"尽人事，听天命"的理念相类似。作为农民，一定要先尽自己的本分职责，该播种时即播种，该浇水时即浇水，无论气候之风调雨顺与否。在家庭生活中，作为父亲，一定先尽慈爱子女之责；作为子女也一定先尽孝；作为妻子一定先要讲贞节，人人如是才能父子有亲、夫妇有义。这种精神就是将他人看得比自己重要，将国家、天下利益看得比自己利益重要的一种精神，从而相互感动，我为人人，人人为我，全心全意，至诚不私，以心换心。可以说"无私奉献"不仅是中华家文化伦理精神的体现，也是农耕文化中"天人合一、心物一体"价值理念的体现。无私奉献精神只有在天下一家的伦理社会才能真正实现。试想，若人人先讲自我，从社会集体而言势必将导致更多的人相互争抢、各不相让，不仅难以和谐，而且会使各方矛盾更加激化。

人与人之间存在着相互感通的关系，也存在着"同然处"。此"同然处"在孔子看来就是"仁"，就是"己所不欲勿施于人"，就是"己欲立而立人，己欲达而达人"。在孟子看来就是"敬爱"他人，就是"仁义礼智"，在释家看来就是身口意皆善，就是舍己为人。

"弘扬传统"，依孔子之言就是"述而不作"，或者言"三年无改于父之道"的孝忠精神；或者如曾子说："慎终追远、民德归厚矣。"从小处看是孝，从大处看是"忠"，忠于祖先、忠于祖国、忠于先贤之言、忠于国君；用现代的语言讲就是忠于中国共产党，听党的话，忠诚党的社会主义事业，或言："党让我们去哪里，我们背上行囊就去哪里"，"始终与党和国家的发展同向同行"。

2. 交大西迁人继承了爱国奋斗的中华传统美德

习近平总书记指出："幸福都是奋斗出来的，社会主义是干出来的，新时代是奋斗者的时代"[①]。交大西迁人用自己的实际行动谱写了爱国奋斗的壮丽诗篇。首先，秉承"爱国爱校，追求真理，勤奋踏实，艰苦朴素"的优良校风。从南洋公学成立初期，交通大学就把"爱国救民"和"为国储才""实业救国"作为学校的办学宗旨。在抗日战争时期，交大人把"驱除倭寇"作为自己的使命，为反抗日本帝国主义的侵略，交大学子1931年自驾火车赴南京请愿，抗战中跋涉千山万水奔赴大后方复学；解放战争期间，这里又成为彪炳史册的"民主堡垒"，1949年，全校不到2000名学生中拥有中共地下党员180人，以及数以百计的外围组织"新青联"成员，他们中的很多人就英勇牺牲在上海解放前夜。"爱国爱校，追求真理"，字字用青春热血凝成，掷地有声，催人奋起。在西迁新校区建设和教学科研工作中，交大西迁人更是用青春、热血，以只争朝夕的拼搏意识，以认真上好每一节课的爱国奋斗精神为国家"一五"建设做出了卓越的贡献，谱写了人生的华丽篇章。其次，精心为国育才。"百年大计，教育为本"，交大西迁人始终把为国家培养高质

---

① 中共中央组织部、中共中央宣传部关于在广大知识分子中深入开展"弘扬爱国奋斗精神、建功立业新时代"活动的通知[N]. 人民日报，2018-08-01 (01).

量的优秀人才作为自己的神圣使命。这种使命担当表现在教学工作中的严格制度安排：学校每聘用一名新教师，必须经过培训、试讲、助教到上讲台的一系列严格要求，并对新教师的教案、教学大纲、教学进度表进行严格的审核，同时辅助于校领导、督导和教师相互之间的听课制度。在对学生的要求上始终坚持"起点高，基础厚，要求严，重实践"的优良校风，强调知识的广博，更强调理论联系实际的能力。再次，扎根祖国西部，勇创世界一流。为西部经济社会发展持续培养优秀人才，是交通大学西迁的根本目的。扎根西部是西安交通大学的"中国特色"。西部地区占全国总面积的71.4%；人口约3.5亿，占全国总人口的28%，而人均GDP却不足全国的1/3，不足东部地区的40%。从迁校伊始，西安交通大学本科招生计划中西部地区的招生计划占比超过50%；而研究生生源中有超过60%的学生来自西部地区。自1959年正式定名西安交通大学至2020年，已累计培养毕业生27万余名，其中，在西部工作的约10.4万人，超过学校毕业生总人数的40%；培养博士9800余人，硕士59500余人，其中，有33700余名硕士和4700余名博士留在西部地区建功立业，占比近60%。与此同时，西安交通大学坚持"四个面向"，坚决贯彻科教兴国战略，着力增强科技自主创新能力。2000年以来，学校承担多项国家自然科学基金、国家社会科学基金重大项目；与国家发改委、商务部等共建12个高端智库；深入创新产学研合作模式，打造中国西部科教创新高地。2018年，西安交通大学跻身教育部"世界一流"大学建设A类前36所高校之一；力学、机械工程、材料科学与工程、动力工程及工程热物理、电气工程、信息与通信工程、管理科学与工程、工商管理8个学科跻身世界一流。

3. 西迁精神体现使命担当的中华传统美德

中国的知识分子素有"位卑未敢忘忧国"的强烈使命意识。交大西迁人作为新中国的知识分子更是继承和发扬了这一优良传统和作风。他们用一年多的时间做到了迁校、建校、开课三不误，用5年时间使得西安交通大学跻身于全国16所重点大学之列，用30年时间使得西安交通大学跻身于全国"985"院校，用40年时间跻身于"211"院校，用60年的时间跻身"双一流"大学。这些成就的背后隐含了交大西迁人强烈的使命担当精神。

4. 交大西迁人继承了谦敬、勤奋、俭朴、诚信的中华传统美德

1909年,唐文治校长正式颁布了"勤俭敬信"的4字校训。据邹韬奋总结,南洋公学精神有三大特征:"吾同学皆知自尊其人格而同时且知力尊他人之人格""吾同学皆知勤奋学问而同时且极敬重他人之勤奋学问者""吾同学毫无奢侈恶习而同时且知敬重他人之简朴"。交大西迁人继承和弘扬了"谦敬、勤奋、俭朴、诚信"这一优良校风,表现在:在教学科研和为人处世上一贯秉承谦敬态度;在教学和科研工作中始终以勤奋作为攀登科学高峰的路径;在日常生活中抱守"节俭朴实"的作风;在学术道德和人际交往中坚持"诚信为本"的做人底线。

(二) 对民族精神的继承与发展

民族作为一个历史性的民众概念,并非狭隘地具有自然性,而更重要的是蕴含着鲜明的文化性,由思想和精神凝铸而成,且随着历史的发展与时代的变迁而发展前进,不断被赋予新的时代内涵。2018年3月20日,习近平总书记在第十三届全国人民代表大会第一次会议上首次对"中华民族精神"做出了高度凝练与清晰阐发。所谓中华民族精神,是"中国人民在长期奋斗中培育、继承、发展起来的伟大民族精神"[1]。这一历久弥新的中华民族精神,涵括为"四种伟大精神",即伟大创造精神、伟大奋斗精神、伟大团结精神与伟大梦想精神。中华民族精神已然化为中国人民的特质、禀赋,"不仅铸就了绵延几千年发展至今的中华文明,而且深刻影响着当代中国发展进步,深刻影响着当代中国人的精神世界"[2]。

"胸怀大局,无私奉献,弘扬传统,艰苦创业"是交大西迁精神的高度概括。

1. "胸怀大局"是交大西迁人伟大团结精神的体现

交大西迁人对中国共产党和中国特色社会主义具有坚定的信仰。1949年,

---

[1] 习近平:在第十三届全国人民代表大会第一次会议上的讲话 [N]. 人民日报, 2018-03-21 (02).

[2] 习近平. 论党的宣传思想工作 [M]. 北京:中央文献出版社,2020:296-299.

中华人民共和国成立，中国人民从此站起来了，这是中国共产党领导中国人民前赴后继、浴血奋战才取得的伟大胜利。抗日战争和解放战争无不充分证明只有中国共产党才能领导中国人民摆脱"三座大山"的压迫；从1840年鸦片战争开始，无数志士仁人苦苦寻求的救国救民之道路，唯有社会主义能够救中国。交大西迁人把党和国家的工业布局和高校西迁自觉内化为更大的目标、更远的精神追求。"使祖国更强大、在西北再建一个国家一流的新高校、为祖国培养一大批优秀人才"的终极性崇高精神力量，对西迁师生们的生活方式、价值追求、精神状态和理想信念发挥着引领和塑造作用。交大西迁人把这种自由和个人的责任自觉联系在一起。在迁校和建校过程中，以彭康校长为核心的校领导班子既注重充分发挥每一名教职员工的积极性、主动性和创造性（即注重集思广益），又注重民主集中制，强调个人思想自由和承担结果相统一。在课程建设上强调在充分发扬民主的基础上，实行主讲教师制，辅之以助教制。西迁精神的自由选择行为原则具有可供全社会普遍推广的意义。西迁精神体现出来的胸怀大局、心怀大我、艰苦创业、无私奉献，既体现出交大西迁人的人生价值观，也反映出交大西迁人"舍小我、顾大我"的人生境界，这种团结精神应该成为全体社会成员普遍认可的交往原则和人生观。

2. "无私奉献"是交大西迁人伟大梦想精神的光辉写照

交大西迁人具有"扎根西部、服务国家、世界一流"的远大理想和崇高信念。首先，交大西迁人把"扎根西部、服务国家、世界一流"作为自己终身的奋斗目标。"立志当高远"，正是这一远大理想成为交大西迁人奋勇前进的灯塔，照亮了他们前进的航程；正是这一远大理想和崇高信念才使交大西迁人坚持不懈，保持扎根西部的定力，通过"传帮带"提高了服务国家的能力，保持"十年甘坐冷板凳"、放弃无数个与亲人团聚的节假日培养了愿吃苦、能吃苦的顽强毅力；也正是这一远大的理想和崇高的信念，成就了交大西迁人人生事业的辉煌。其次，交大西迁人把"扎根西部、服务国家、世界一流"作为自己终身的奋斗目标，反映出他们立志做大事的远大志向。经过思想改造以后的交大西迁人把个人理想与国家的前途、民族的命运相结合，把个人对美好生活的向往与当时的工业布局需要、院系调整要求紧密结合，以国家民族的命运为己任，这是一种崇高的道德品质。再次，"立志需躬行""千里之行始于足下"，当年的交大西迁人正是把远大的理想落实在夜以继日的实际行动上，从学校建设、课程建设和科学研究上一步一个脚印，一点一滴地奋斗。这恰恰体现了交大西迁人从我做起，从现在做起，从平凡的工作做起，立足本职，实实在在地为我国的西部建设、国家富强和民族振兴做出自己贡献的实干精神。

3. "弘扬传统"是交大西迁人伟大创造精神的体现

爱国爱校，追求真理。爱国爱校精神历来在交大的师生群体中表现得淋漓尽致。舍小家、保大家。西迁路上，困难重重，许多西迁者不计较个人得失，无私奉献。西迁时，蒋大宗教授上有年迈的老母亲，下有一个完全瘫痪在床的六岁儿子和三个正在读书的女儿，生活中的困难并没有使蒋教授妥协，他依然选择奔赴千里之外的西安，为国家的建设，为西北的教育事业贡献自己的力量。胸怀天下，忧国忧民。交通大学迁校问题的顺利解决，即从迁校到分设两地，再到两地独立建校，充分展现了交通大学的师生对老交大人"工业救国"思想，以及爱国爱校、顾全大局，明大理、识大体等忧国忧民精神的自觉传承与弘扬。以教兴国，尊师重道。教育是国家的生命线，一个国家教育事业的发展直接影响着这个国家未来的长期发展。交大西迁，为国家平衡教育资源、促进西部地区教育事业的发展发挥了非常重要的作用。西迁精神充分体现出交大西迁人弘扬传统、不忘初心，迸发出无限的创造力的不屈民族精神。

4. "艰苦创业"体现了交大西迁人伟大的奋斗精神

为了国家的强盛、民族的复兴和人民的利益，为了开创新中国西北地区教育事业的新局面，交大西迁人在西北黄土地的艰苦环境中矢志不渝、艰苦奋斗。首先，交大西迁人自愿放弃上海优越的生活条件，主动请缨到祖国的西部开发大西北，是一种崇高的思想境界。他们义无反顾地充当西迁排头兵，为其后的大面积西迁发挥了模范带头作用。其次，用短短一年多的时间就将教室、师生宿舍、食堂、实验室盖好，保证学生按时开学，这种建设速度是具有强烈责任心和使命感的"交大速度"。再次,用一年多的时间按照在上海时的课程设置标准,为4000多名学生按时开出了全部课程,这对于一边在办家属调动和安置,一边还要参与基建建设的西迁教授们来说,需要克服极大的困难。正是这些教授们崇高的爱国主义精神和对新中国教育事业无限的热爱,支撑他们以坚定的意志和顽强的拼搏精神为交大西迁精神注入了核心和灵魂。最后,胸怀"工业救国"理想,为国家的科学技术事业殚精竭虑,日夜奋战。在不断提高教学水平的同时,西迁教授们在科学研究上也取得了辉煌的成就,涌现出了周慧久、陈大燮、钟兆琳、陈学俊、汪应洛、屈梁生、唐照千等一大批学科奠基人和国家科学技术奖获得者,培养出了钱学森、江泽民等一批国家栋梁。

(三) 对延安精神的继承与发展

中国革命文化植根于中国共产党的领导,孕育于马克思主义,生发于新民主主义革命事业,是一种以救亡图存、奋发图强、民族复兴为思想内核和价值取向的文化形态。它继承了中华优秀传统文化的革命基因,又成为社会主义先进文化发展的重要源头。红船精神、井冈山精神、长征精神、延安精神等革命精神昭示了党的鲜明品格,集中代表了中国最广大人民的利益和意愿,深刻反映了中国社会变革的规律与方向,因而具有永恒的文化价值。延安精神诞生于革命战争年代。80多年前,我们党在西北这片红色宝地上运筹帷幄,做出了关系中国革命前途命运的一系列重大决策,为夺取全国政权奠定了坚实基础,延安精神应运而生,成为中华民族的宝贵精神财富。

1. 西迁精神与延安精神坚定正确的政治方向一脉相承

毛泽东始终强调经济、政治与文化的相互作用关系,强调一定的文化(当作观念形态的文化)是一定社会的政治和经济的反映,又给予伟大影响和作用于一定社会的政治和经济。尽管大学精神文化具有民主科学、求真务实、批判创新等普遍性元素,但归根结底要体现出其所在社会的历史和现实的经济和政治背景,亦即大学精神文化具备鲜明的民族性和时代性。任何一个国家、民族的大学精神文化,无不被深深打上这个国家、民族的烙印。新时代背景下,党对高校的集中统一领导既是我国高校的根本发展方向,也是当前中国特色社会主义大学建设的生成逻辑和本质所在。我国新时代高等教育事业发展，是以实现中华民族伟大复兴的中国梦为根本指向的。基于此，大学精神文化的建构与发展，必须以能够反映本国人民根本利益的意识形态为根本指导原则。社会主义核心价值观是中国特色社会主义意识形态的最本质体现和最凝练表达，因而，大学精神文化发展必须要以符合社会主义核心价值观为前提和基础，始终与党和国家的重大方针和决策部署保持高度一致，坚守正确的政治立场和方向。

西迁精神作为西安交通大学的精神文化核心与灵魂，其最大亮点正在于坚定正确的政治方向，旗帜鲜明讲政治，即爱党爱国的政治性。这种爱党爱国的政治性，具体有如下四个方面的体现。一是爱党与爱国高度一致，互不分割。爱党与爱国在社会主义条件下是高度统一的。二是"党让我们去哪里，我们背上行囊就去哪里"。听党话、跟党走是党作为中国特色社会主义事业领导核心的权威体现。三是"哪里有事业，哪里有爱，哪里就有家"。全国上下一盘棋，扎根最需要的地方，更是爱国热情的凸显和表达。四是"始终与党和国家的发展同向同行"。高校的改革、创新和发展必须以党和国家的现实需要为根本指向，始终步调一致。回顾历史，我们不难发现，对政治立场和政治方向的自觉坚守正是西迁精神得以激励一代又一代交大知识分子爱国奋斗、建功立业，引领西安交通大学实现跨越式发展，得以成为西安交通大学最响亮名片的根本原因所在。因此，新时代大学精神文化建构与发展应首先着眼于正确的政治方向，以爱国奋斗为根本指向，明确"从哪来，到哪去"，始终与党和国家的发展同向同行。

2. 西迁精神坚持了延安精神解放思想、实事求是的思想路线

用实事求是来概括中国共产党的思想路线，同样起始于延安时期。实践表明，只有解放思想，才能达到实事求是；只有实事求是，才是真正地解放思想。解放思想、实事求是也是交大西迁人的内在思想规定，是交大西迁人在迁校和建校过程中不断取得进步和成功的思想保证。首先，社会主义新中国的建立和"一五"时期轰轰烈烈的社会主义建设热潮为交大西迁人坚持解放思想、实事求是提供了更为理想的社会环境。其次，在迁校和建校的实践

过程中，形成的一系列建校和课程设置原则，办学理念和良好的校风、学风，以及团结互助、忠恕任事的交往方式内化为西迁人的精神要素，进而激发了西迁人的道德情操、理想信念、公共精神和价值追求，进一步提高了西迁人的精神境界。再次，交大西迁人坚持解放思想、实事求是的思想路线在进入新时代的社会实践中进一步得到检视和确证，并通过西迁精神"新传人"进一步的实践活动得以校验、提高和实现。

3. 西迁精神同样秉持全心全意为人民服务的根本宗旨

延安时期是中国共产党在中国局部地区建立人民政权并不断扩大执政区域的重要时期。中国共产党历来把为中国广大人民谋利益作为自己的根本宗旨，在延安时期又响亮地提出了"为人民服务"的口号，并在全党认真实践。那时的陕甘宁边区政府，被誉为"民主的政府"。

交大西迁人具有"无私利他"的崇高道德精神。在私德方面表现出为人的诚实、正直、合作、正义等良好道德，在公德方面表现出为人的公共意识、公共精神、公共道德和社会责任感。交大西迁人胸怀建设祖国大西北的大局意识，具有"追赶超越"的社会责任感和历史使命感，他们牺牲个人利益，以青春奉献社会，自觉地把个人价值融入建设西部一流大学的社会价值之中，把有限的生命融入无限的为人民服务中去，这种精神在今天亦具有崇高的价值。

4. 西迁精神体现对自力更生、艰苦奋斗的创业精神的发扬

中国共产党是靠艰苦奋斗起家的，中国共产党和人民的事业是靠艰苦奋斗不断发展壮大的。在党领导人民进行革命、建设和改革的历史进程中，艰苦奋斗既是党的工作作风，也是党的思想作风，是中国共产党的优良传统和政治本色，是凝聚党心民心、激励全党和全体人民为实现国家富强、民族振兴而共同奋斗的强大精神力量。西迁精神是对延安精神自力更生、艰苦奋斗的创业精神的发扬。

首先，依靠自力更生、艰苦奋斗精神建设起了新校园。20世纪50年代，建设期的三层教学楼和三至四层的宿舍楼都是用蓝砖建起，木结构屋顶，家属楼也多是四至五层的砖结构，极其简朴，当时的大礼堂更是简约。但这是

在国家百废待兴的艰难困苦时期建设起来的,至今有些教学楼和学生宿舍还在继续使用,一方面,可以看出交大西迁人艰苦奋斗的精神,另一方面,可以看出交大西迁人对建筑质量的重视。其次,为了能给学生按照上海标准开出所有课程,交大西迁教师们没有教材就自己编写,自己油印。自己编写教学大纲,缺乏实验设备就自己制作,保证了1956年9月10日不仅能按时开学,而且没有少开一门课。再次,在教学任务十分繁重的情况下,交大西迁人积极投身西安、西部乃至全国经济建设和科学研究。先后帮助建设西电公司、三门峡水利工程、三线铁路建设等当时的国家重点建设工程。最后,自力更生,奋发图强。在三年困难时期,西安交大师生员工的生活和科研处境都非常困难,但是交大人不等、不靠、不向地方政府和国家伸手,依靠全体教职员工自力更生,日夜奋战,克服了建校初期的一个个难题,跨过了一道道建设、教学、科研和生活难坎,既保证了广大师生顺利度过自然灾害,又保证了教学科研的秩序和质量,创造了西迁历史上又一座丰碑。

二、西迁精神的当代价值

(一)为时代精神注入新的内涵

熊明辉提出:"创新解决问题的先决条件是批判分析问题……批判性创新思维是批判思维与创新思维的合称,可称之为'批创思维'。"[①] 为解决当前大学精神文化发展过程中普遍存在的批判精神缺失、创新意识淡薄的问题,必须着力构建一种倡导、培育和践行"批创思维"的精神文化氛围,尽可能激发广大师生的批判性创新活力。

西迁精神作为一种承上启下的、极具交大特色的大学精神文化形态,其本身就作为一种开拓进取的创新文化而持久存在,蕴藏着丰富的批判性创新活力。纵观西迁精神持续60余载的孕育和发展历程,无不凸显出强烈的批判

---

① 熊明辉. 创新驱动呼唤批判性创新思维 [N]. 光明日报,2017-08-07(15).

意识和创新精神。一是老一辈"西迁人"的锐意进取，开拓创新。在西迁历程中耳熟能详的老一辈"西迁人"如钟兆琳、陈大燮、张鸿等人身上，上述批判意识和创新精神得到了十分生动的诠释。二是后辈"西迁人"同样秉承开拓创新的精神文化传统。如20世纪90年代，管晓宏在海外完成学业后毅然回到西安交通大学工作，如今已在电子信息领域卓有建树；再如多年来始终为解决高效清洁能源问题而心无旁骛、踏实钻研的郭烈锦教授，以他最具代表性的科研成果——"超临界水煮煤"技术回应了国家社会的殷切期盼。三是新时代下西安交通大学继续扎根西部，开拓创新，为实现西部科教事业新发展继续奋斗。西安交通大学将始终面向国家重大战略需求，面向经济社会主战场，面向世界科技发展前沿推动高质量发展，引领科技创新，培养德才兼备的高素质人才，并不断引领高等教育改革创新。

因此，西迁精神蕴含的丰富的批判意识和创新精神，可以在很大程度上为解决当前西安交通大学的精神文化乃至社会整体的大学精神文化所普遍存在的批判性创新意识不足问题提供新思路，注入新动力。西迁精神是新时代激励广大知识分子把握创新与发展这一时代主题、紧抓勇立潮头引领创新的强大思想武器。

（二）为公民道德建设注入新的内涵

社会主义道德建设是发展先进文化的重要内容。全面建设社会主义现代化国家，顺利实现第二个百年奋斗目标，必须在加强社会主义法治建设、依法治国的同时，切实加强社会主义道德建设、以德治国，把法治建设与道德建设、依法治国与以德治国紧密结合起来，通过公民道德建设的不断深化和拓展，逐步形成与发展社会主义市场经济相适应的社会主义道德体系。这是提高全民族素质的一项基础性工程，对弘扬民族精神和时代精神，形成良好的社会道德风尚，促进物质文明与精神文明协调发展，全面推进建设中国特色社会主义伟大事业，具有十分重要的意义。

1. 西迁精神的理想信念教育价值

习近平强调："要坚持学而信、学而思、学而行，把学习成果转化为不可撼动的理想信念，转化为正确的世界观、人生观、价值观，用理想之光照亮奋斗之路，用信仰之力开创美好未来。"① 西迁精神所包含的艰苦奋斗、爱国、奉献都是对传统文化的创新发展，它能帮助大学生正确认识国情，坚定实现中华民族伟大复兴的信心。它能够结合新时代要求使大学生正确处理好个人与社会、理想与现实之间的关系，自觉抵制不良、低俗文化，引导高校学生树立正确的价值观念。

2. 西迁精神的大局意识教育价值

1956 年交通大学西迁，既是出于当时国际国内形势的考虑，也是国家对新中国未来的教育布局、科技和工业发展布局的深谋远虑。习近平总书记多次强调要牢固树立高度自觉的大局意识，自觉从大局看问题，把工作放到大局中思考、定位、摆布。所谓得其大者可以兼其小，只有自觉在"全局之图"中找准坐标，才能顺势而为、有所作为。学习西迁精神，树立大局意识，绝不是喊个口号、表个态而已，而是要落实到行动上。作为新时代的弄潮儿，我们更要树立大局意识，西部地区天地广阔，大有作为，我们应该抱着一颗为国为民的奉献之心为国家发展贡献自己的力量。

3. 西迁精神的历史担当教育价值

西迁人既传承了中国知识分子传统的家国情怀，又清醒于中国历史转折时期自己的历史担当。新时代属于每一个人，更属于青年一代。广大青年是新时代建设社会主义现代化强国和实现中华民族伟大复兴征程上的生力军，只有汇聚青春壮志，接力奋斗，才能圆梦民族复兴，成就精彩的幸福人生。新时代的我们更应该具有强烈的担当精神，要有敢为人先的献身精神和不怕困难、勇于承担责任的精神，为国家的发展贡献自己的一份力量。

4. 西迁精神的重义轻利教育价值

重义轻利是中华优秀传统文化中的义利观内容，也是中国知识分子气节的精神支撑。交大西迁人在义利面前表现出"重义轻利"的价值观，建校初期面对物质条件极端落后的西部地区，他们毅然放弃了物质条件较好的上海。他们把国家、民族的"大义"放在了第一位，自觉舍弃了个人的"小利"；

---

① 习近平：在纪念红军长征胜利 80 周年大会上的讲话 [N]. 人民日报，2016-10-22 (02).

为了学校能得到迅速发展，他们许多人有的教学、科研、行政"三肩挑"，有的几十年如一日潜心搞好教学和科研工作，放弃了无数个与家人共度节假日的机会；在市场经济条件下，他们放弃了"下海经商、发财致富"的机会，把学校发展"大义"放在了第一位，正是这些重义轻利的西迁者的代代接力，才使得交大在西部地区取得今天建设"双一流"大学的辉煌成就。因此，以弘扬西迁精神为契机进行中华优秀传统文化的义利观教育，具有重要的时代价值。

5. 西迁精神的艰苦创业教育价值

交通大学从上海迁往西安时，祖国西北的学习和工作条件都非常艰苦，即使面临着重重的困难和挑战，交大西迁人依然保质保量、按时按要求顺利完成了搬迁工作，没有耽误按时上课。而当前，社会中拜金主义、享乐主义仍然存在，部分大学生受错误的消费观、享乐观影响，艰苦创业精神不足。因此，通过西迁精神教育广大学生学会艰苦创业是新的任务。艰苦创业精神既是一种崇高的思想境界，也是人们成就任何事业不可缺少的精神动力，进行社会主义现代化建设，需要大力倡导和弘扬艰苦创业精神。

6. 西迁精神的追求卓越教育价值

西安交通大学能有今天的辉煌成绩，是老一辈西迁者艰苦奋斗出来的。西安交通大学未来的发展，更需要新一代的西迁者继续保持追求卓越的精神。观望整个中国，更需要有追求卓越的各行各业的人才，在各自的岗位上发光发热，为国家的发展继续奋进。

（三） 为社会主义核心价值观注入新的内涵

社会主义核心价值观包含了国家、社会和个人三个层面的内容，首先是个人生活，其次是个人和社会的关系，包括个人和他人、个人和集体之间的关系，最后，还有国家层面的内容。正因为人的生活当中可以分为这三个层面，所以我们的社会主义核心价值观也是针对这三个层面而概括和提炼出来的，反映了每个层面最核心的价值要求。从国家层面来说，要建设一个富强、民主、文明、和谐的国家；从社会层面，是自由、平等、公正、法治，指的是人和人之间的关系，人和集体之间的关系；从个人层面，是爱国、敬业、诚信、友善，这是我们个人应该做到的，是个人的目标。西迁精神无论是从国家、社会还是个人层面来看，都是对社会主义核心价值观的深刻体现。

从国家层面来说，当时的西迁者不远千里来到贫困落后的西安，是希望为国家的建设做出自己的贡献，为国家的富强打下基础。为改变旧中国遗留下来的高等学校布局不合理的问题，党中央和国务院根据第一个五年经济建设的需要和国际形势的影响，决定对交通大学进行西迁。这个决定既是出于对当时国际国内形势的考虑，也是国家对新中国未来的教育、科技和工业发展布局的深谋远虑。有"东方MIT"之称的交通大学，从繁华的大上海迁至古城西安，在落后的大西北黄土地上深深地扎下根来。此次迁校，不仅仅是一次空间的转移，其背后凝聚着交大人爱党报国的使命担当与服务人民的家国情怀。从社会层面来说，西迁者个人和整个西迁群体之间、整个社会发展之间都是紧密相连、密不可分的。从个人层面来说，迁校过程中西迁者个人的爱国敬业精神展现得淋漓尽致。西迁人通过对党中央和国务院决策的学习，深刻理解和领会国家的战略需要，他们牢记使命奔赴西安，用自己所学的知识为国家培养优秀的人才，为国家发展、经济建设贡献自己的力量。当年，许多教职工在听到西迁的消息时，坚决拥护西迁。他们愿意牺牲个人和家庭的利益，胸怀大局意识，放弃上海优越的教学和生活环境，牢记把我国从"一穷二白"的旧中国建设成为社会主义现代化强国的历史使命，致力于为刚刚成立不久的新中国的建设做出自己卓越的贡献。

社会主义核心价值观实际上概括了三个层面的核心价值要求。这三个层面是紧密联系的：公民个人是从属于社会的人，也是从属于国家的人；而国家是建立在社会各个机构之上、建立在人和人的联系基础之上的，因此，也是建立在个人基础之上的。国家、社会和个人，三者之间是紧密相连、不可分割的。因此最重要的，我们做人就要从爱国、敬业、诚信、友善开始，要用这种价值观来武装自身；然后用这种要求把国家建设成富强、民主、文明、和谐的国家；进而建设我们的社会，使我们的社会变成自由、平等、公正、法治的社会，这之间是一体的，是联系在一起的。西迁精神是对这三个层面的深刻体现，因此，社会主义核心价值观教育，首先要从个人做起，从爱国、敬业、诚信、友善做起。我们要着眼于国家,最终目标是使我们的国家变得富强。

(四) 为党中央治国理政注入新的内涵

西迁精神是新时代鼓舞广大知识分子坚定信仰、信念、信心,脚踏实地、艰苦奋斗的强大精神支柱。西安交通大学的精神文化侧重或凸显于爱国奉献、使命担当和社会责任。自20世纪50年代内迁西安时,交通大学即被赋予了扎根建设大西北、改变西部落后境况、平衡东西部发展差距的艰巨任务和崇高使命。60余载的实践证明,交通大学不但在大西北树起了一座高等教育的灯塔,使得我国教育发展极端不平衡的格局大为改善,更为区域经济社会的发展做出了巨大贡献。新时代需要新征程,新时代呼唤新作为。当前,西安交通大学正处于"二次创业"的伟大进程中,着力打造西部教学科研的新高地,为建成世界一流大学和助力陕西追赶超越而继续奋斗。可见,老一辈"西迁人"的使命担当与社会责任感并未丢失,依然在新时代熠熠生辉。强烈的爱国奉献、使命担当精神与社会责任感,是西安交通大学精神文化的侧重点和闪光点,是西安交通大学精神文化的核心竞争力所在,而这又恰恰是西迁精神得以形成发展的逻辑起点。西迁精神昭示广大知识分子,要始终听党话跟党走,自觉扛起历史使命,从新起点踏上新征程。因此,面对中华民族伟大复兴道路上的重重艰难险阻,我们必须坚持和发扬西迁精神,切实担负起时代赋予的历史责任,矢志拼搏、艰苦创业,做出经得起实践、人民、历史检验的研究成果,努力谱写全面建设社会主义现代化国家的新篇章。

西迁精神是新时代鞭策广大知识分子坚持国家至上、民族至上、人民至上,铸炼天下为公、担当道义的强大道德力量。我们党自成立之日起就以解放全人类、实现共产主义为己任,以全心全意为人民服务为根本宗旨。知识分子作为工人阶级的有机组成部分,是和人民群众紧密连接在一起的。因此,当代知识分子必须担负起为人民服务、为中国共产党治国理政服务、为巩固和发展中国特色社会主义制度服务、为改革开放和社会主义现代化建设服务的政治任务,以此作为衡量当代社会主义知识分子先进性的根本标尺。

作为十三朝古都的西安,在历史上曾经历过无数的繁华与沧桑。在新时代背景下,西安正处在机遇与挑战并存、地位与责任并重、大有可为而又不得不为的关键发展节点上。尤其是党的十八大以来,西安的城市知名度迅速提升,经济实力显著增强,投资规模日趋扩大,旅游事业发展愈发火热,业已成为社会大众公认的"网红城市"。西安交通大学作为西安市的标志性名片之一,其发展与西安市的整体经济社会发展息息相关,相辅相成。大力弘扬和践行西迁精神,对于西安市平稳高效发展,早日实现属于这座千年古都自身的伟大复兴大有裨益。"追赶超越"是党的十八大以来习近平总书记立足国内外发展大势、结合两次来陕考察实际而做出的科学判断,准确标定了陕西发展的历史方位。客观来讲,陕西作为西部省份,其科教事业在国家整体科教事业发展格局中尚处于相对弱势的地位。西安交通大学作为陕西科教事业的排头兵,"为西部特别是陕西科技教育事业进步发挥了重要作用,为陕西乃至全国经济社会发展做出了重要贡献"[①]。新时代,在奋力实现陕西科教事业"追赶超越"的征程中,西安交通大学理应责无旁贷、勇挑重担,充分发扬西迁精神,在科技创新、人才培育、社会责任等各个方面贡献自身的智慧和力量。

---

① 梁桂. 弘扬西迁精神建设"三个陕西"[N]. 陕西日报, 2015-10-12 (06).

第三章

西迁精神与延安精神的共性与个性

第三章
西迁精神与延安精神的共性与个性

一、西迁精神与延安精神的共性

（一）以爱国主义为核心的伟大民族精神

民族精神是一个民族在自身成长发展过程中表现出来的富有生命力的优秀品格、高尚情操和坚定意志，是民族文化、民族心理的集中反映和深刻体现。民族精神是一个民族的灵魂，是一个国家赖以生存发展的精神根基。只有在精神上达到一定的高度，一个民族才能以屹立不倒的姿态自立于世界民族之林，在历史的洪流中一路踏歌前行。

中国是一个有着五千年悠久历史的文明古国。回顾漫长的社会历史发展过程，虽然饱受曲折艰辛，但勤劳勇敢的中华民族始终生生不息，以坚忍顽强的毅力应对前进道路上的种种困难和挑战，以乐观自信的态度努力建设美好家园，谱写了光辉灿烂的华夏文明，逐渐形成和发展了伟大的中华民族精神。尤其是近代以来，在反对外来侵略、争取国家独立和民族解放的过程中，无数仁人志士前赴后继、不屈不挠、上下求索，谱写了一曲曲"救亡图存"的壮丽史诗，爱国主义成为中华民族精神的基调和主旋律。中华民族自古以来就是富有爱国主义光荣传统的伟大民族，爱国主义是动员和鼓舞各族人民团结奋斗的伟大旗帜，是推动中国社会历史发展的重要力量，是全体华夏儿女共同的精神支柱。中华民族的爱国主义早已成为我们民族精神的象征。正如习近平总书记所说："爱国主义精神深深植根于中华民族心中，是中华民族的精神基因,维系着华夏大地上各个民族的团结统一,激励着一代又一代中华儿女为祖国繁荣发展而不懈奋斗。"①

无论是形成于抗战时期陕甘宁边区建设中的延安精神,还是在交通大学内迁西安及之后长期发展过程中形成的西迁精神,都是中国共产党精神财富中的重要组成部分,无一不闪烁着爱国主义的光辉。从延安精神"坚定正确的政治方向"到西迁精神的"胸怀大局""无私奉献",爱国主义精神在中国革命和建设的不同时期都熠熠生辉,焕发出强大生命力。

1. 爱国主义是延安精神永不磨灭的革命底色

从一定意义上来说,一部中国共产党的历史,就是一部革命精神创造发展的历史。从1921年嘉兴红船上党的诞生到1949年中华人民共和国成立,中国共产党在新民主主义革命时期先后形成了红船精神、长征精神、延安精神等具有里程碑意义的革命精神,伟大的爱国主义精神是贯穿始终的信念维度。形成于抗日战争时期陕甘宁边区建设中的延安精神,以其独特的历史时期和重要的历史作用,在中国革命精神史上占有重要地位。

(1) 延安时期的爱国主义有其独特的时代背景。延安时期,是中华民族面临亡国灭种的危险时期,是中国人民长期处于水深火热之中的艰难困苦时期,同时,也是党领导中国革命从低潮走向高潮、实现伟大历史性转折的重要时期。在抗日战争的复杂背景下,中国共产党高举爱国主义旗帜,主动肩负起领导重任,带领人民军队,在延安精神的指引下创造出以小克大、以弱胜强的人间奇迹,把积贫积弱的旧中国,带向了独立富强的新时代。

(2) 延安时期的爱国主义具有以科学理论为指引的鲜明特征。爱国主义是具体而不是抽象的,是随着时代进步而不断丰富发展的,具有鲜明的时代特征。从1935年到1948年,中共中央在延安战斗了13个春秋,实现了马克思主义普遍真理同中国革命具体实际相结合的第一次伟大飞跃。这一时期,毛泽东思想走向成熟并被确立为党的指导思想,是中国共产党在理论创新上取得的最伟大成果,同时,也为爱国主义精神的发扬奠定了坚实的理论基础。

---

① 习近平:大力弘扬伟大爱国主义精神 为实现中国梦提供精神支柱 [N]. 人民日报,2015-12-31 (01).

正如毛泽东同志所说:"我们是国际主义者,我们又是爱国主义者,我们的口号是为保卫祖国反对侵略而战。""指导一个伟大的革命运动的政党,如果没有革命理论,没有对于实际运动的深刻的了解,要取得胜利是不可能的"。①

2. 爱国主义是流淌在交通大学血脉中最强大的精神基因

从以"自强储才"为宗旨建立的南洋公学,到响应国家号召内迁西部后的西安交通大学,交通大学的每一次历史性变迁,都与国家民族的前途命运紧密相连。爱国主义是始终流淌在交通大学血脉中最强大的精神基因,这种基因被一代又一代的交大人传承。

(1) 交通大学建校于民族危亡之际。1894 年甲午战败,轰鸣的炮声震动了清王朝,也震醒了当时的知识阶层,面对帝国主义列强掀起的瓜分中国的狂潮,人们开始意识到中华民族已经到了生死存亡的紧要关头,面临亡国灭种的危险。一批批心怀爱国救民豪情的有识之士纷纷走上救亡图存的道路。1895 年,著名实业家、教育家、洋务派官员盛宣怀秉持"自强首在储才,储才必先兴学"的理念,在天津创办北洋西学学堂,1896 年 3 月,又在上海创办了交通大学前身——南洋公学,开中国近代高等教育之先河。从成立伊始,交大人就把自身的发展与国家、民族的前途命运紧密地联系在一起。创作于 1897 年的南洋公学院歌《警醒歌》中唱道:"警!警!警!野吞声,朝饮恨,百年养士期何称。毋谓藐藐躬,只手擎天臂一振;毋谓藐藐童,桃李成荫眼一瞬,自觉觉人、不任将谁任?醒!醒!醒!"②深刻表达了交大师生力图激励国民奋发图强,拯救中华民族于水火的爱国情怀。1926 年,中共南洋大学党支部成立,随后开展了一系列反帝、反封建的爱国、爱校的学生斗争。抗日战争胜利后,交大学生积极参加政治运动,用血的代价铸就此时上海的"红色堡垒"。

(2) 交通大学迁校于国家需要之时。一五计划期间,苏联援助建设的 156 个重点项目中有 24 个落户陕西,省会西安有 17 个。面对新中国成立初期国内工业百废待兴、国际环境风云变幻的形势,中央政府做出调整工业建设、文化发展及高等学校布局的重大战略决策,做出交通大学内迁西安的决定。

---

① 毛泽东选集:第 2 卷 [M]. 北京:人民出版社,1991:508-509.
② 霍有光,顾利民. 南洋公学交通大学年谱 [M]. 西安:陕西人民出版社,2002.

西迁，对于诞生于繁华沪上、成长于江南烟雨中的交通大学而言，是建校以来所经受的最为严峻的考验，因为这不是短暂的支援，而是永久的扎根，是要为了国家民族的未来扎根西部、建设西部。面对祖国的呼唤、时代的需要，胸怀爱国主义情怀的交大人背起行囊就出发，义无反顾地告别十里洋场，奔赴古都西安。从1955年下迁校决定达到1958年成功完成主体西迁，仅仅三年的时间，老一辈交大人秉持着"哪里有事业，哪里有爱，哪里就是家"的坚定信念，跨越了1500千米的空间距离，在西北大地上开垦出高等教育和科技发展的一片沃土，用实际行动践行了"始终与党和国家的发展同向同行"的庄严承诺。岁月匆匆而过，交通大学西迁已跨越了一个多甲子，一代又一代交大人满腔热血奋斗在黄土地上，铸就的"胸怀大局、无私奉献、弘扬传统、艰苦创业"的西迁精神和激扬在其中的爱国情怀，已然成为交大人的精神血脉，成为西安交通大学永远不变的气质底色。

（二）坚定的政治信念和崇高的革命理想

习近平总书记指出："理想信念是一个国家、民族和政党团结奋斗的精神旗帜，坚定理想信念，坚守共产党人精神追求，始终是共产党人安身立命的根本。"同时他还指出："英雄模范之所以赴汤蹈火、舍生忘死，之所以任劳任怨、鞠躬尽瘁，之所以能够洁身自好、光明磊落，最根本的就是他们对理想信念有执着追求和坚守，他们选定了主义，站定了队伍，就终身为此不懈奋斗。"[①] 中国共产党成立伊始，就把实现共产主义作为崇高理想，把实现中华民族解放作为执着追求，并为之矢志不渝、奋斗不息。贺龙的女儿贺捷生曾写过一篇题为《重说理想信念》的文章，她写道："信仰不仅是理念和精神，更是人生的指南和最高追求。不谈信仰，先辈们抛头颅、洒热血的光辉人生，他们具有的牺牲精神就无法理解。先辈们如果没有信仰，我们的国家和人民就没有今天。中国人的精神信仰不能'死机'，它应当被激活，信仰永远是鼓舞我们奋发进取的精神号角"。回望历史，无论是在恶劣环境之中依旧守初心担使命、领导人民开展抗日战争和解放战争的十三年延安时光，还是一

---

① 习近平：学习马克思主义基本理论是共产党人的必修课[N]. 光明日报，2019-11-16 (01).

第三章 西迁精神与延安精神的共性与个性

路向西再向西、将青春和热血播洒在黄土地上的西迁岁月,坚定的政治信念和崇高的革命理想,始终是广大共产党人和革命先辈的精神支柱和力量源泉。

1. 坚定正确的政治方向是延安精神的灵魂

中国共产党成立伊始,就把实现共产主义作为崇高理想,把实现中华民族解放作为执着精神追求。

(1) 坚定的理想信念是党在延安时期事业取得成功的精神支柱。1936年10月,经历了史诗般的二万五千里长征取得胜利。是什么样的力量让这支风尘仆仆、疲弱不堪的队伍涅槃重生,在短短十三年后扭转乾坤、建立了社会主义的新中国?又是什么样的力量,让环境恶劣、物资匮乏的陕北延安激情燃烧、朝气蓬勃,成为千千万万有志青年景仰向往和奔赴的精神高地?这就是理想信念的力量,是坚定的政治信念和崇高的革命理想所创造的伟大奇迹。理想信念的光芒闪耀在陕北大地,延安成为革命者向往和敬仰的地方,一批又一批心怀爱国之情、报国之志的进步青年,为了追求理想和信念而奔赴革命圣地延安。他们在这座革命的大熔炉中,在马克思列宁主义革命理论和毛泽东思想的熏陶和教育下,经过血与火的洗礼,成长为自觉的革命战士,坚定了共产主义的信念,将共产主义远大理想作为一生的奋斗目标,为抗日战争胜利和中国革命的最终胜利做出了突出贡献。

(2) 坚定的理想信念首先表现为始终坚持正确的政治方向。延安时期,针对如何正确认识和处理民族民主革命和社会主义革命,以及党的最低纲领和最高纲领的相互关系问题,毛泽东运用马克思主义基本原理,创造性地提出了关于新民主主义革命的理论。这一理论指出,党在新民主主义阶段的首要任务是赶走日本帝国主义、实现民族独立、建设国内和平。但这绝不意味着我们党可以放弃共产主义远大理想,脱离共产主义思想体系的指导。对此,毛泽东在党的七大上再次强调:"我们共产党人从来不隐瞒自己的政治主张。我们的将来纲领或最高纲领,是要将中国推进到社会主义社会和共产主义社会去的,这是确定的和毫无疑义的。"[①] 正是因为有了新民主主义革命理论,

---

① 毛泽东选集:第3卷[M]. 北京:人民出版社,1991:1059.

我们党才能始终保持自身在抗日统一战线中的独立自主；在国民党消极抗日、积极反共的困难时期，依靠自力更生、艰苦奋斗的方针瓦解国民党的经济封锁；在领导人民进行民族解放战争和国内革命战争的过程中，牢记全心全意为人民服务的宗旨；在战斗和生产的同时，开展整风运动，确立解放思想、实事求是的思想路线；质言之，才可能产生延安精神。从根本上讲，延安精神的各项内容都来自共产党人对正确政治方向的坚守，坚定正确的政治方向是延安精神的灵魂。

（3）坚定的理想信念同时表现为追求真理、献身真理的精神。长征和延安时期，如何将中国工农红军中受过文化教育的知识分子以及出身贫苦的农民两部分成员紧密联结在一起，是党面临的重大问题，而这一问题的答案无疑是拥有共同的信仰和价值追求。这些知识分子深知战士们听不懂晦涩高深的理论，因而在给他们传授真理的时候，讲的是把马克思列宁主义的基本原理与贫苦农民的实际相结合的精髓，告诉他们贫苦不是命，而是"三座大山"压迫的结果，而共产党的理想是要建立平等新社会，让穷苦人翻身做主人的道理，并且共产党人尤其是党的高级领导干部身体力行，切实与战士们战斗、生活、劳动在一起。这些战士们出身贫苦，从小受尽剥削和压迫，这样的环境、这样的制度是他们过去所不敢想象的。他们的心灵受到了极大的震撼，也由此更加坚定了为共产主义理想抛头颅、洒热血、奋斗终生的坚定信念。

2. 坚定的政治信念和崇高的革命理想是西迁人扎根西部、开拓创业的精神源泉

回顾整个中国共产党的奋斗历程，可以发现对理想信念的坚守是中国共产党人精神谱系中的基础内容和核心思想。坚定的理想信念是支撑西迁人扎根西部、开拓创业的精神源泉。这种理想信念与老一辈西迁人以国家需求为重的家国情怀和新时代西迁新传人为国家发展干事创业的奋斗精神是相互贯通的。

（1）理想信念的光辉闪烁在老一辈西迁人以国家需求为重的家国情怀中。中国的知识分子自古以来就有浓厚的家国情怀和强烈的社会责任感。近代以来，无数有志之士为了民族振兴、国家富强、人民幸福，前赴后继、不屈不

挠、上下求索甚至甘洒热血。中华人民共和国成立后，这种家国情怀也随之转化为对社会主义中国和共产主义事业的无限忠诚。1956年，交通大学1400多名教工、近3000名学生怀着对党深深的感恩之情和对社会主义建设事业的无限忠诚，坚决拥护和执行党中央关于交通大学内迁西安的决定，义无反顾地踏上西行的列车，开启了西部建设的伟大征程。一群纯粹而勇敢的知识分子就像当年奔赴延安的进步人士一样，秉持着"到祖国最需要的地方去干事创业"的坚定信念，为西部的教育、科技和经济发展做出了卓越贡献。他们身上所体现的对国家和人民的挚爱之心，以及为此而奋发图强、积极作为的理想信念，已然熔铸于交大人的内心，潜移默化为一代代西迁人生生不息的文化基因。

（2）坚定的理想信念是新时代西迁新传人为国家发展而不懈奋斗的精神源泉。西迁60多年来，交大人始终秉持着为国家民族而生、应时代呼唤而兴的家国情怀和忠于祖国、为国育人的理想信念，这种理想信念不仅贯穿了交通大学120多年的历史，更体现在当前的工作中。在西迁精神的引领下，西安交通大学每年获得的教学科研奖励数量都位居全国高校前列，于2017年入选国家一流大学A类建设高校名单。2015年，交通大学响应习近平总书记"面向世界科技前沿、面向国家重大需求、面向国民经济主战场"重要指示精神，向西而行建设"中国西部科技创新港"，随着2019年创新港的全面启动，西安交通大学又开启了打造一流学科新格局、构筑科教融合新高地、创新国际合作新模式、抢占未来高等教育竞争制高点的第二次创业。"西北有高楼，上与浮云齐"，在广袤的西北大地上，西安交通大学这棵"西迁大树"已然根深叶茂，成为引领和带动整个西部地区高等教育乃至整个教育事业发展的领跑者。坚定的政治信念和崇高的革命理想，是西迁新传人在新时代勇担科技创新发展重任，为西部发展、国家建设奉献全部智慧和力量的精神支柱和力量源泉。

（三）艰苦奋斗、不屈不挠的英雄主义精神

艰苦奋斗是中华民族的传统美德，是中华优秀传统文化的精髓。一部中国历史就是一部中华民族的艰苦奋斗史。在中国的历史长河中，不乏祖逖闻

鸡起舞、匡衡凿壁借光、孙敬头悬梁、苏秦锥刺股、车胤囊萤、孙康映雪读等广为流传的经典故事,这样艰苦奋斗的典型人物在历史上层出不穷。在传统的典籍里,"艰难困苦,玉汝于成""精诚所至,金石为开""千淘万漉虽辛苦,吹尽狂沙始到金""不经一番寒彻骨,怎得梅花扑鼻香"等格言警句不胜枚举。"愚公移山""大禹治水""精卫填海"等神话传说和寓言故事也无不体现着中华民族艰苦奋斗、坚持不懈的精神特质。"历览前贤国与家,成由勤俭破由奢。"艰苦奋斗也是中国共产党人的精神本色和优良传统。我们党自诞生之日起,就把艰苦奋斗精神作为自己的鲜明作风,从一定意义上来说,一部党史就是一部党的艰苦奋斗史。从新民主主义革命到新中国成立,再到改革开放和社会主义现代化建设,艰苦奋斗精神是我们党传承至今的政治本色。从延安精神中的自力更生、艰苦奋斗的创业精神到西迁精神中的艰苦创业精神,艰苦奋斗的精神一以贯之、传承至今,始终是中国共产党人和社会主义事业建设者的一贯作风。

1. 艰苦奋斗、不屈不挠的英雄主义精神是延安精神的重要内容

延安精神中内蕴着自力更生、艰苦奋斗的创业精神。延安时期,中国共产党将井冈山和长征时期艰苦奋斗的精神品格予以传承发扬,同时结合具体实际,赋予其"自力更生""自己动手、丰衣足食"等新的元素,彰显了强大时代意义。

(1) 自力更生、艰苦奋斗是延安精神的基础。1935 年,中央红军抵达延安。而此时的陕北干旱少雨、广种薄收,交通落后、信息闭塞,当地的群众过着"端上饭碗照影影,睡在炕上望星星,身穿羊皮垒补丁"的艰苦生活。面对当地无比恶劣的自然环境和极端落后的经济状况,要生存下去,除了自力更生、艰苦奋斗,别无选择。为此,中共中央和工农红军逐渐在延安建立了一些小规模工厂,军队作战之余也要承担一些生产活动。1938 年 10 月,抗日战争进入相持阶段后,日本侵略者对敌后根据地发动大规模"扫荡",国民党对陕甘宁边区实行严密的军事包围和经济封锁,再加上华北地区连年的自然灾害,使得财政经济原本已十分困难的解放区雪上加霜,我们党的处境异常艰难。在严峻的历史关头,毛泽东同志题写了"自己动手、丰衣足食"八

个大字,向全军发出了一面战斗、一面生产、一面学习的重要指示。在毛泽东主席的领导下,陕甘宁边区的部队、机关、学校和民众纷纷行动起来,积极开展生产运动,靠自己的双手发展经济,开荒、种地,掀起大生产的高潮。1942年到1943年间,毛泽东先后发表《抗日时期的经济问题和财政问题》《开展根据地的减租生产和拥政爱民运动》《组织起来》等重要著作,为中共中央制定了领导解放区大生产运动的基本纲领。"发展经济,保障供给"成为我党经济工作和财政工作的总方针。在正确方针路线的指引和全党全军、边区人民的共同努力下,到1943年,陕甘宁边区的经济困难已经完全克服,实现了"自己动手、丰衣足食"的基本目标。

(2)艰苦奋斗、不屈不挠的英雄主义精神成就了陕甘宁边区自力更生的创业奇迹。在轰轰烈烈的大生产运动中,1941年3月,王震将军率领三五九旅开进荒无人烟的南泥湾,广大官兵在"一把锄头一支枪,生产自给保卫党中央"的口号下,以"自力更生、艰苦奋斗"的乐观主义精神和坚忍顽强的毅力克服恶劣环境的挑战,辛勤劳动,积极生产,用锄头、铁锹和木棒创造了丰硕的劳动成果,硬是把荒无人烟、杂草丛生的南泥湾变成了"平川稻谷香,鸭肥遍池塘。到处是庄稼,遍地是牛羊"的陕北好江南,成就了南泥湾大生产的奇迹。1940年,南泥湾开荒种地5000多亩,此后连年递增,1941年为1.12万亩,1942年为2.68万亩,1943年增加到10万亩。1943年收粮1.5万石,蔬菜590多万斤,完成了"2人1猪,1人1羊,10人1牛"的指标。到1944年,他们开荒35万多亩,不仅实现了全部经费、物资自给,而且还向边区政府上缴了1万石公粮。最终,在边区和各根据地军民团结奋斗、埋头苦干之下,根据地的经济困难基本得以解决,为争取革命胜利打下了坚实的物质基础。1943年9月,毛泽东到南泥湾视察时兴奋地表示:"困难并不是不可征服的怪物,大家动手征服它,它就低头了。大家自力更生,吃的、穿的、用的都有了。目前,我们没有外援,假定将来有了外援,也还是要以自力更生为主。"[1] 再次凸显了始终坚持和发扬自力更生、艰苦奋斗精神品格

---

[1] 金冲及. 毛泽东传(1983—1949)[M]. 北京:中央文献出版社,2004:640.

的历史必然性和价值指向性。

2. 艰苦奋斗、不屈不挠的英雄主义精神是西迁精神的重要特质

自力更生、艰苦奋斗是中华民族的优良传统，也是我们党传承至今的革命精神，构成了延安精神与西迁精神的重要特质。

（1）一部西迁的历史就是一部艰苦奋斗、不屈不挠的英雄奋斗史。西迁群体的初心和使命，就是以为中国人民谋幸福、为中华民族谋复兴作为根本出发点和落脚点，在迁往西部、扎根西部、建设西部的过程中奉献自身的智慧和力量，争做西部地区经济建设和科教事业发展的排头兵。秉持着这样的初心使命，西迁后的交通大学付出了在上海所不能想象的艰苦，无数西迁人忘我拼搏、无私奋斗，谱写出一曲曲不屈不挠的英雄赞歌。"中国机电之父"钟兆琳，于花甲之年毅然西迁，作为系主任，他事必躬亲、迎难而上，总是第一个到教室给学生上课，全然不顾自己已是花甲老人。在他的建议下，西安交通大学电机系增添了电机制造方面的设备，建立了全国高校中第一个电机制造实验室。钟兆琳先生一生中曾培养包括钱学森在内的诸多优秀人才。钱学森曾回忆道，钟先生的教诲和解决问题的方法使他受用了一辈子。即使在病重之际，钟兆琳先生仍不忘教育事业。他的遗言这样写道："愿将我工资积蓄的主要部分捐献出来，建立教育基金会，奖励后学，促进我国教育事业，以遂我毕生所愿……" 1990年4月4日，钟兆琳逝世，其子女遵嘱把他积攒的2万元工资赠予学校，西安交通大学以此设立了"钟兆琳奖学金"。钟老虽生长在锦绣水乡，却矢志建设祖国西北，并为之鞠躬尽瘁直至生命尽头，令全国教育界都深感钦佩。60多年后，当年迁校时风华正茂的青年已步入耄耋之年，而他们培养的西迁新传人也坚守奋战在科研教学一线，续写着艰苦奋斗的新篇章。

（2）对于交大西迁人而言，艰苦奋斗从来就不是个例，而是整体的价值选择。同交通大学一起迁往西安的，有著名的教授，也有讲师、管理职员、技术员，还有炊事员、花工等后勤服务人员，甚至包括酱菜厂、煤球厂的工人。放弃上海的优厚待遇和优渥生活西迁内地的知识分子是英雄，为交通大学迁校而默默奋斗的普通人也是英雄。为了交通大学可以顺利西迁，按时上

课，不误教学，建筑工人和后勤部门的工人师傅们夜以继日地赶进度，只用短短一年时间就在平地上建起了大部分校舍，堪称西迁中的一个奇迹。运往西安的教学设备、图书教材、公私家具多达1000多吨，搬运工人在泥水中工作久了，脚泡得发白，全身都是泥水，像一群泥人。他们常常是紧张得连饭也吃不上，一面抬东西，一面啃馒头，有时要工作到深夜三四点钟。他们为了建设新交大再苦再累从无怨言。还有随校西迁过来的老花工胡全贵，种花栽树，任劳任怨，为西安交通大学的校园绿化奉献了一生。正如西安交通大学原校长、90岁的史维祥教授所说："大树西迁枝繁叶茂，离不开这些普普通通的教职员工，他们的无私奉献和艰苦奋斗铸就了'西迁精神'。"在老一辈西迁人身上，我们不仅能看到"犯其至难而图其至远"的奋斗精神，更体会到了"爱国爱校、追求真理、勤奋踏实、艰苦朴素"的优良传统和校风。踵武前贤的西安交通大学正是靠着不屈不挠的奋斗精神在中国高等教育史上竖起了一座耀眼的丰碑。

（四） 重于求实和勇于创新的革命精神

求实，是指讲求实际、实事求是，对于任何事物和现象，务必取得事实根据，逐一探求真实的结论。求实精神是中华文明的坚实精神基石，也是中华民族和中国人民鲜明的精神本色，弘扬求实精神是做好党和国家各项工作的关键环节。

创新意为与时俱进、追求新高，是指以对旧事物的批判继承与发展为导向，以现实环境与需求为基点，进而在立足现有知识等客观条件的基础上，不断创造新的事物、理念、方法等的行为过程。创新是支撑一个国家和民族文化源远流长并不断推陈出新的力量之源。马克思主义的精髓就在于实事求是，一切从实际出发。在实事求是的基础上探索新路，要有"敢为天下先"的气概与胆识，要有勇往直前的勇气与毅力。从解放思想、实事求是的延安精神到弘扬传统、艰苦创业的西迁精神，重于求实和勇于创新的革命精神一以贯之，传承至今，是中国共产党领导中国人民跨越前进道路上的困难与挑战，一步步走向伟大复兴的精神动力。

1. 重于求实和勇于创新的革命精神深刻地体现在延安精神之中

延安精神是积累沉淀五千年之久的以爱国主义为核心的中华民族精神的

革命性升华，是中国共产党把马克思主义与中国实际相结合形成的属于自己的精神之魂。这种精神之魂，深刻地体现了重于求实和勇于创新的革命精神。

（1）求实创新的精神首先体现在延安精神解放思想、实事求是的思想路线中。1934年，王明"左"倾教条主义在我们党内占据了统治地位。他脱离中国革命实际，否认敌强我弱的基本形势，要求红军采取积极进攻的路线，使红军在战略上完全陷入被动。以王明为代表的"左"倾教条主义者，将实事求是这一马克思主义活的灵魂抛之脑后，转而将马克思列宁书本上的内容作为不可更改的教条，严重脱离中国实际情况，给中国革命造成了巨大危害。延安时期，以毛泽东为代表的中国共产党人总结了中国革命的经验教训，在全党提出了实事求是的思想路线。1941年5月，毛泽东同志在延安高级干部会议上做《改造我们的学习》的报告，标志着整风运动开始。延安整风的顺利推进，使实事求是的辩证唯物主义的思想路线在全党确立起来，极大地提升了全党的理论水平与团结统一，为夺取抗日战争和新民主主义革命的胜利提供了思想保障。正反两方面的经验也充分证明：实事求是是无产阶级世界观的基础，是马克思主义思想的基础。

（2）求实创新的精神同时体现在延安时期理论联系实际、不断开拓创新的精神中。"创新是一个民族的灵魂，是一个国家兴旺发达的不竭动力。"[①]面对在马克思主义理论中找不到现成答案的新情况、新问题，需要将马克思主义的普遍真理同中国革命的具体实际相结合，在理论和实践上不断探索，开拓创新，才能指导中国革命不断走向胜利。延安时期，中国共产党的发展史就是一部不断开拓创新的历史。在理论上，以毛泽东为代表的中国共产党人把马克思主义基本原理和中国具体实际结合起来，创造出一系列科学的政策和方略，如"精兵简政"的政府改革、"三三制"的政权制度、"减租减息"的土地政策、"持久战"的抗日战略等，都体现着我们党与时俱进的创新精神。在实践上，通过延安整风运动这一新的方式，进一步澄清了长期以来禁锢人们的错误观念，使广大党员、干部获得了思想上的大解放，为夺取抗

---

① 十五大以来重要文献选编：中［M］．北京：人民出版社，2001：1307．

日战争和民主革命的胜利奠定了思想基础。

2. 重于求实和勇于创新的革命精神深刻地体现在西迁精神之中

在中国高等教育事业的发展历程中，为了支援西部建设和调整高等教育战略布局而举校西迁，亘古未有。从一定意义上说，交通大学的西迁是一次站在时代潮头、充当时代先锋、开创发展新局面的创新征程。在这志在无疆、壮怀激烈的伟大征程中，始终体现着交大人重于求实和勇于创新的革命精神。

（1）求实创新的精神首先体现在一代代交大人忠恕任事的实干精神中。中国的知识分子自古以来就有"知行合一"的士人精神，人们普遍相信空谈误国、实干兴邦的理念。在这种实干精神的指引下，一代代知识分子怀揣"一语不能践，万卷徒空虚"的信念，始终为国家民族的复兴而踏实苦干。南洋公学最初即草创于盛宣怀先生实业救国的主张之下，在唐文治先生担任校长期间，更是以培养振兴社会经济、发展国计民生的实业人才为教学追求。"实心实力求实学，实心实力务实业"，唐文治校长亲拟的南洋校歌体现了交通大学"崇德尚实"的育人理念。新中国成立后，交通大学的师生继承了先辈求实创新的精神，在接到高教部"交通大学内迁西安"电话通知的第二天，彭康校长便召开校党委会部署工作，同时立刻与陕西省、西安市政府接洽，仅仅一个月后就完成了新校校址的勘查与选定工作。从 1955 年 4 月 7 日接到迁校指示到 1956 年 9 月首批迁校的 6000 名师生员工正式在西安开学，勤恳务实的交大师生用仅仅一年半的时间，就实现了从黄浦江头到陕西高地 1500 千米的空间跨越。

（2）求实创新的精神同时体现在交通大学扎根西部、建设西部的不懈努力中。西迁后的交通大学一如既往保持着忘我的实干精神，迁校 60 多年来，已有 30 余万毕业生从这所"崇德尚实"的一流学府走出，他们中的 40% 扎根西部，成为各行各业的中流砥柱；交通大学培养出的院士中，也有近一半留在西部工作。他们自西北高楼的交大走出，把求实创新的精神书写在祖国的大地上。重于求实，勇于创新，这种精神追求不仅贯穿了西安交通大学迁校 60 多年来的历史，更体现在当前的工作中。2019 年全面启动的交大西部科技创新港，致力于打造一个最具典范的"校区、园区、社区"三位一体的"智慧学镇",建设未来中国最具创新活力的创新实体,创造可以为社会发展不断做出贡献的创新源泉。回首过去,是一种"能干事、干成事"的智慧支撑老一辈西迁人用勤恳务实写就西迁历史;展望未来,中国未来的故事也要靠西迁精神的新传人凭借"不信东风唤不回"的精气神,用创新创造去书写。

(五) 忠诚于党和服务人民的崇高品德

1. 党的领导是革命事业胜利之本

推翻压在中国人民头上的帝国主义、封建主义和官僚资本主义三座大山,实现民族独立、人民解放和国家富强,需要坚强的领导核心。中国共产党是中国工人阶级的先锋队,同时也是中国人民和中华民族的先锋队,自诞生之日起就以实现民族独立、人民解放和中华民族伟大复兴为己任,带领人民坚韧不拔、团结奋斗,取得了新民主主义革命的伟大胜利,建立了新中国。面对新中国成立初期一穷二白、百废待兴的局面,中国共产党团结带领全国人民自力更生、艰苦奋斗,创造性地完成了由新民主主义到社会主义的过渡,实现了中国历史上最伟大、最深刻的变革,开启了在社会主义道路上实现中华民族伟大复兴的历史征程。历史唯物主义认为,人民群众是历史的创造者,是社会变革的决定力量。中国共产党作为马克思主义政党,成立伊始就把人民利益至上作为自己的核心价值追求,把为人民谋利益作为自己的最高原则,始终与人民群众保持血肉联系,在团结人民、服务人民的过程中一步步发展壮大并走向成熟。延安时期陕甘宁边区建设的成功经验向世人证明:党的领导是革命胜利之本,赢得人民是走向胜利之基。忠诚于党和服务人民的崇高品德是共产党人在延安时期形成的优良品质,也同样被社会主义革命和建设时期的交大西迁人所传承。

(1) 党的领导是延安时期革命事业的胜利之本。延安时期是中国革命胜利的新起点,十三年间,党领导人民取得了抗日战争和解放战争的胜利,建立了中华人民共和国。而这些深刻改变了中国面貌的巨大成果,全都离不开以毛泽东同志为代表的党中央的正确领导。延安时期的历史生动地显现了忠诚于党的极端重要性。第二次国内革命战争时期,"左"倾机会主义的错误导致红军第五次反"围剿"失败,被迫北上长征,全国红军从30万人锐减到3

第三章 西迁精神与延安精神的共性与个性

万人,中国革命事业遭到重创。抗日战争初期,王明提出的"一切服从统一战线,一切经过统一战线"的右倾口号更一度引起党内的思想混乱。针对党内先后出现的错误思想,党中央做出坚决斗争,在全党范围内展开了一场轰轰烈烈的整风运动。《中共扩大的六中全会政治决议案》《关于增强党性的决定》等文件中反复强调"党的统一领导"问题,强调必须坚持"个人服从组织,少数服从多数,下级服从上级,全党服从中央"的原则;明确规定"党的一切工作由党中央集中统一领导,是党在组织上民主集中制的基本原则,各级党的委员会的委员必须无条件地执行"[1]。延安整风结束后,实事求是的思想路线得以确立,以毛泽东同志为核心的党的第一代中央领导集体也受到了全党、全军、全国人民的衷心拥护与深切爱戴。回首党在延安时期取得的重大成就,是全党积极贯彻党中央路线方针政策的必然结果,也是广大党员和人民群众始终坚持忠诚于党的必然结果。

(2)全心全意为人民服务是延安精神的本质。中国共产党自诞生之日起,就把为中国广大人民谋利益作为自己的根本宗旨,以发动群众、依靠群众、开展群众运动为己任。延安时期,中国革命处在最艰苦的阶段,外有日本帝国主义发动的侵略战争,内有国民党反动派的包围封锁,面对巨大的困难和挑战,想要取得民族解放的胜利,必须紧紧依靠群众,放手发动群众,从人民群众中汲取前进的力量。1937年,陕甘宁边区政府成立之初,党中央就指出要把陕甘宁边区建成抗日政权的民主模范区,并提出人民政权要以为人民服务为宗旨的原则。1944年9月8日,毛泽东在张思德同志的追悼会上作了《为人民服务》的演讲,明确指出:"我们的共产党和共产党所领导的八路军、新四军,是革命的队伍。我们这个队伍完全是为着解放人民的,是彻底地为人民的利益工作的。"[2] 自此,"为人民服务"的口号在延安地区响亮提出,并被全党上下认真实践。无论是党政工作人员,还是干部、战士,都自觉地为人民谋利益、办好事,培养了党和人民的鱼水之情,使延安时期成为我党历史上党群关系最密切、党的群众路线执行得最好的时期之一,使我党赢得

---

[1] 毛泽东选集:第2卷 [M]. 北京:人民出版社,1991:539.
[2] 毛泽东选集:第3卷 [M]. 北京:人民出版社,1991:1004.

了人民的拥护和支持，团结带领人民取得了新民主主义革命的胜利。

2. 忠诚于党和服务人民的崇高品德同样为交大西迁人所传承

忠诚于党和服务人民的崇高品德是共产党人在革命战争年代形成的，也同样为社会主义革命和建设时期的交大西迁人所传承。

（1）"听党指挥跟党走"是一代代西迁人始终坚持的根本方向。交通大学的西迁，是新中国成立初期党中央着眼新中国经济发展全局而做出"支援大西北"重大战略举措的一部分。西北地区是我国经济和国防战略的大后方，但经济文化发展水平长期落后于东部沿海地区。为此，党中央在西部部署了大量的工业基地，同时，经过充分考察调研，做出了将许多高校、科研院所和大型企业内迁到西部的决定，交通大学就在此行列。党中央一声令下，交通大学师生迅速行动起来。1956年，一批敢为人先的交大人怀着对党深深的感恩之情和对社会主义建设事业的无限忠诚，坚决拥护和执行党中央关于西迁的决定，义无反顾地奔向大西北，斗志昂扬地投身祖国最需要的地方建功立业，成为西部开发的先行者。他们用自己的行动践行了"哪里有事业，哪里有爱，哪里就有家"的庄严承诺，用60余年的奉献和奋斗书写着对党和国家的无限忠诚。听党指挥跟党走，始终服从党和国家发展全局的需要，是一代代西迁人始终坚持的价值取向。迁校60多年来，几代交大人执着奋斗，建设了一所国家重点大学、一大批新兴学科和重要研究基地，为祖国西部建设提供了重要的人才和科技支持。

（2）为人民服务是交大西迁人始终不变的价值追求。全心全意为人民服务，切实肩负起党和人民赋予的历史使命，把个人发展与学校命运、民族复兴紧密结合在一起，是一代代交大人砥砺奋进的价值追求。西迁之际，"中国机电之父"钟兆琳先生曾说，"如果从交大本身讲，从个人生活条件讲，或许留在上海有某种好处。但从国家考虑，应当迁到西安……大学教师是高层的知识分子，决不能失信于人，失信于西北人民"。正是出于这种心系祖国和人民、全心全意为人民服务的价值追求，陈大燮、张鸿、陈学俊、殷大钧、赵富鑫、吴之凤、黄席椿、严晙、沈尚贤等一批著名老教授，或卖掉自己的房产举家西迁，或辞别久病的父母、舍下年幼的儿女义无反顾地踏上西行的列车，用实际行动表达着他们对教育事业的深沉热爱和对祖国人民的无限忠诚。那种全心全意为人民服务的情怀、高度负责的主人翁态度和义无反顾的献身精神，在今天仍能强烈地感染人。迁校60多年来，西安交通大学全面贯彻党的教育方针，积极响应党中央"扎根中国大地，办好中国特色社会主义大学"的号召，明确了"扎根西部，服务国家，世界一流"的办学定位，始终坚持社会主义办学方向，成为培养社会主义事业建设者和接班人的坚强阵地。

（六）顾全大局和无私奉献的报国精神

顾全大局、无私奉献是中华民族的传统美德。在五千年的历史长河中，女娲补天、大禹治水、愚公移山等无数关于奉献的经典传说故事，无一不饱含着中国人民牺牲小我、无私付出的奉献精神，深植于一代代中华儿女的内心与灵魂深处。顾全大局、无私奉献也是文学作品中永恒不变的主题，文天祥的"人生自古谁无死，留取丹心照汗青"，范仲淹的"先天下之忧而忧，后天下之乐而乐"……这些传诵至今的经典诗篇，都深刻地表达了人们对奉献的赞美。同样，也有无数英雄人物以牺牲小我、成就大我的奉献精神写就感人故事：林则徐"苟利国家生死以，岂因祸福避趋之"，以虎门销烟做出抵御外侮的壮举；孙中山先生"致力国民革命凡四十年"，直到卧病弥留之际仍念念不忘"和平、奋斗、救中国"。正如鲁迅先生说："我们从古以来，就有埋头苦干的人，有拼命硬干的人，有为民请命的人，有舍身求法的人，……虽是等于为帝王将相作家谱的所谓'正史'，也往往掩不住他们的光耀，这就是中国的脊梁。"延安精神和西迁精神都是根植于中国发展过程中具体的社会现实而孕育出的宝贵精神，继承了中华优秀的传统文化和道德追求，同样以"顾全大局、无私奉献"的报国精神为重要内涵。"顾全大局、无私奉献"，强调的就是从国家发展的全局出发，从个人利益无条件服从于集体利益的角度出发，深怀理想信念，为党和人民矢志奋斗，奉献终身。

1. 顾全大局和无私奉献的报国精神是延安精神的重要内涵

从词源学的角度出发，奉献的原意是指"恭敬地交付；呈献，不求回报"。在中国共产党人的现实语境中，"无私奉献"即特指为推进党和人民各项事业而埋头深耕、不计得失的无私付出。由此观之，奉献精神不仅是一种纯洁高尚的精神境界，更是中华民族的传统美德。

（1）顾全大局和无私奉献的报国精神是我们党的鲜明底色，是中国共产党人的重要精神特质。马克思、恩格斯在《共产党宣言》中指出："过去的一切运动都是少数人的或者为少数人谋利益的运动。无产阶级的运动是绝大多数人的、为绝大多数人谋利益的独立的运动。"① 中国共产党从诞生之日起，就明确了自身的先锋队性质、全心全意为人民服务的根本宗旨，以及实现共产主义的最高理想。中国共产党章程同样明确规定，共产党员必须"坚持党和人民的利益高于一切，个人利益服从党和人民的利益，吃苦在前，享受在后，克己奉公，多做贡献"②。以上这些质的规定性，共同绘就了我们党顾全大局和无私奉献的报国精神这一鲜明底色，凸显了顾全大局和无私奉献对共产党人而言不是可有可无的选择，而是必须履行的义务。从1921年嘉兴南湖红船建党，到跨越二万五千里漫漫长征落脚延安，这种不计得失、不求回报的奉献精神，早已融入共产党人的血脉。无数红军战士用牺牲小我、成就大我的报国精神把"奉献"二字铭刻在历史的长河，使其成为我们党的精神旗帜。

（2）顾全大局和无私奉献的报国精神闪耀在无数党员甘于奉献、英勇牺牲的奋斗过程中。党员是党的肌体细胞，一名党员就是"一面旗帜"。自1921年诞生于嘉兴南湖的红船之上，我们党便走上了肩负人民期望、为民族复兴不懈拼搏的伟大征程。漫长的革命岁月中，无数英烈为争取民族独立、人民解放，实现国家富强而前仆后继、英勇献身，他们以鲜血浇灌理想，用生命捍卫信仰，构筑起一座座不朽的精神丰碑。据统计，1949年新中国成立时我们党有448万名党员，而在之前的长期艰苦斗争中，为革命牺牲的、可以查到姓名的党员就达370多万名。2018年4月6日，人民日报推出《为了民族复兴·英雄烈士谱》专栏，集中报道了革命先烈为革命成功毕生奋斗的崇高精神和英勇献身的光辉事迹，烈士们的铮铮誓言，也成为无私奉献的最好教材。正如革命烈士邓中夏所说："请告诉同志们，就是把邓中夏的骨头烧

---

① 马克思恩格斯文集：第2卷[M]. 北京：人民出版社，2009：42.
② 中国共产党章程[M]. 北京：人民出版社，2022：14.

成灰,我邓中夏还是共产党员。"秋瑾在《吊吴烈士樾》中写道"爆裂同拚歼贼臣,男儿爱国已忘身",牺牲时年仅24岁的革命烈士陈辉,留下一首"英雄非无泪,不洒敌人前。男儿七尺躯,愿为祖国捐。"的无题绝笔。生命的付出是最高的奉献,革命烈士抛头颅、洒热血的英雄事迹正是对顾全大局、无私奉献的报国精神最深沉感人的诠释。

2. 顾全大局和无私奉献的报国精神是西迁精神的重要内容

交通大学从创立之初起,就把自身的发展与国家、民族的前途命运紧密地联系在一起,为国家民族培养了一大批具有"家国情怀"的优秀学子。辛亥滦州起义殉义的白毓昆、护国讨袁再造共和的蔡锷、英勇献身于抗日救亡运动的邹韬奋,以及诸多云集于国家民族危难之时的交大学子,无不饱含着小我、成就大我的奉献精神。

(1) 顾全大局和无私奉献的报国精神是交大西迁得以实现的前提。20世纪50年代,朝鲜战争停战协定签订,中美关系急剧恶化。为保护东部沿海地区的工业、企业、高校,同时为服务"一五"计划支援西部地区工业建设,中央决定将位于上海的交通大学迁往陕西西安。20世纪50年代的西安,无论是生活条件还是工业基础,都远远落后于大城市上海。面对教学、科研和生活条件的巨大落差,是什么让这些受过高等教育、心怀远大理想的知识分子愿意放弃上海优渥的条件,甘愿来到大西北开荒拓土?正是深深烙刻在交大人心中的胸怀大局和无私奉献的报国精神。党中央"开发西北、建设西北"的愿景目标激发了老一辈交大人献身使命、无私奉献的高尚情操和自觉行动。正是在这种心系国家社会发展全局、甘愿为祖国人民无私奉献的报国精神的指引下,6000多名交大师生以高度的主人翁意识投身西部发展的伟大事业,开启了一段西迁西进的激情燃烧的岁月。

(2) 顾全大局和无私奉献的报国精神是交大人不变的气质底色。从繁华的上海到荒凉寂静的西北内陆,漫漫一千多公里的路途,不仅改变了交通大学的命运,也改变了中国高等教育的发展格局。西迁西进后的交通大学为祖国发展和西部建设提供源源不断的科研成果,也培养着胸怀大局、甘于奉献的优秀人才。中国科学院院士陶文铨,随校西迁时还不满20岁,如今在广阔的西北高地上已经成长为工程热物理领域的专家,已逾八旬的他称自己是"80 后",仍然坚持在教学一线,每晚为青年学生答疑解惑。党的十八大以来,交大人在"胸怀大局,无私奉献"的精神指导下,把自身建设与国家需求紧密联系在一起。西安交通大学怀着合作、竞争、共赢的精神,于 2015 年发起成立了"新丝绸之路大学联盟",配合国家"一带一路"倡议,推动了"新丝绸之路经济带"沿线国家和地区大学之间在校际交流、人才培养、科研合作、文化沟通等方面的交流与合作,增进青年之间的了解和友谊,为祖国、为世界培养了具有国际视野的高素质、复合型人才。[①] 从迁往西部到扎根西部、建设西部,西迁人用顾全大局、无私奉献的报国精神立起了一座座不朽的丰碑。

(七) 同属于红色文化和中国共产党人精神谱系

人无精神则不立,国无精神则不强。一个没有自己政治理论和核心精神的政党,是无法真正掌握自己的前途和命运的,也是站不住、挺不直、走不远的。中国共产党自 1921 年在嘉兴南湖红船上诞生以来,领导中国人民历经艰苦卓绝的新民主主义革命和波澜壮阔的社会主义建设,在长期的革命斗争和建设实践中形成了伟大的中国革命精神,这种精神成为引领人民走向胜利的巨大力量。

以"开天辟地、敢为人先、坚定理想、百折不挠、立党为公、忠诚为民"的"红船精神"为起点,中国共产党在新民主主义革命时期先后形成了"坚定信念、艰苦奋斗、实事求是、敢闯新路、依靠群众、勇于胜利"的井冈山精神,"坚定信念、奋斗不息,灵活机智、顽强拼搏,不畏艰险、艰苦奋斗,勇往直前、无坚不摧,严守纪律、爱国为民"的长征精神,"坚定正确的政治方向,解放思想、实事求是的思想路线,全心全意为人民服务的根本宗旨,自力更生、艰苦奋斗的创业精神"的延安精神和"敢于斗争、敢于胜利,依靠群众、团结统一,善于破坏一个旧世界、善于建设一个新世界,务必谦虚谨慎不骄不躁、务必艰苦奋斗"的西柏坡精神。1949 年新中国成立后,中国

---

① 张迈曾. 赋予西迁精神新内涵 做好新时代的新传人 [J]. 中国高等教育,2018 (Z1):38-41.

第三章
西迁精神与延安精神的共性与个性

共产党在领导中国人民完成社会主义革命、推进社会主义建设、进行改革开放,带领人民实现从站起来、富起来到强起来的过程中,又形成了大庆精神、红旗渠精神、雷锋精神、焦裕禄精神、"两弹一星"精神和西迁精神等新的革命精神。这些革命精神前后衔接,一脉相承,都是中国共产党在追求共产主义理想信念的过程中积累的宝贵精神财富,共同构筑起中国共产党人的精神谱系。在这之中的延安精神和西迁精神,虽然分别形成于不同的社会历史阶段,具有不同的科学内涵,但是两者之间蕴含和彰显的理想信念、精神风貌、人生态度和价值旨趣等具有内在契合性和高度统一性,是一以贯之的,二者同是红色文化和中国共产党人精神谱系的重要组成部分。

1. 延安精神是中国共产党人精神谱系的重要组成部分

延安,是中国历史上著名的红色革命圣地,既是红军长征胜利的落脚点,也是进行抗日战争和解放战争,进而夺取全国胜利的出发点。从 1935 年到 1948 年,以毛泽东同志为代表的中国共产党人在延安生活、战斗了 13 个春秋,培育了永放光芒的延安精神,在中国共产党人精神谱系中刻下了一个具体而鲜明的坐标。

(1) 延安精神是对井冈山精神、长征精神的继承和发展。延安精神是继井冈山精神和长征精神之后的又一伟大精神,这些精神前后继起、密切相连,贯穿于中国革命的不同时期,反映了中国革命的连贯性以及革命道路的曲折性,推动中国革命破浪式前进。井冈山时期,中国共产党在带领工农红军开展武装斗争、土地革命,建立革命根据地的过程中,生成了"坚定信念、艰苦奋斗、实事求是、敢闯新路、依靠群众、勇于胜利"的井冈山精神;长征时期,中国共产党带领工农红军跨越二万五千里漫漫征途,上演了世界军事史上威武雄壮的战争话剧,创造了气吞山河的人间奇迹。长征精神中所包含的"坚定信念、奋斗不息、灵活机智、顽强拼搏,不畏艰险、艰苦奋斗,勇往直前、无坚不摧,严守纪律、爱国为民"正是对井冈山精神的继承和发展;延安时期,面对日本帝国主义和国民党反动派的双重威胁,党领导人民自力更生、艰苦奋斗,延安精神所表现的全心全意为人民服务,自力更生、艰苦奋斗,解放思想、实事求是等精神,正是从井冈山精神和长征精神中继承发展而来的。

（2）延安精神是中国共产党在革命实践中的创造。延安精神是以毛泽东为代表的中国共产党人在长期的革命斗争中形成的革命精神，是我们党把马克思主义基本原理同中国的具体实际相结合而形成的伟大精神，是中国共产党的精神之魂。延安精神是延安时期的中国共产党人理想追求、精神风貌、思想品德、行为准则、工作作风的精华与结晶，是中国化的马克思主义在党的思想作风，世界观、人生观、价值观建设上的集中反映和展现，所有这些融合成一个博大精深的精神体系，涵盖着极其丰富的内容，具有超越时空的普遍意义，成为中国共产党人精神谱系的重要组成部分。

2. 西迁精神是中国共产党人精神谱系的重要组成部分

西迁精神是在 20 世纪 50 年代交通大学从上海迁往西安过程中所孕育生发的宝贵精神财富。在从上海西行西进至古都西安的迁校过程中，西安交通大学的师生员工开拓奋进，顾全大局讲奉献，千辛万苦在所不辞，勇于克服艰难险阻，充分体现了交大人的崇高精神风范。在扎根西部办学 60 多载的岁月里，他们一如既往地传承优良学风教风，发扬艰苦奋斗品格，践行弘扬延安精神，用无数可歌可泣的事迹铸就了以"胸怀大局，无私奉献，弘扬传统，艰苦创业"为核心内涵的、西安交通大学和陕西高等教育界独有的西迁精神。2017 年 12 月，习近平总书记对西安交通大学 15 位西迁老教授的来信作出重要指示，希望西安交通大学师生传承好西迁精神，为西部发展、国家建设奉献智慧和力量。2018 年的新年贺词中，习近平总书记再次提到西安交通大学西迁的老教授，指出他们的故事让我们深受感动。2020 年 4 月，习近平总书记在陕西考察期间来到西安交通大学时指出：西迁精神的核心是爱国主义，精髓是听党指挥跟党走，与党和国家、与民族和人民同呼吸、共命运，具有深刻现实意义和历史意义。习近平总书记关于西迁精神的多次重要讲话，从宽广的历史视野阐述了西迁精神的历史地位。

3. 西迁精神是中国特色社会主义大学精神的重要组成部分

"大学精神"是大学在自身存在和发展过程中所凝练而成的独特精神气质与文明成果。在种属关系中，西迁精神隶属于中国特色社会主义大学精神，而中国特色社会主义大学精神又是中国精神的重要组成部分，因而西迁精神必然是中国共产党人精神谱系中不可或缺的重要组成部分。正如教育部原部长陈宝生所说,"西迁精神是民族精神、爱国精神和改革创新精神的重要组成部分,交通大学西迁充分体现了老一辈知识分子'始终与党和国家发展同向同行'的报国情怀和奋斗精神,是我们教育工作者学习的光辉榜样,也是激励我们不断前进的动力"[①]。交大西迁人60多年来在祖国西北兢兢业业、辛勤付出所培育的西迁精神,更是成千上万西迁西进者忠诚于党、服务人民、顾全大局、无私奉献、艰苦奋斗精神的真实体现和光辉写照。这种孕育在社会主义革命和建设时期的伟大精神,激励着一代又一代交大学子自强不息、砥砺前行,为西部建设和国家发展做出应有的贡献。在此基础上,西迁精神也与中国共产党在革命、建设和改革时期所形成的各种精神一样,成为中国共产党人精神谱系中一个鲜明而具体的"坐标",成为中国共产党人精神谱系的重要组成部分。

二、西迁精神与延安精神的个性

(一)时代背景不同

时代背景是指对人物、事件起作用的历史情况或现实环境。延安精神与西迁精神虽然同是红色文化和中国共产党人精神谱系的重要组成部分,二者之间蕴含和彰显的理想信念、精神风貌、人生态度和价值旨趣等具有内在契合性和高度统一性,但它们分别形成于不同的社会历史阶段,是在不同的时代背景下产生的,因而具有不同的科学内涵。

1. 延安精神是在中国革命战争的特殊时期,即延安时期产生的,有其独特的时代背景

面对第五次反"围剿"的失败,出于保存革命火种和北上抗日的需要,

---

① 万玉凤. 秦腔现代戏《大树西迁》演绎西迁精神[N]. 中国教育报,2018-03-13(05).

红军于1934年开始长征，一路爬雪山、过草地，发扬不怕牺牲、一往无前的精神，于1935年10月胜利到达陕北，开启了以毛泽东同志为代表的中国共产党人在延安领导、指挥抗日战争和解放战争，奠定中华人民共和国基石的延安时代。延安时期，是中华民族面临亡国灭种的危险时期，是中国人民长期处于水深火热之中的艰难困苦时期，同时也是党领导中国革命事业从低潮走向高潮、实现伟大历史性转折的重要时期。面对日本帝国主义对敌后抗日根据地的军事"围剿"和国民党反动派对革命边区进行的经济封锁与军事包围，在巨大的考验面前，中国共产党人没有丝毫的畏惧和退缩，而是带领"八路军""新四军"和亿万人民群众开展了反抗日本帝国主义侵略的民族解放斗争和推翻国民党反动统治的国内革命战争，并在此过程中培育出伟大的延安精神。

2. 延安精神的产生，有其独特的客观条件、政治基础和理论基础

一是客观条件。1935年，中央红军经过史诗般的二万五千里长征到达延安，我们党处在生死存亡的紧要关头。1938年10月，抗日战争进入相持阶段，日本侵略者对敌后抗日根据地发动大规模"扫荡"，国民党对陕甘宁边区实行严密的军事包围和经济封锁，再加上华北地区连年的自然灾害，使得财政经济原本已十分困难的解放区雪上加霜，我们党的处境异常艰难。在严峻的历史关头，中国共产党带领边区军民积极开展生产运动，靠自己的双手发展经济，开荒、种地，掀起大生产的高潮，不但使陕甘宁边区军民在经济上渡过了难关，也为抗战的胜利奠定了坚实的物质基础。二是政治基础。从1935年到1948年，延安和陕甘宁边区始终是中国革命的中心，是中共中央部署抗日战争和解放战争初期所有重大行动的指导中心，这种特殊的政治地位是延安精神形成和发展的至关重要的政治条件，同时，也使延安精神得以超越地域和时间的限制，成为中国共产党革命精神的典型代表。三是理论基础。延安时期实现了马克思主义普遍真理同中国革命具体实际相结合的第一次伟大飞跃。这一时期，毛泽东思想走向成熟并被确立为党的指导思想，是中国共产党在理论创新上取得的伟大成果。在正确革命思想的指导下，延安精神

得以形成并成为中国革命不断取得胜利的重要精神支撑。

3. 西迁精神产生于世界处在冷战大背景下的社会主义革命和建设时期

20世纪50年代，两极格局激烈对峙，以苏联为首的社会主义阵营与以美国为首的资本主义阵营之间的矛盾不断激化。两个阵营在政治制度、军事实力以及不同的经济发展道路展开了全方位竞争与激烈较量。在此背景下，身处社会主义阵营的中国在"一五"计划期间采取了"一边倒"的外交策略，产生了两方面截然不同的结果。一方面，资本主义阵营对中国进行政治孤立、经济制裁与军事封锁，对中国经济建设资金与技术支持带来极大冲击。另一方面，从社会主义阵营看，来自苏联与一些东欧国家的资金与技术援助对中国的工业化进程起到了重要推动作用。20世纪50年代，朝鲜战争的爆发加剧了东北亚的紧张局势。盘踞在台湾的国民党对大陆沿海地区实施各种骚扰，沿海地区的局势处于空前紧张状态。而我国的工业和大专院校主要布局于沿海地区。因此，为了工业基地的安全，有必要重新考虑我国工业的布局问题。1953年，朝鲜战争停战协定签订，中美关系急剧恶化。同年，"一五"计划开始实施，中央政府指示在工业化建设方面的基本任务是：集中主要力量，进行以苏联帮助中国设计的156个建设项目为中心、由限额以上的694个建设项目组成的工业建设。[①] 而在苏联援助建设的156个重点项目中，有24个落户陕西，仅省会西安就有17个。但当时的西安高教力量薄弱，经济基础和工业发展情况都处于相对落后的水平。出于保护东部沿海地区的工业、企业、高校，同时服务"一五"计划支援西部地区工业建设的战略需要，中央政府做出调整工业建设、文化发展及高等学校布局的重大战略决策，决定将位于上海的交通大学迁往陕西西安。由此开启了西迁人西行西进、扎根西部、建设西部、报效祖国的轰轰烈烈的历史征程，也在此过程中熔铸了以"胸怀大局，无私奉献，弘扬传统，艰苦创业"为核心内涵的西迁精神。

---

① "五年计划"与中国经济发展历程 [EB/OL]. 和讯网，2015-10-28 [2020-05-16]. http://news.hexun.com/2020-11-01/202342139.html.

（二） 历史任务不同

历史任务，是指在一定时期内先前的人未完成的、遗留下来的各种历史问题，这些待解决的历史问题即是现在的人需要完成的历史任务，而现在的人去解决或者完成上一辈留下的历史任务，是历史赋予现在人的历史使命，历史使命即解决和完成历史任务。自 1921 年中国共产党成立以来，中国共产党所经历的每一个历史时期都有其特定的历史任务，它决定着中国共产党和中国人民的革命实践和革命精神的本质和方向。延安精神与西迁精神是在不同的时代背景下产生的，需要完成的历史任务也是不同的。

1. 延安时期是中国革命实现"农村包围城市"并取得胜利的重要时期

这一时期包含着土地革命后期、抗日战争时期和解放战争时期三个历史阶段，直接关系到中国近现代革命的三大历史任务，即推翻帝国主义、封建主义和官僚资本主义。第一个历史阶段是土地革命后期，中国共产党领导工农红军在这一时期完成了战略转移、粉碎国民党追剿的历史任务。1927 年 7 月，国共第一次合作因国民党右派的反共分裂而宣告失败，中国共产党由此开启了领导工农劳苦大众反抗国民党反动统治的艰苦斗争，以毛泽东同志为代表的中国共产党人在艰辛探索中逐渐开辟了农村包围城市、武装夺取政权的革命新道路。1935 年 10 月，历经艰辛长征历程的红军胜利到达陕北，打开了中国革命的新局面。第二个历史阶段是抗日战争时期，中国共产党在这一时期带领人民实现了停止内战、建立全民族的抗日统一战线、驱逐日本帝国主义于中国的历史任务。自 1931 年九一八事变起，日本帝国主义发动对中国的侵略战争，中国人民进行了长达 14 年之久的抗日战争。1937 年，卢沟桥事变的爆发标志着中华民族进入全民族抗战的新阶段，国共第二次合作也在此时期逐渐成熟，形成了国民党领导的正面战场和共产党领导的敌后战场。中国共产党及其领导的人民力量成为中华民族抗日战争的中流砥柱。1945 年，日本帝国主义宣布投降，中国抗日战争取得了胜利。作为近代以来中华民族第一次取得完全胜利的反侵略战争，抗日战争的胜利也成为 20 世纪中国和世界历史上的重大事件。第三个历史阶段是解放战争时期，党领导人民完成了推翻国民党反动统治、实现国内和平、建立新中国的历史任务。抗日战争胜利后，中国共产党人面对以蒋介石为代表的国民党反动集团所挑起的新的内战，团结发动广大工农群众进行坚决的、积极的、及时的反击，先后打退了国民党军队的全面进攻和重点进攻，并迅速转入战略反攻。最终，经过战略决战，中国共产党领导下的人民解放军夺取了新民主主义革命在全国的胜利。1949年，中华人民共和国的成立标志着近代以来中华民族面临的争取民族独立和人民解放的历史任务基本完成，为争取实现国家繁荣、全体人民共同富裕的第二个任务创造了前提。

2. 西迁精神始发于第一个五年计划期间，具有时代所赋予的支援西部建设的历史任务

1955年3月31日，中共全国代表会议同意了中央委员会提出的第一个五年计划报告，同年7月30日，"一五"草案由国务院通过并提请第一届全国人民代表大会第二次会议审议通过。根据"一五"计划报告，我国在第一个五年计划期间的主要任务为集中力量进行工业化建设和加快推进各经济领域的社会主义改造两方面。其中，在工业化建设方面，出于保护东部沿海地区的工业、企业、高校，同时服务"一五"计划支援西部地区工业建设的战略需要，中央政府做出调整工业建设、文化发展及高等学校布局的重大战略决策，决定将位于上海的交通大学迁往陕西西安。交通大学的西迁，从一开始就肩负着扎根西部、建设西部，促进祖国西部高等教育的发展和科技水平的进步，为西部建设和国家发展提供科技和人才支撑的历史任务。

（三）创造主体不同

哲学意义上的主体是指活动的承担者或发起者。依据人的活动的正负效应统一律，主体可以分为破坏主体和建设主体。其中，建设主体又分为重复建设主体（主体的活动是重复性的）和创造（建设）主体（主体的活动带来了作为创造物的新结果）。作为建设主体重要部分的创造主体，其之所以是创造主体，关键在于这样的主体通过活动带来了作为活动结果的创造物，或者说是完成了现实的创造活动。延安精神与西迁精神是由不同的创造主体在完成不同时代任务的过程中培育出来的。

1. 延安精神的创造主体是中国共产党及其领导下的广大革命根据地军民

延安精神是千百万无产阶级革命者在反帝反封建的新民主主义革命中英勇不屈、顽强拼搏创造出来的，是无数先烈用鲜血和智慧铸造成的。以毛泽东为代表的老一辈无产阶级革命家和数十万普通的共产党员，是延安精神最根本的创造主体和中坚力量。延安时期实现了马克思主义普遍真理同中国革命具体实际相结合的第一次伟大飞跃。这一时期，毛泽东思想走向成熟并被确立为党的指导思想，是中国共产党在理论创新上取得的伟大成果。在正确革命思想的指导下，延安精神得以形成并成为中国革命不断取得胜利的重要精神支撑。军民是胜利之本，群众是真正的铜墙铁壁。广大的革命根据地军民也是延安精神的创造主体。延安时期，陕甘宁边区的人民为中国革命做出了重大贡献，无论是轰轰烈烈的大生产运动，还是积极参军、勇纳公粮，陕甘宁边区的人民始终拥护共产党的领导，并尽自己的最大能力为边区建设和革命战争做出贡献，他们是培育和创造延安精神的伟大实践的参与者和贡献者。中国共产党领导下的人民军队和边区革命群众是延安精神形成的阶级基础。

2. 西迁精神的创造主体是以交通大学老一辈西迁知识分子为代表的无数支援祖国西北内陆建设的西迁人

20世纪50年代，西北地区作为我国经济和国防战略的大后方，经济文化远远落后于东部地区。因此，"一五"计划期间，出于支援西部地区工业建设的战略需要，中央政府做出调整工业建设、文化发展及高等学校布局的重大战略决策，号召众多高校、科研院所和大型企业迁移到西部地区，而交通大学的西迁就是其中的重要组成部分。

在接到党中央的指示后，西迁人满怀壮阔激昂的家国情怀，开启了迁往西部、扎根西部、建设西部的风云甲子，为西部地区经济建设与高等教育事业发展做出了历史性贡献。交通大学的西迁，是当时中国经济、文化整体"西迁西进"的缩影，交大西迁人60多年来在大西北黄土地上血与火的奋斗实践中所熔铸的西迁精神，更是成千上万西迁西进人爱国奋斗、无怨无悔、无私奉献、卓越进取精神的真实体现和光辉写照。[①] 这些心怀爱国之情、常念报国之志，以忠诚于党、服务人民的崇高品格，艰苦奋斗、不屈不挠的英雄主义精神，为西部建设和祖国发展做出巨大贡献的西迁人，都是西迁精神的创造主体。

（四） 斗争对象不同

伟大斗争是由伟大任务决定的。中国共产党在领导中国人民推翻三座大山，实现国家独立和民族解放的革命事业中，遇到的难题是前所未有的，因而斗争是必然的，而且是伟大的。我们的一切斗争都是围绕我们所处社会的主要矛盾展开的。每个时代都有自己的历史使命，这个历史使命就是解决所处时代的主要矛盾。我们的一切斗争都要围绕主要矛盾而展开，不能偏离，在斗争过程中所要解决的主要矛盾就是我们的斗争对象。延安精神与西迁精神是在解决不同时期社会主要矛盾的过程中孕育的，因而，它们的斗争对象是不同的。

1. 延安精神的斗争对象

延安精神的斗争对象随着不同时期历史任务的变化而不断调整。土地革命后期，中共中央于1935年12月17日至25日在瓦窑堡召开政治局扩大会议，对军事战略问题、全国的政治形势和党的策略路线问题予以充分讨论，会议通过了张闻天起草的《中共中央关于目前政治形势与党的任务决议》。同年12月27日，毛泽东根据会议精神，在党的活动分子会议上作题为《论反对日本帝国主义的策略》的报告。两大文件全面分析了抗日战争以来中国社会各阶级间的关系变化，得出了党的基本策略任务是建立广泛的抗日民族统一战线这一重要认识，指明了我党在这一时期的斗争对象是日本帝国主义侵略者。1945年抗日战争胜利后，以蒋介石为代表的国民党统治集团挑起了新的内战，这一时期我党的斗争对象也随之转变为战胜代表着封建地主阶级、官僚资产阶级、帝国主义利益的国民党反动派。1948年，随着解放战争转入战略反攻，中共中央转移到西柏坡，为即将取得的全国胜利和开展社会主义

[①] 石碧球. 西迁精神的历史地位和时代内涵［N］. 西安日报，2018-12-18（05）.

建设做准备。

2. 西迁精神的斗争对象

西迁精神的斗争对象，从国内而言是新中国成立初期百废待兴的经济环境和西北内陆薄弱的工业基础，从国际而言则是以美国为首的资本主义国家对社会主义新中国的虎视眈眈和包围封锁。20世纪50年代，朝鲜战争的爆发、以美国为首的资本主义阵营颠覆大陆的企图充分表明中国周边的战争威胁尚未消失。这一时期，我国一方面要同蒋介石残余势力做斗争，另一方面要同"一穷二白"的经济基础做斗争。出于保护东部沿海地区的工业、企业、高校，同时服务"一五"计划支援西部地区工业建设的战略需要，中央政府做出调整工业建设、文化发展及高等学校布局的重大战略决策，决定将位于上海的交通大学迁往陕西西安。由此，开启了西迁人西行西进、扎根西部、建设西部、报效祖国的轰轰烈烈的历史征程。

第四章

西迁精神对延安精神的继承

第四章
西迁精神对延安精神的继承

自习近平总书记对交大西迁老教授的来信作出重要批示后,西迁精神已经成为社会各界尤其是知识分子学习研究的重要内容。作为与延安精神一脉相承又与时俱进的精神文化,西迁精神包含的丰富理论价值也成为学术研究的重要内容,许多专家学者积极撰写著作、文章对西迁精神的理论蕴涵、时代价值等进行深入挖掘,使有关西迁精神的研究成为学术界的一股蔚然新风,这对西迁精神的传承和发展起到良好的促进作用,也使西迁精神成为当代鼓舞我们努力学习、为国奉献的重要精神力量。

延安精神的形成离不开新民主主义革命时期中国共产党人在延安的艰苦奋斗历程。以毛泽东为代表的老一辈无产阶级革命家坚定的共产主义信念、浴血奋战昂扬向上的革命斗志和全心全意为人民服务的态度为中国的进步做出了巨大的历史贡献,塑造了延安精神。而 20 世纪 50 年代中后期的交大西迁传承了这一精神,一群对社会主义新中国抱有坚定信仰的人积极响应党中央的号召,克服种种困难,投身于祖国西北的教育事业。对照延安时期党的整体活动历程来研究西迁精神,对深入了解西迁精神的科学内涵,更好地宣传和发扬西迁精神意义重大。本章将从四个角度来分析西迁精神对延安精神的继承,通过具体的介绍来阐释这两种精神在历史上前者对后者的引导,以及后者对前者的继承。研究这种继承关系对我们培养新时代德智体美劳全面发展的社会主义建设者和接班人,推动新时代中国特色社会主义精神文明建设具有重大现实意义。延安精神和西迁精神同是红色文化和中国共产党人精神谱系的重要组成部分,在今天依然具有极强的时代价值,其继承关系值得我们进行深入研究。

一、胸怀大局、听党指挥

西迁精神和延安精神同样都体现出胸怀大局、听党指挥的伟大品质。中国共产党在延安时期，尤其是在积极建立抗日民族统一战线的过程中充分展现了胸怀大局的气魄，人民军队在积极抗战、勇敢与敌人斗争的过程中体现出听党指挥的优良品质。20世纪50年代中后期，交大西迁过程中，那些远赴大西北的西迁前辈们，主动舍弃了上海的优渥生活，听从党的号召来到西安开展教学科研工作，为着西部教育事业的进步，为着中华民族的整体发展，他们风雨兼程，不畏严寒酷暑，过着艰苦的生活，从未后悔，也未有过怨言。他们以行为铸造出来的西迁精神，也正是对延安时期"胸怀大局、听党指挥"的继承和发展。两个不同时代的前辈们对共产党的忠诚、对中国进步的殷殷期盼、对投身中国建设的拳拳之忱，为当代青年在思想行为上树立了一道标杆。从"胸怀大局、听党指挥"的角度研究西迁精神对延安精神的继承，能够为我们在新时代加强党的全面领导，深化对新时代知识分子的思想水平教育提供一些方法上的启迪和精神上的鼓励。

（一）响应党的号召，哪里需要就到哪里去

中共中央在1935年10月到达延安，是在综合权衡了当时境况的前提下作出的重大抉择，毛泽东领导的陕甘宁边区政府"落户"延安，从此中国革命有了新的落脚点，将面对新的挑战，不论是党中央的领导集体，还是每一位红军战士，都展现出对中国革命的热情和信心，都为中华民族的独立和进步、为新民主主义革命的胜利挥洒热血和汗水。延安时期党在政治建设、经济建设、思想建设等方面积累了大量经验。只要中国共产党需要、中国革命需要，千千万万的根据地的干部、战士和人民群众便奋不顾身，跟随党的步伐，听从党的指挥，服从党的命令，执行党的决策，为国家的独立和民族的解放誓死拼搏。

抗日战争时期,为应对抗战所面临的艰难环境,中共中央在1942年9月1日通过的《关于统一抗日根据地党的领导及调整各组织间关系的决定》中明确规定:"党是领导一切其他组织,如军队、政府与民众团体的。"以加强党对抗日根据地各项工作的统一领导,保障抗战顺利进行。"听党指挥"是共产党员的光荣传统,如今,习近平总书记再次重点强调"党是领导一切的",体现出党对每一位社会主义接班人的殷切期望,也反映出服从党的领导对于中国特色社会主义现代化建设的重大现实意义。

"党中央让我们去哪里,我们就去哪里,而且会饱含热情。"这是交大西迁老教授们践行一生的诺言,他们切身传承了延安时期革命先辈们对党忠诚的信念,以实际行动表达出对党的服从和支持。交大西迁响应了中央的号召,体现出极强的组织性和纪律性,是对党指挥的绝对忠诚与服从。西迁过程中难免有艰难险阻,但是,交通大学全体教师在西迁过程中"没有少上一节课,没有少做一个实验",展现出了良好的交大党风、政风和学风,最终成就了西安交通大学今日的辉煌。正是因为党对交大人提出了号召,建设祖国西部需要他们,国家的发展需要他们,交大西迁人克服重重困难,义不容辞地踏上西去征程,将他们对党的爱和热忱,挥洒在西部的教学科研和经济建设之中。

交大西迁人身上体现的对党忠诚的品质,是值得我们后辈们深刻思考和学习的。新时代,我国共产党员的数量逐年增长,现已突破9600多万人。党员数量上升的同时,部分党员"思想是否入党"还存在问题,新时代党员有必要以西迁精神所蕴含的对党忠诚的品质来鼓舞自己,重塑思想作风、提升思想水平,做一名听党指挥、服务人民的合格党员。

(二) 立足大局的前瞻智慧

中共中央到达延安后不久,1937年抗日战争全面爆发,中国共产党努力促成与国民党的合作,建成抗日民族统一战线。早在1935年时,中国共产党就曾发表《为抗日救国告全体同胞书》,要求停止内战,共同抵抗日本帝国主义的侵略。1937年7月15日,中国共产党提交给国民党《中国共产党为公布国共合作宣言》,同年8月25日,中共中央军委发布命令将中国工农红军改编为国民革命军第八路军,从军队编排上为全面抗战做了积极准备,充分体现出中国共产党立足大局的智慧和气魄。军民团结一心抗战，对抗日战争的最终胜利起到了中流砥柱的作用。

中国共产党在民族危机空前严重的境况下，主动缓和阶级矛盾，争取联合国民党一致抗日，是一种以国家利益为重的顾全大局的情怀，深刻体现出共产党人的高度智慧和爱国热情。在抗日战争过程中，共产党不计前嫌，带领人民军队积极作战，深入敌后，积极开辟敌后抗日根据地，为抗日战争的胜利付出了巨大牺牲，做出了卓越贡献。抗日战争的最终胜利，雪洗了中华民族百年来受帝国主义压迫的耻辱历史，为世界反法西斯斗争的胜利做出了巨大贡献，大大提升了中国在国际上的地位，为中国社会主义革命和建设事业的发展开启了新的历史阶段。而爱国统一战线的建立，对于抗日战争的最终胜利所起到的作用也是极为重要的。爱国统一战线是中国共产党的优良传统和作风，至今仍为我党所坚持和发扬，我国的基本政治制度——中国共产党领导的多党合作和政治协商制度，一党执政、多党参政的政治制度有效地促进了国家各项政策的制定和实施，对我国各领域的进步发展起着不可或缺的作用，这足以体现出中国共产党人的深谋远虑。

交大西迁的历史正是对延安时期中国共产党和共产党所领导的人民军队顾全大局、以民族利益为重的伟大精神品质的继承，几千名教职工和学生从国家整体利益出发，舍弃自我利益融入祖国的"大我"之中，服从党的指挥，为西部的教育事业贡献自己的力量，在西迁过程中谱写出一首壮丽的赞歌。

首先，交大西迁是党中央在综合考虑当时的国内国际环境和我国东西部发展极不平衡的情况后作出的决定。20世纪50年代的上海高楼林立，而彼时地处内陆的西安却百废待兴。交通大学作为东部优秀高校的杰出代表，西迁至内陆，以带动西部教育的进步，从而促进经济、科技的发展，缩小我国东西部经济差距，推动平衡发展，是符合当时国情的重要决策，体现出党和政府立足大局的前瞻性智慧。从今天的西安乃至整个陕西的发展效果来看，在党中央领导下的这一西迁举措，具有极强的长远目光。今天的西安交通大学已经发展成为一所一流水平的、具有强大实力的综合性高校，为西部的教育做出了巨大的贡献，为祖国培养了一大批顶尖人才。西迁是党中央站在国家整体层面的高度和广度，为西部和全国的发展做出的长远规划。

作为西迁主体的交通大学的师生们，尤其是当时对党中央决策坚决拥护与支持的老教授们，他们的所作所为更是体现出立足大局、听党指挥的高度思想觉悟。他们放弃在大上海的优渥待遇和繁华生活，选择来到几乎一无所有的大西北，受了许多常人不能忍受之苦，有的甚至与家人分散，倾其毕生精力，投身西部教育事业之中。他们为祖国所做出的巨大贡献是无法用数字衡量的，如今，他们被后人永远铭记，成为当代人学习的楷模，他们的精神给一代代攻坚克难、奋发向上的传承者以巨大的鼓舞和方向引领。他们为当代中国的发展进步做出了无可替代的贡献，他们已然被载入史册。习近平总书记也肯定了他们的事迹和精神，给我们传承好西迁精神以极大的信心。一代先辈的伟大事迹，被永远镌刻在历史的丰碑上，为后人歌颂和赞扬。

许多积极响应西迁的师生，从踏上列车的征程开始，便注定开始了一段不平凡的人生，西安交通大学今日的实力和成就，也归功于他们勇于探索、敢为人先的坚定毅力，他们留下的不仅是西部教育的巨大进步，更重要的是影响深远、催人奋进的伟大西迁精神。

（三）坚定正确的政治方向

1939 年，国民党顽固派封锁了陕甘宁边区，这给边区经济造成了很大的困难，"为加强边区防务，保障中央安全，朱德回延安后不久就下令从晋西北调一个主力旅回到陕甘宁边区，以防止国民党军队的突然袭击"[①]，这使农民的负担又加重了许多。针对这种境况，党中央提出了"自己动手、发展生产"的号召，得到了边区全体军民的支持和响应，自此，解放区开始广泛开展轰轰烈烈的大生产运动。1941 年 3 月，八路军三五九旅在旅长王震的率领下在南泥湾开展了著名的大生产运动。南泥湾位于延安城东南方向约 45 公里处，是延安的南大门，大生产运动在此开展，一方面是为了破除敌人封锁，自力更生，满足边区军队和人民生活需要，另一方面，也是为了坚守延安的南大门，保证军队的物质生活需要供给，具有物质补充和军事战略的双重意义。

---

① 金冲及. 朱德传 [M]. 北京：人民出版社、中央文献出版社，1993：509.

八路军三五九旅在方圆百余里的荒山垦荒造田，使一年后的南泥湾成了"陕北的好江南"，大生产运动的成功开展满足了军队对粮食的需求，也大大减轻了农民的负担，对抗日战争的胜利起到了非常重要的促进作用。

南泥湾的大生产运动是对党中央"自己动手、自力更生、艰苦奋斗、克服困难"的伟大号召的响应，深刻体现出中国共产党所领导的军队和人民"胸怀大局、听党指挥"的伟大精神，展现出他们坚守正确的政治方向，听从党的指挥、服从党的安排，坚定不移跟党走的决心。可以看出，党在延安时期已经深深融入到群众当中，在群众心目中树立了良好的领导形象，也使群众发自内心地信任共产党。彼时的群众在与共产党人真真切切地相处过程中增进了对他们的信任和感情，为新民主主义革命的胜利奠定了群众基础。坚定正确的政治方向是党带领人民取得革命胜利的方向保证，是实现国家独立和民族解放的道路指南。延安时期党带领人民坚定共产主义方向，朝着国家独立、社会发展进步、人民生活幸福的方向拼搏的精神，至今还鼓舞着我们为实现新的奋斗目标而努力。

交大西迁也是在党中央的号召和指挥下完成的。昔日的西迁向我们展示出来的是前辈们听党指挥、不怕吃苦、甘于奉献的伟大品质，为了中国西部教育事业的发展，为了改变祖国过去一穷二白的面貌，推动祖国东西部整体协调发展，交通大学的教师和学子们毫不犹豫地扛起了西迁的重任，他们对党的政策的拥护、对西部建设事业的奉献和对国家整体利益的重视，体现出坚定的政治立场和高尚的精神品质，他们用切身行动诠释了"胸怀大局、听党指挥"的精神品质的含义，为我国西部经济社会和教育事业的发展做出了卓越的贡献。

如今我们大力弘扬西迁精神，就必须引导高校在办学过程中坚持党的领导，牢牢把握当前经济社会发展方向和主流价值观的引导，重视意识形态教育在高校教育中的地位。当代我们要维护国家统一和民族团结，必须要重视从教育层面去引导学生，使他们树立正确的价值观，坚定正确的政治方向，这样才能真正发挥文化教育对国家发展的促进作用。

当代中国特色社会主义已进入了新时代，我国的发展到了一个全新的历史起点，在国际国内我们都面临着新的机遇和挑战。西方霸权主义国家对我国进行自由主义人生观、个人主义价值观和意识形态话语权渗透，挑战中国共产党的执政地位，涣散人心。在这样的时代背景下，不论是对中国共产党员，还是对我们每一个普通个人来说，发扬"胸怀大局、听党指挥"的精神比以往任何时候都更有必要。新时代青年更应当时刻站在国家大局的高度和立场上，积极践行和发扬延安精神与西迁精神，学习前辈们的优秀品质以激励自我，坚决拥护中国共产党的领导，服从党的指挥，维护国家统一，胸怀大局、团结一心，努力拼搏、积极向上，为实现中华民族伟大复兴的中国梦添砖加瓦。

二、高扬爱国主义旗帜

爱国是每个中华人民共和国公民的义务和责任。新时代爱国主义包含着对共产主义的坚定信仰、对中国特色社会主义事业的热情和对广大人民群众的热爱等内涵。对共产主义的坚定信仰表现为对中国共产党领导的支持和拥护，对中国特色社会主义事业的热爱表现为对中华民族最高利益的维护，而对人民群众的热爱则表现为从群众中来到群众中去的基本原则。延安精神对爱国主义的诠释活灵活现，正是前人在革命战争中浴血奋战、前仆后继的昂扬斗志，鼓舞了后人们对革命先烈的无比敬仰、对和平年代的珍惜和对建设祖国的热情，这种精神随着教育的普及和宣传，已经深入许多知识分子的骨髓之中。正因如此，当党中央对交通大学提出西迁的号召时，才会有那么多前辈们毫不犹豫地响应起来，并鼓励其他师生和员工，克服种种困难最终顺利完成了西迁任务，实现了党中央对交通大学和对中国西部建设事业的期望。

（一）始终坚定共产主义信仰

延安时期，中国革命对内面临着与国民党反动派的残酷斗争，对外面临着日本帝国主义的侵略，而中国共产党还是一个年轻的政党，虽然在十几年的斗争中摸索出了一些经验，但到了延安之后又面临着全新的考验。中国革命没有现成的道路可走，一切都要在探索中前进。但中国共产党人始终没有违背自己的信仰，始终坚持着共产主义的远大理想和崇高信念。这种孜孜追求的精神感染了边区和向往自由的人士，促使他们形成了对党的深厚信任和坚定不移跟党走的思想觉悟。西迁精神内涵中的"听党指挥"反映出交通大学师生员工对党的忠诚，体现出他们对党领导的社会主义事业的支持和对建设西部各项事业的信心，更反映了西迁前辈们坚定的共产主义信仰。

中国共产党自成立以来，就是以马克思主义为指导的先进政党，始终把实现共产主义作为自己的不懈追求。自1921年成立以来，党在实践斗争中一步步总结革命经验，寻找适合中国国情的革命道路和革命方式。井冈山时期，党中央便提出中国革命要走"农村包围城市、武装夺取政权"的道路，在延安时期则充分发挥了"理论联系实际、密切联系群众"的群众路线，实现了马克思主义与中国具体实际的有机结合。1935年，遵义会议彻底否定了博古、李德的"左"倾教条主义的军事路线，充分肯定了毛泽东同志为代表的马克思列宁主义的军事路线，确立了毛泽东同志在党中央和红军中的领导地位。延安时期，毛泽东通过对马列原著的详细阅读，分析中国社会的现状，写出了《实践论》和《矛盾论》等文章，将马克思主义思想原理以通俗的语言展现出来，极大地丰富了马克思主义理论，为克服党内错误思想倾向、进一步促进全党思想的统一做出了重大理论贡献；为中国人民深入了解马克思主义、坚定共产主义信仰奠定了理论基础。

在实践层面，1937年陕甘宁边区政府成立后，延安实行"战时共产主义供给制"，在吃饭问题上基本满足了人民的需求，而后来开展的轰轰烈烈的大生产运动，使人民的生活水平得到显著提高，"机关、部队、学校的大灶每人每月伙食标准为'肉2斤、油15两、菜30斤、盐1斤'"，可见这种分配方式对改善军民生活有现实指导意义。延安时期知识青年的吃穿都是由公家统一供给，在闲暇时候人们还会开展唱歌、学习等活动，在紧张的革命战争时期依然有娱乐活动鼓舞人心，初步营造了一种共产主义社会的雏形。尽管革命年代条件艰苦，时局紧张，但边区人民充满革命的乐观主义精神，在日常的吃、穿、住、行中处处体现着对革命胜利的信心和对民族解放的向往，是共产主义信仰逐渐深入人心的深刻体现。

一代代共产党人，不论革命遇到如何艰难的处境，都从未放弃过对共产党的忠诚与对共产主义的信仰，这种信念支撑着他们为实现国家独立和民族解放的目标而不断拼搏着，他们始终站在时代的最前沿，心系人民之所望、国家之所需，为国家的发展、社会的进步和人民生活水平的提升而奋斗终生。

西迁精神同样体现出坚定的共产主义信仰。中国国土广袤、各地发展状况不均衡，甚至差别很大的问题自古有之，但是建设社会主义是依靠全国人民共同的努力才能够完成的，没有东西部的协调发展，没有西部人才和资源对国家各项政策和制度的支撑，也就难有社会主义乃至共产主义的实现。交通大学师生服从党和国家的号召，主动迁至西部，参与西部的建设。他们对党中央的信任和服从，展现出极高的思想觉悟和素养，彰显了交大西迁人对中国特色社会主义的坚定信念和对共产主义的坚定信仰。

西迁过程本身就是对共产主义信仰的践行，正是因为老一辈西迁人对共产党、对社会主义的信仰，他们才奋不顾身，投身西部。交大西迁成功塑造出与昔日完全不同的西部教育盛况。如今，祖国的西部已是高校林立，尤其以西安市为代表，在许多地方形成了规模不等的大学城，吸引了来自全国各地的优秀学生就读，为祖国培养了大量优秀人才。而西迁的成功也为西部教育中的共产主义思想培养打下了良好的基础。作为中国西北部最优秀的高校，西安交通大学在培养顶尖人才、推动科技创新等各方面为西部建设做出了不朽的贡献。如今，西安交通大学积极探索培养学生马克思主义理论的新方法、新渠道，在思想政治理论课方面下功夫，以强化学生对中国共产党执政理念和奋斗目标的理解，积极培养学生高尚的共产主义情怀。交大西迁促进了教育资源和师资力量在我国的协调分布，有利于促进国家整体教育水平的提升，在整体上进一步增强了新时代大学生的共产主义信念和信仰。

由西迁故事引申出来的西迁精神，促进了新时代更多青年学子树立高尚的共产主义情怀和信仰，也鼓舞了千千万万大学生参与西部建设的热情。随着西安交通大学逐渐发展成为一所一流的综合性大学，为祖国培养出源源不断的栋梁之材，越来越多的优秀学生在毕业后选择扎根我国西部地区工作，促进了西部经济、科技和文化建设等各方面的发展,使西部地区为中国特色社会主义事业的发展发挥出其特有的作用。

(二) 坚决维护中华民族最高利益

延安时期是中国共产党在领导新民主主义革命时期所经历的一段伟大的历史时期,延安也因此被称为中国的革命圣地。中国共产党在延安时期领导实现了抗日战争的胜利,真正在各方面成长起来,逐渐成为一个成熟的政党,党在延安的成长和经历酝酿了随后解放战争的全面胜利和中华人民共和国的成立。中国共产党是全心全意为人民谋福利、为国家谋进步的政党,始终代表着中华民族的最高利益,这一点在延安时期陕甘宁边区政府的各项活动中得到了很好的体现。西迁精神从整体来看,也是维护中华民族最高利益的体现,许多老前辈将自己的一生都奉献给了祖国西部的建设事业,虽然牺牲了自我的一些利益,但是成就了我国西部的发展,他们不拘小节服务国家整体需要,正体现着他们以民族最高利益为上的爱国主义情怀,为今天我们树立服务国家和人民的思想意识、高扬爱国主义旗帜做出了表率。

中共中央抵达陕北之时,正是中国社会的阶级矛盾逐渐转化为民族矛盾的转折期,此时日本加紧了对中国的侵略,全面侵华战争一触即发。为此,中国共产党毅然扛起了抗日的重任。1935年12月17日至25日召开的瓦窑堡会议确立了建立抗日民族统一战线的政策;1937年8月,中共中央在陕北洛川召开的政治局扩大会议,制定了中国共产党的全面抗战路线,通过了《抗日救国十大纲领》。这是延安时期我党带领人民群众,发扬爱国主义精神,同仇敌忾、抵御外敌的伟大方针政策,是爱国主义情怀最深刻的表达。面对民族危机,中国共产党以民族利益为重,不计党派之争,主动缓和阶级矛盾,联合国民党政府一致抗日。在抗日战争过程中,用先进思想武装起来的中国共产党人带领军队和人民不惧艰险、前仆后继,为民族的解放事业浴血奋战,用生命谱写出中国新民主主义革命时期最感人的乐章。

在抵抗外敌侵略之时,国内能够形成统一战线,很大程度上归功于中国共产党的努力争取和积极付出。国难当头,共产党人没有个人利益,没有党派利益,只有对国家和民族的捍卫决心和行动。这种坚定维护中华民族最高利益的伟大精神，共产党人早在国民革命时期就已有所展现，在孙中山"联俄、联共、扶助农工"政策的倡导下，国共两党合作北伐并取得了胜利，即使国民革命最终失败，这种一心为国、斗志昂扬的拼搏精神也永垂不朽并绵延不断地延续下来。在国共合作打赢抗日战争之后，中国社会经历了解放战争、新中国成立以及社会主义改造的过程，在新中国已经成为一个独立、民主的社会主义国家之时，这种爱国主义、维护中华民族最高利益的精神在交大西迁中又被轰轰烈烈地展现出来。

如今，我国东西部发展仍然存在一定的差距，但是相比20世纪50年代的状况，西部已经有了巨大的进步。交大西迁在很大程度上促进了西部教育、经济和科技等事业的进步，为平衡祖国东西部经济社会发展进步做出了极大的贡献。当前，在党中央的坚强领导下，我们完成脱贫攻坚、全面建成小康社会的历史任务，实现了第一个百年奋斗目标。但党中央未有过丝毫放松，以习近平同志为核心的党中央始终怀着"先天下之忧而忧，后天下之乐而乐"的情怀，为实现全面建成社会主义现代化国家的目标而继续奋斗。经济发展是民族团结、国家统一的前提和基础，随着我国经济水平由高速发展逐渐转向高质量发展，人民的温饱问题已经得到解决，社会安稳程度大大提升，民族团结程度也达到了前所未有的高度，而人民对美好生活提出的新的需求，正激励着一代代共产党人继续为国家发展、社会进步和人民的幸福生活而努力奋斗。新时代，我们仍需继续继承和发扬西迁精神，胸怀祖国前途，把祖国的最高利益放在第一位，踏实践行西迁精神的爱国含义。

（三） 重视发扬教育对强国的意义

"教育兴则国家兴，教育强则国家强"[①]，是习近平总书记对我国教育事业提出的重要论述和判断。延安时期陕甘宁边区政府对教育事业投以极大的关注，面对紧张的局势和艰苦的生活，陕甘宁边区教育厅通过开展各种教育活动，强化人民的爱国热情和对抵抗日本侵略的信心，重视教育为陕甘宁边区人民齐心协力共同抗日起到了不可取代的积极作用。交通大学西迁亦是党

---

① 深入学习习近平关于教育的重要论述 [M]. 北京：人民出版社，2019：203.

和国家高度重视国家教育事业的体现，当国务院制定并启动建设大西北的战略，力求改变旧中国遗留下来的高等教育布局不合理的现状、加快西部经济发展之时，交通大学的西迁成了时代赋予他们的伟大使命。西迁前辈们远赴西北，开启了教育强国的全新历程，他们的辛勤付出，也终于使西部的高等教育状况有了很大的提升，半个多世纪以来，我国西部建设取得了巨大的成就，促进了我国整体综合实力的发展进步。

中共中央在延安时期，即使面临内忧外患，人民生活艰难困苦，却从未忽视过教育。1937年7月7日，抗日战争全面爆发。毛泽东在7月23日发表的《反对日本进攻的方针、办法和前途》中从国防教育层面对抗日提出了针对性措施，强调要"根本改革过去的教育方针和教育制度。不急之务和不合理的办法，一律废弃……一切使合之于国防的利益"[①]。同年8月22日至25日召开的洛川会议通过的《抗日救国十大纲领》中也提道"改变教育的旧制度、旧课程，实行以抗日救国为目标的新制度、新课程"[②]，使教育服务于当前最紧迫的需要——即抵抗日本帝国主义的侵略，服务于中华民族和中国人民的解放事业。在1941年11月召开的陕甘宁边区第二届参议会第一次会议中，林伯渠指出，边区文化教育工作的任务是普及国民教育，消灭文盲，提高人民的文化水平，可知中国共产党对国民教育保持着高度的重视。除此以外，在延安期间，抗日军政大学也得到了不断地发展，军事理论教育不断完善，培养了许多杰出人才；陕北公学也培养了大批爱国青年，为抗日战争的胜利提供了重要的人才保障。中共中央在延安的13年时间，陕甘宁边区政府教育厅颁布和实施了多项教育方面的文件和措施，积极开展各种培训班和学习活动，使延安人民的总体文化水平和思想觉悟得以提高，从教育层面为抵抗日本侵略、推动中华民族的解放事业做出了智力贡献。

中国革命最终走向胜利，与中国共产党对教育的重视有着不可分割的关系。教育使人民从旧社会的剥削中觉醒，产生了对新社会的期待和向往；教育使人民对党的政策、纲领有了深刻的了解，提升了人民的科学文化素养，

---

① 毛泽东选集：第2卷 [M]. 北京：人民出版社，1991：348.
② 毛泽东选集：第2卷 [M]. 北京：人民出版社，1991：356.

是中国革命得以顺利开展的重要因素;教育使人民对抗日战争的状况和性质有了正确的认识,激发了人民的爱国热情和抵抗日本帝国主义侵略的决心。教育强国思想在彼时虽然没有被明确提出,但其强国意义在延安时期早已得到充分发挥。党对国民教育的重视,通过教育提升国民素养,达到强国的目的,这是对中华优秀传统文化里重视教化理论的继承,在随后的交通大学西迁过程中得到了又一次的展现。

将交通大学迁至西部,是新中国成立后我国重视教育事业建设的典型体现,是促进教育强国的重大措施,是党中央促进我国各地区协调发展的重要举措。西迁过程中,教职工和学子们发扬了爱国主义精神,在他们的努力下成就的这所大学,已在众多领域为我们国家的发展做出了贡献。至2019年,西安交通大学已经为祖国培养了27万优秀毕业生,他们也将秉承爱国主义的优良传统,为中国的发展尽心尽力,为中国走向繁荣富强鞠躬尽瘁。老一辈西迁人为祖国西部教育事业做出的贡献是无法衡量的,新时代的青年学子将继续发扬他们的爱国精神,保持精勤求学的态度和学风,传承好西迁前辈们留下的宝贵精神财富,为我国的繁荣富强贡献这一代人应有的力量。

如今,党中央更是把教育作为各项工作的重中之重来看待。在教育领域投入的经费不断增多,我国人民的受教育水平得到了很大程度的提高。在中国特色社会主义进入新时代的今天,我们必须发扬好延安精神和西迁精神中体现的重视教育强国的思想,进一步加强对教育的重视和投入,引进更多先进教学设备和师资力量,发扬教育对全面建设社会主义现代化国家、实现中华民族伟大复兴的积极作用,在教育过程中培育学生的爱国情怀,着力培养造就一批德智体美劳全面发展的社会主义建设者和接班人。

(四) 始终保持对人民的热爱

爱人民,是共产党人爱的最高境界。毛泽东在1944年发表的《为人民服务》一文中谈道:"我们的共产党和共产党领导的八路军、新四军是革命的队伍,我们这个队伍完全是为着解放人民的,是彻底地为人民的利益工作的。"[①]

---

① 毛泽东选集:第3卷 [M]. 北京:人民出版社,1991:1004.

他把人民群众看作是中国革命取得胜利的最根本的动力来源，为人民群众谋利益是中国共产党人的不懈追求。西迁精神同样体现了前辈们对人民群众的热爱，正是由于这种不分地域、不分种族的爱，才使得他们义无反顾地去支援西部建设。很多参与西迁的老教授们后半生便定居在西部，几十年如一日地为西部教育事业做奉献，为西部各项建设培养优秀的社会主义人才，使西部经济得到了快速发展，人民生活水平也得到提升。

延安时期，毛泽东在1938年5月发表的《论持久战》中强调"战争的伟力之最深厚的根源存在于民众之中"[1]，指出了人民群众对于打赢抗日战争的巨大作用和党肩负的历史重任。在抗日战争中，毛泽东非常重视发挥群众的作用，动员了工人、农民、学生、民族资产阶级等一切能够参与抗日的力量，推动建立了抗日民族统一战线。在经济上，为了解决由于国民党经济封锁带来的物资紧缺问题，组织人民开展大生产运动，通过开展各种竞赛活动来发动人民积极投入生产运动当中。大生产运动的成功开展，解决了边区军民的各项需要，保障了边区在革命时期各项事业的顺利开展。在文化方面，毛泽东在《新民主主义论》中指出："这种新民主主义的文化是大众的、因而即是民主的。它应为全民族中百分之九十以上的工农劳苦群众服务，并逐渐成为他们的文化。"[2] 这一论述从文化层面体现出党对人民群众地位和利益的重视。

"只见公仆不见官"是延安时期党风、政风的生动反映。除此以外，党在延安时期还特别重视人民文化水平的提升。陕甘宁边区教育厅开办了各种教学活动，对边区人民文化理论素养的提高起到了有效的促进作用。党始终站在群众的立场上，全心全意为人民服务，也正因如此，群众也在此过程中开始了解和信赖共产党，为新中国成立后党的执政地位的确立奠定了群众基础。

参与西迁的老一辈交大人背负着祖国和人民的期望，来到大西北支援西部教育事业，充分体现出他们服务人民的家国情怀。他们载着知识和期望，来到祖国和人民最需要的地方，用自身力所能及的力量，为国尽责，为民奉献。爱党、爱国、爱人民本身就是一体的，他们响应党的号召，为中国的发

---

[1] 毛泽东选集：第2卷 [M]. 北京：人民出版社，1991：511.
[2] 毛泽东选集：第2卷 [M]. 北京：人民出版社，1991：708.

• 第四章
西迁精神对延安精神的继承

展做出了贡献,同时,也实现了人民对他们的期望,满足了西部教育事业发展的要求,促进了西部人民生活环境的改善和生活水平的提高,切实发扬了崇高的爱国主义精神,是对延安时期中国共产党人胸怀人民、服务人民的伟大精神的继承。

中国共产党重视人民,全心全意为人民服务的态度是一以贯之的。习近平总书记曾指出:"对于我们共产党人来说,老百姓是我们的衣食父母。要像爱自己的父母那样爱老百姓,为老百姓谋利益,带老百姓奔好日子。"[①] 如今,我们重温延安精神和西迁精神中那些先辈对人民群众的热爱之情,感受他们为人民服务的精神,能有效推动新时代青年更好地继承和发扬中华优秀传统文化,鼓励更多的人参与延安精神和西迁精神的弘扬与践行当中,也为党和国家更好地推动民生领域改革、实施服务人民的各项政策提供了思想借鉴。

三、 无私奉献、 艰苦创业

延安时期,中国共产党带领人民艰苦奋斗的历史,是中国革命历程中的一段光辉历程。延安精神具有"无私奉献,艰苦奋斗"的品质,而在交通大学西迁过程中,教职工和学生们从大上海来到西北建设西部教育事业,也同样是在发扬无私奉献的精神。他们对工作保持昂扬向上、奋发有为的精神状态,他们爱岗敬业、恪尽职守,用他们的无私和忘我,诠释着无私奉献、艰苦创业的深刻内涵。他们的辛勤付出,最终成就了一所知名的一流大学,并为后人们留下了宝贵的精神财富。交大西迁过程中,前辈们为西部教育辛勤付出、无私奉献,是对延安时期中国共产党领导边区人民不怕吃苦、齐心抗战精神的继承,具体可以总结为耐得住寂寞的钻研精神、守得住初心的奋斗精神以及融个人前途于祖国命运当中的奉献精神。

(一) 耐得住寂寞的钻研精神

西迁精神对延安精神的继承,表现在两代前辈们身上所具有的耐得住寂

---

① 习近平谈治国理政:第1卷 [M]. 北京:外文出版社,2018:432.

寞的钻研精神。20世纪四五十年代，陕西还是一个贫穷落后的省份，位于陕北的延安更是贫穷艰苦，但就在这片荒凉的土地上，中国共产党领导中国新民主主义革命走向了胜利，除了紧紧依靠人民的支持，坚持对共产主义的信仰以外，中国共产党领导人身上那种耐得住寂寞的钻研精神，也促成了中国革命的胜利。以毛泽东同志为代表的党的领导干部们，深入群众当中，扎根人民生活实际，在艰难困苦中寻找中国革命的出路，在专心研究马克思主义理论的同时分析中国革命状况和发展前途，为祖国的前途命运日复一日地奋斗着。交大西迁的前辈们来到西安后，也同样坚守着耐得住寂寞的钻研精神，他们来到西部不是为了享受什么，而是在思考自己能够付出什么，他们远离了大城市的喧嚣，潜心专注于科研，刻苦钻研学术，把西迁后的交通大学从一无所有的状况变成了我国西北部高等教育的学术殿堂。

毛泽东在延安时期，潜心研读马列原著，尤其是《共产党宣言》。1939年，毛泽东曾说：“《共产党宣言》，我看了不下一百遍，遇到问题我就翻阅马克思的《共产党宣言》，有时只阅读一两段，有时全篇都读，每阅读一次，我都有所启发”。[①] 毛泽东在任何时候都保持着对读书的热爱，延安的冬天十分寒冷，毛泽东所住的窑洞也没有通电，他便点着蜡烛读书和审阅各种文件，在十分艰苦的环境下阅读了大量的书籍，正是这种耐得住寂寞的钻研精神支撑着他不断学习，在理论和实践结合中分析和总结经验。延安时期，毛泽东在研究中国革命实际的基础上，先后撰写了100多篇文章，为中国革命的成功提供了理论方向的指导。毛泽东对各种书籍尤其是马列著作的热爱和研究，也影响了许多其他干部和群众，激发了他们的学习热情和革命斗志，这也是中国革命之所以取得胜利的重要力量来源。

寻找中国革命道路的过程非常艰难。党在走过的各种曲折道路中逐步总结经验，以毛泽东为代表的中国共产党人，立足于中国现实国情，不断地探索、实践、总结，以拼搏的精神和坚强的毅力，一步步地在艰难跋涉中前行。不论是革命实践的进展还是共产党人对革命理论的学习状况，都体现着他们

---

① 本书编写组. 习近平讲党史故事 [M]. 北京：人民出版社，2021：22.

第四章 西迁精神对延安精神的继承

刻苦钻研的奋斗精神，没有这种精神的支撑，他们难以真正掌握马克思主义的理论原理，也不可能在实践中最终取得中国革命的胜利。

钻研精神在西迁人身上有更深刻的继承和发扬。面对全新的生活环境和学习环境，西迁至陕西的教职工和学生们努力克服生活中的各种困难，全身心投入教学活动之中，在艰苦的环境下刻苦钻研，创造出一系列新的科研成果，培养了大量为祖国建设做出贡献的优秀人才。被誉为"中国电机之父"的钟兆琳在花甲之年毅然西迁，献身建设大西北的事业当中，他时刻教导学生和青年教师要把为党和人民事业无私奉献作为自己的最高追求，他以身作则，将自己的一生都献给了祖国的科研事业。他在刻苦钻研学术、辛勤教书育人的过程中，实现了自己的人生价值，他甘于寂寞，乐于奉献，是后辈做学术的楷模。

交大西迁至寂寥的大西北，西迁前辈们坚守着耐得住寂寞的钻研精神。不论是对生活还是对科研学术，他们都拿出满腔的热忱和激情去感受、去创造和收获。西迁人通过自己的努力，造就了一所举世瞩目的双一流大学。耐得住寂寞的钻研精神是西迁老教授们留下的珍贵品质。西迁过程中，许多教职工和学生离开了他们的亲人，远赴西北，在这片黄土地上挥洒汗水，奉献他们的青春与热情。他们不讲求个人利益，把所有的心血用于科研和教学，把所有的热情投入教育过程中。做学术本身就是孤独的，而他们来到一个全新的城市，在这片荒凉的黄土地上甘于寂寞、乐于奉献的精神更是弥足珍贵，但这一切付出都是值得的，他们为国家、社会和人民做出的贡献已然被后人铭记。

陈瀚教授在交通大学迁校时是一名材料力学教研室的教师。陈老谈及西迁经历时曾说："我早已把人生都托付给党。党需要我们去哪里，我们就去哪里！条件越是艰苦的地方，我们就越要去！"这种高尚的情怀影响了众多学生，在当代依然激励着我们培养不怕吃苦、积极奉献的乐观精神。

西迁精神继承了中国共产党在延安时期的拼搏精神，也为后人们继续发扬这种革命乐观主义、集体主义思想做出了示范。今天，我们正处在向第二个百年奋斗目标进军的关键时刻，处在实现中华民族伟大复兴中国梦的奋斗时期，时代要求我们必须继续保持敢于吃苦、勇于奋斗的精神，"撸起袖子加油干"，在个人和祖国的共同成长中磨砺自身、建设祖国，以昂扬向上的精神状态和积极进取的心态为祖国的发展贡献我们的力量。

（二） 守得住初心的奋斗精神

"中国共产党人的初心和使命，就是为中国人民谋幸福，为中华民族谋复兴。"[①] 西迁精神对延安精神的继承，还表现在守得住初心的奋斗精神中。党在延安时期就积极践行为人民服务的理念，坚持走群众路线，积极为人民群众谋求更好的生活，西迁精神与延安精神始终一脉相承。在交大西迁过程中，那些积极参与校园建设和教学科研工作的师生员工们，从一开始便把建设西部作为自己的使命，在交通大学顺利完成西迁以及随后被单独设为西安交通大学之后，他们依然奋斗在西部，尽他们的能力和热情全心全意为西部的教育事业做贡献。

1937年抗日战争全面爆发后，面对日本帝国主义的侵略、国民党军队对陕甘宁边区的包围和封锁，边区的群众和干部最基本的吃穿都成了问题，中国共产党领导下的抗日根据地面临着十分困难的局面。1939年2月2日，毛泽东在中共中央召开的生产动员大会上发出了"自己动手"的号召。1941年，中央再次强调走生产自救的道路。各抗日根据地响应号召，掀起了大规模的生产运动。1942年、1943年，毛泽东分别为纪录片《南泥湾》、边区工农业生产展览会题词"自己动手、丰衣足食"。大生产运动体现出一种不怕吃苦、敢于开拓的奋斗精神，这种中华民族自古以来便传承下来的伟大奋斗精神，在大生产运动中得到了进一步的阐释。勤劳勇敢的革命先辈和老区人民用他们的双手，创造出了革命所需的各种食粮和物资，也创造出了为后人所敬仰的精神食粮。

在世界格局多极化、经济全球化日益发展的今天，我国内外都面临着更多、更加艰巨的挑战。在国内，人民日益增长的美好生活需要和不平衡不充分的发展之间的矛盾依然存在；在国际，世界百年未有之大变局加速演进，

[①] 十九大以来重要文献选编：中 [M]. 北京：中央文献出版社，2021：651.

我们必然要继承延安时期大生产运动的这种"自己动手、丰衣足食"的伟大精神，继续发扬这种艰苦奋斗的优良传统，倡导人民群众不断增强自身能力，为国家建设做出贡献。在国际范围内不依靠别国，保持独立自主的外交立场，不断提升自身应对各种挑战的能力，为进一步提高我国的国际地位，为世界和平稳定、各国共同发展贡献出中国力量。

2017年，习近平总书记在党的十九大报告中对党员同志们提出了"不忘初心、牢记使命"的要求，就是要让我们铭记中国共产党自成立以来一直坚守的信仰，党的宗旨是全心全意为人民服务。在环境艰苦、条件恶劣的革命时期，党义不容辞地扛起了解放全中国的重任，带领人民群众克服千难万险，摆脱旧的社会制度和帝国主义的压迫，肩负起实现中华民族伟大复兴的重任。在中国共产党成为执政党之后，在中国社会发展蒸蒸日上的今天，共产党人始终坚守对人民的赤子之心，坚定共产主义信仰，带领着人民追求更加美好的生活，为实现人民的幸福生活而奋斗在最前方。守得住初心，方能持之以恒，今天的中国共产党受到了中华民族的一致拥护和爱戴，在人民心中树立了威严而高大的形象，党在新的时代起点上，将继续不忘初心，带领中国人民解决不平衡、不充分的发展问题，为满足人民日益增长的美好生活的需要而奋斗！

交通大学西迁过程中，很多老教授一踏上西迁的列车，便将自己的一生都奉献给了西部的教育事业。胡奈赛先生是当年交大西迁的代表人物，1957年毕业的她踏上了西去的列车，成为西安交通大学物理教研室的一名助教。她刻苦钻研，不断充实自己，满足教学需求。她评价当时西迁来的老师们："我的老师们主动响应国家号召，放弃上海优渥的生活，克服困难，面对祖国支援大西北建设的召唤，他们表现出来的是对事业、理想的热爱以及胸怀大局的家国情怀，至今想起仍令人感动。"如今已经退休的胡奈赛教授依然活跃在学校督导组和教师发展中心，为年轻教师的教学工作提供指导，向社会宣传西迁精神，将自己所有的热情都奉献给了祖国的教育事业。胡奈赛先生当年所在的材料学院，研发出许多著名的科研成果。今天西安交通大学乃至整个西部发展取得的成就，都离不开他们老一辈人的艰苦付出。

交大西迁人的初心便是响应国家号召，一群教职工和学生心怀"向科学进军，建设大西北"的壮志豪情，义无反顾地踏上西去的列车。60多年过去了，西安交通大学没有辜负先辈们的希望，如今的西安交通大学逐渐发展成为一所综合性一流大学，在诸多领域都有了巨大的突破和进展。交通大学的师生始终没有忘记先辈们的辛勤付出，他们珍惜如今来之不易的成果，接过西迁接力棒的交大莘莘学子不忘初心、继续奋斗，在西安这片土地上开拓出更广阔的天地，为西部建设贡献更多的力量。近年来，西安交通大学毕业生在西部就业的比例越来越高，这充分体现出交大人对建设发展西部的热情，也有力地表明了，扎根西部、无私奉献的西迁精神在西安交通大学的学子中得到了很好的传承。未来我国西部的进一步发展，依然离不开一届届交大学子的支持，因此，继续发扬西迁精神，以前辈的故事和精神鼓舞新时代青年人，鼓励他们不忘初心、勇于奋斗，为我国西部各项事业的建设、为我国整体的发展进步做出贡献，依然是当代和未来西安交通大学精神文明建设的重点工作。

（三） 融个人前途于祖国命运的奉献精神

延安时期，中国共产党在面临生活条件十分艰苦、革命形势非常严峻的背景下，依然涌现出无数可歌可泣的伟大人物和事件。很多人坚定共产主义信仰，自觉将自身的前途与祖国的命运联系起来，尤其是党员干部，他们首先考虑的不是个人利益，而是国家的前途，他们将自身彻底融入国家的前途和民族的命运之中，无私奉献的精神令后辈赞叹。交大西迁的前辈们同样不言私人利益，从踏上西去的列车开始，他们就把自己所有的热情投入祖国的教育事业，他们的前途只有一个方向，就是祖国的进步方向。

张思德是延安时期全心全意为人民服务的典范人物，他在随红军历尽千辛万苦到达陕北后，在中央军委警卫营通讯班担任班长，他工作吃苦耐劳，勤奋踏实，负责的每一项任务都顺利完成，在平凡的工作中展现出不平凡的奉献精神。后来，抗日战争进入到最艰难时期，他主动请缨参与南泥湾大生产运动，带领战士们开荒生产，不辞辛苦，完成上级交给他们的生产任务。1944年，张思德在执行组织交给他的烧木炭工作时，遭遇炭窑塌方，不幸牺牲。张思德把自己的一生都献给了党和人民，即使在生命的最后一刻，他还奋力推出一同工作的战友，自己却牺牲了。张思德从不计较个人得失，无论在什么样的工作岗位上都兢兢业业认真负责，没有半句怨言。毛泽东在《为人民服务》的演讲中评价张思德："为人民利益而死的，他的死是比泰山还要重的。"①

延安这片神奇的土地哺育了许多平凡而伟大的人物。陕北地区贫瘠、荒凉，但正是这种艰苦的环境，孕育出像张思德这样吃苦耐劳、无私奉献的人民楷模。张思德把个人的前途命运与祖国人民融为一体，他全心全意为革命利益和祖国的解放而奋斗，丝毫不言个人利益。"共产党人没有自己的私人利益，追求的是共产主义远大理想和中国特色社会主义共同理想，追求的是中华民族伟大复兴。"②延安时期还有许多像张思德这样的人物，他们为中国人民的幸福、中国革命的进步、中华民族的复兴而奋斗在最前线，只要国家需要他们，他们随时准备奉献出自己的力量甚至生命。

国家的发展需要每一个个体的努力，"不积跬步无以至千里，不积小流无以成江海"，祖国西部的发展，不是一朝一夕的事，而需要在持之以恒的奋斗中才能实现。交大西迁延续了延安精神中"无私奉献"的优良品质，继承了革命前辈们忠于党、国家和人民的无私精神。

中国的发展不是个别地区的发展，社会主义的本质是"共同富裕"，而不是少数人的富裕，交大西迁便是解决我国东西部发展不平衡问题的重要举措。从教育入手，为西部的发展培养人才，从而促进西部经济、政治、文化教育、科学等其他方面的建设和发展，是推动我国东西部协调发展的重要举措。政策的顺利实施在很大程度上依靠人的执行，而西迁的交大人用自己的实际行动诠释了这种融个人命运于祖国前途的奉献精神。时任交通大学党委书记兼校长的彭康在接到党中央、国务院作出交通大学西迁的重大决定时，亲自主持召开校党委会、校务委员会，促进全校尽快统一思想，做出迁校方案。至

---

① 毛泽东选集：第3卷［M］．北京：人民出版社，1991：1005．
② 将"四个扎扎实实"写在青藏高原辽阔大地上［N］．人民日报，2016－08－26（01）．

1957年年底，交通大学大部分院系和师资已经迁至西安。

交通大学的成功西迁，体现出每一位西迁人广阔的胸怀和勇于吃苦的毅力，他们一心考虑祖国发展的需要，把自己的前途融入国家的发展建设之中。一座全新的高校在西安拔地而起，从一无所有到渐成规模，交大的成长在很大程度上归功于西迁人的付出和奉献。他们中的很多人，本可以留在繁华的上海，不必去适应西北干燥的气候，不必重新适应一个全新的教育环境，但是为了响应党的号召，为了祖国大西北的发展，为了中国的经济社会协调发展和整体进步，他们义无反顾地离开了上海。没有他们的无私奉献和艰苦奋斗，西安交通大学便没有今日的发展盛况，中国西部发展也就难有如今的巨大进步。

四、解放思想、实事求是

延安时期，以毛泽东为代表的中共中央高度重视共产党人对马克思列宁主义思想的学习，倡导共产党员要提高自己的共产主义思想觉悟。1941年，毛泽东在《改造我们的学习》的报告中，提倡一切从实际出发、实事求是的科学思想，尤其是在1942年"整风运动"期间，毛泽东积极发扬马克思主义的实事求是精神，对教条主义、主观主义等错误倾向提出了批判。整风运动确立了全党实事求是的思想路线，推动了人们思想的解放和马克思主义思想的传播。

交通大学的西迁精神也体现出"解放思想、实事求是"的品质，党中央作出交大西迁的决策，是出于祖国西部建设对一所优秀高校的迫切需要，是综合研究了东部各知名高校的具体情况而作出的慎重决策。同时，党中央也对西部的需求做了正确评估。新中国成立初期，随着我国"一五"计划的逐渐完成，经济开始得到一定程度的复苏，国民经济得到了快速增长，而我国对教育的需求问题开始显露出来，出于解决我国东西部教育差距的需要，党中央作出了交大西迁的决策，这一决策的背景、实施过程，都体现出了实事求是的原则。

（一） 坚持一切从实际出发

中国共产党在探索中国革命道路的初期，由于缺乏革命经验，缺少对中国国情现实状况的考量，使中国革命走了一些弯路。延安时期是毛泽东思想走向成熟和完善的重要时期，这期间中国共产党将毛泽东思想确立为指导思想；与此同时，党在经历了一些波折后，也逐渐走向成熟。

一切从实际出发的思想由来已久，毛泽东早年在《中国社会各阶级的分析》中就详细研究了中国社会各个阶级的状况，分析他们对于革命的立场、态度和作用，旗帜鲜明地肯定了工人阶级和农民阶级对于革命的重大作用，这一思想在后来的革命实践中得到了证明。中国共产党"落户"到延安以后，延安成为抗日战争的领导中心，在延安时期，党经历了许多来自各个方面的挑战和困难，但是在党中央的及时调整和针对性措施的成功实施下，各种困难被逐渐克服。而党在各个方面取得成功的基础，便是立足实际、一切从实际出发的思想品质和行为作风。

在政治上，由于抗日战争的全面爆发，延安作为抗日的总后方，对抵抗日本侵略的斗争起着核心领导作用。毛泽东在客观分析了敌情和我国现实状况后发表的《论持久战》中指出，日本虽然经济实力强大，但由于地域较小，其人力、物力、财力都很难经得起持久的消耗，而中国总体实力较弱，但中国的斗争是正义的、进步的，能激发全国人民的觉醒和团结，在持久的战争过程中就能打败日本的侵略。毛泽东还对中国抗日战争要经历的三个阶段进行了科学预测，指出第二个阶段（即战略相持阶段）是整个战争过程中最困难的阶段。毛泽东坚持一切从实际出发，基于对中日和国际上现实状况的分析，得出了指导中国人民英勇抗战的科学理论，克服了当时在群众中流传的一些错误言论和思想，对抗日战争的最终胜利起着重要的指导作用。

在经济上，1939年后由于国民党的经济封锁，陕甘宁边区的境况到了极为艰难的地步。在各地逐步开展轰轰烈烈的大生产运动之时，中共中央考虑了边区历史因素和自然环境的影响，考虑了当前中国局势和人民生活最紧迫的需要，把农业作为发展经济的主体和支撑，确立了农业第一、工业第二、商业第三的经济建设方针，在尊重客观经济规律的基础上，灵活应用各种政策，最终使大生产运动有效实现了发展经济、改善人民生活和保障供给需要的目标。

在文化上，陕甘宁边区教育厅基于抗日战争的背景，发布了许多激励人民英勇抗战的相关政策。如1938年成立的鲁迅艺术学院以"培养抗战艺术干部，研究正确的艺术理论；整理中国艺术遗产，建立中国新的艺术"为宗旨，创造了许多优秀的、鼓舞人心的艺术作品，为宣传抗日战争思想理论，激发人们保家卫国、抵抗帝国主义侵略的斗志做出了文艺宣传方面的贡献。

交大西迁更是体现出"一切从实际出发"的思想原则。从背景来说，党中央考虑中国西部教育发展状况和交通大学自身的实力已无须赘述；从西迁的过程和结果来看，由于考虑西迁中的各种复杂因素，最终实现的是交通大学的"主体西迁"。1957年后，交通大学大部分专业和教学资源已迁入西安，而如机电以及内地无法发展的造船、运输起重等专业学科依然保留在上海，这体现出交大西迁的原则是灵活的，而不是僵硬的。如果不考虑专业院系、师资力量等因素，将交通大学整体直接迁来西部，可能会适得其反，造成许多难以解决的矛盾，甚至导致某些领域的退步。在1957—1959年两年间，根据周恩来总理提出的一校分设两地的意见，交通大学便以两个校区的形式状态存在着，这也符合当时解决交通大学因迁校而产生的各种问题和矛盾的需要。1957年9月，国务院批准设立西安交通大学和上海交通大学两所学校，独立的西安交通大学由此诞生。整个交大西迁过程都体现着立足实际、从现实状况出发做事的原则，基于现实才能服务于现实，今天西安交通大学的发展盛况证明了当时的决策实施原则具有正确性和前瞻性。

"一切从实际出发，实事求是"是马克思主义的理论基础，也是指导中国共产党克服错误思想、作出和实施各项英明决策的理论指导，西迁精神对延安精神的继承，进一步诠释了脚踏实地、重视实践的哲学含义，为当代我们学习和运用马克思主义基本原理、扎实做好自己的本职工作具有重要的指导意义。

（二） 敢于打破传统的革命精神

在井冈山时期，毛泽东便提出与俄国革命道路完全不同的"农村包围城市，武装夺取政权"道路，基于中国的特殊历史和现实国情，党在照抄照搬共产国际的指示而导致革命屡屡遭遇挫折之后，开始大胆打破传统，寻找适合中国国情的革命道路。交大西迁也表现出了前辈们敢于打破传统的革命精神，他们放弃了原本舒适的生活，来到大西北为祖国开创一番新的事业，这种勇于承担全新使命的气魄与延安精神是一脉相承的。

延安是中国革命的圣地。延安时期中国共产党不仅实现了与国民党政府的合作，取得了抗日战争的胜利，而且积累了大量的革命经验，对中国社会和革命状况有了更深刻的认识，为解放战争的胜利和中国共产党最终的全面执政打下了坚实的基础。延安时期，中国共产党成功打破了教条主义的束缚，推动了马克思主义中国化进程，实现了党由小变大、由弱到强的根本转变，充分说明了只有敢于打破守旧的制度和体系，敢于打破条条框框，才能实现新的进步和发展。面对中国革命情况极为复杂艰难的局面，如果没有打破传统的革命精神，没有破旧立新的坚定决心，就不可能实现革命的进步和胜利。

"敢于打破传统"是中国共产党在延安时期制定和执行各项政策的一个重要特点。比如在对待妇女的态度上，传统社会中，由于受封建思想和道德伦理的约束，妇女在中国的地位普遍较低，而中国共产党敏锐地察觉到妇女对于中国解放事业的重大意义。1938年，毛泽东在陕甘宁边区妇女联合会第一次代表大会上题词："妇女在抗战中担负了重大的责任，必须把妇女群众组织起来，必须有大批的妇女干部领导妇女工作"[①]，鲜明地指出了妇女群体对于中国打赢抗日战争、促进社会进步的重大意义，这对于传统"男尊女卑"的观点是彻底的否定，使中国妇女的解放进程达到了新的高度。

西迁精神的内涵中也体现着破旧立新的革命意义。受传统观念的影响，一部分人安于现状，单纯地将读书视为改变命运、提高生活水平的跳板，向往在繁华的城市生活学习。而参与西迁的师生们正与此相反，因为他们的眼光更长远，他们有着比普通人更高的思想站位和更强的时代责任感，因此，能够战胜思想中旧的传统观点，积极响应交通大学西迁的命令，投身建设西

---

① 李文. 陕甘宁边区新闻事业 [M]. 北京：人民出版社，2017：391

部的奋斗历程中。

值得一提的是，西迁精神中的"弘扬传统"内涵与此处的"打破传统"并不矛盾。"打破传统"旨在说明他们难能可贵的品质和紧随时代的觉悟。而"弘扬传统"则是指他们发扬了中华民族自古以来便有的勤劳勇敢、不怕吃苦的传统美德，参与西迁既要有敢于破除传统观念中守旧思想的勇气，更要积极弘扬中国社会的优良传统，将其转化为促进自身克服困难、奋勇前进的精神力量，为我国综合实力的进步和国家整体的发展贡献出他们的力量。

西迁前辈们身上所体现的敢于打破传统的革命精神，与延安时期中国共产党带领中国人民寻找新的革命道路、齐心协力抵抗日本帝国主义侵略过程中体现出来的精神是一致的。新时代的今天，我们建设中国特色社会主义，实现第二个百年奋斗目标，必须敢于打破传统思维观念，敢于破除那些阻碍社会前进的陈规陋俗。党的十八大以来，全面深化改革已取得了很大成就，但是要进一步促进我国生产力的发展，满足人民对美好生活的需求，仍需坚定不移地推动全方位、全领域的改革，营造出一种不拘泥于传统、积极向上的社会风气。

（三） 敢于开拓进取的创新精神

创新是一个民族进步的灵魂，是一个国家兴旺发达的不竭动力。一个社会要发展进步，不仅要敢于"破旧"，更要敢于"立新"。中共中央在延安时期，生动诠释了勇于创新对解决革命需要的重大意义；西迁精神更是体现出勇于创新的内涵，在全新的教学环境下，交大全体师生同心同力、攻坚克难，秉承着"建设大西北"的信念，在新的环境里扎实奋斗、顽强拼搏，取得了一系列科研学术上的创新成果，极大地促进了西部地区各个方面的发展。西安交通大学没有止步不前，在新时代继续向西进行"二次西迁"，入驻新建成的中国西部科技创新港——一个充满创新意义的全新领地，再次有力地阐释了新一代交大人展望未来、敢于开拓进取的创新精神。

延安时期的创新精神首先体现在党的理论创新中。延安时期党在毛泽东同志的带领下，实现了马克思主义基本原理同中国革命的具体实际的有机结合，完成了马克思主义中国化的第一次历史性飞跃。毛泽东在1938年中共六届六中全会所作的报告中指出："马克思主义的中国化，使之在其每一表现中带着中国的特性，即是说，按照中国的特点去应用它，成为全党亟待了解并亟须解决的问题。"① 后来经过延安整风运动，进一步确立了马克思主义思想在全党的中心地位，大大提高了人们的思想觉悟。毛泽东在延安时期进行了大量的理论创作，在1940年发表的《新民主主义论》中，毛泽东完整地提出了新民主主义的经济纲领，制定了中国新民主主义的政治、经济、文化纲领；提出了建立新民主主义共和国的方案。在延安时期，毛泽东的这些著作表明党的新民主主义革命的理论、路线和相应的一整套具体政策已经形成了完整的体系，系统地总结了新民主主义革命时期党的各种经验和启示，为新民主主义革命的胜利奠定了丰富的理论基础，是中国人民摆脱半殖民地半封建社会、实现人民当家做主的思想指引。

延安时期，中国共产党人敢于开拓进取的精神还表现在善于针对现实中存在的各种问题，提出不同寻常但又深谋远虑的针对性措施。在传统社会里，由于受封建剥削的压迫，许多中国人没有受教育的机会，而延安时期毛泽东打破了这种境况。1939年，毛泽东曾提出"要使边区老百姓每一个人至少识一千个字"的号召，并在各地办夜校、冬学等各种培训学校。毛泽东甚至在1940年为中共中央写的对党内的指示《论政策》中指出："应容许资产阶级自由主义的教育家、文化人、记者、学者、技术家来根据地和我们合作，办学、办报、做事"②，可见其对兴办学校、提升人民教育水平的高度重视，这极大地促进了延安时期人民文化水平的提升。在物资相对匮乏的彼时，能够满足人们吃穿保暖问题已是不易，党中央却还要在教育上投入众多资源，但这一做法从长远看，事实上对社会产生了积极意义，尤其是在教育活动中对抗日战争技能、理论的普及教育，大大激发了人们的爱国热情和抗日的斗志。而对于马克思主义理论的普及和教育，也促使人民对党的思想理论有了进一步的了解，提升了中国共产党在人民心目中的地位。

交通大学西迁到内陆后，全体教职工和师生面临的是一个全新的教学环

---

① 十七大以来重要文献选编（上）[M]. 北京：中央文献出版社，2009：241-232.
② 毛泽东选集：第2卷[M]. 北京：人民出版社，1991：768.

境、全然陌生的地理气候和生活氛围，但他们从容不迫，很快投入教学当中，对西安缺乏的教学资源，他们想尽办法积极努力去克服。

2019年，西安交通大学开启了"二次西迁"，首批学子进驻中国西部科技创新港学习生活。创新港是教育部和陕西省人民政府共同建设的国家级项目，是陕西省和西安交通大学落实"一带一路"、创新驱动及西部大开发三大国家战略的重要平台，创新港的建设和投入使用再次使西安交通大学成为全国瞩目的焦点，数千名学子再次离开市中心的繁华，向西进驻新建起来的创新港。中国西部科技创新港的建设，再次体现出西安交通大学师生们敢于开拓进取的创新精神。由于原校区的容纳程度有限，西安交通大学需要更大、更高端、更先进的校区去进行教学和科研，而创新港作为打造人才的高地，极大地满足了学校对教学用地、研究设备和科研条件的需要。创新港以扎根西部、服务国家、世界一流为发展目标，它的使用也再次带动了西安和西部的发展，以教育为核心的发展模式促进了西安和西部许多项目的建设，在创新港生活的教职工和学生产生的各种需求不仅拉动了周边经济的发展，还促进了就业状况的改善和提高，原本普通的郊区地带变成了科教高地和创新驱动的平台。

中国西部科技创新港是新时代交大人不安于现状、勇于开拓进取的成果。交大师生必将继续保持开拓创新精神，在新的起点和平台上，继续发扬老一辈交大人留下的宝贵精神财富，既要守住初心，服务祖国和人民，又要开拓创新，不断提高自身科学素养，为西部的发展贡献出交大力量。

解放思想要求我们必须有敢于开拓进取的创新精神，而延安精神和西迁精神毫无疑问是包含这种精神的。也正因为老区的革命前辈们和参与西迁的师生们的长远目光及积极进取，不拘泥于一时的困境，不留恋舒适的生活，才塑造出这两种不朽的精神。如今我们党正致力于全面深化改革，习近平总书记更是重视创新对国家发展的意义，"坚持创新发展，就是要把创新摆在国家发展全局的核心位置，让创新贯穿国家一切工作，让创新在全社会蔚然成风"①。发扬延安精神和西迁精神中包含着的勇于开拓进取的创新精神，对今天进一步解放思想、更好地推动各项制度政策的改革进程有着重要的现实意义。

西迁精神与延安精神是一脉相承又与时俱进的。它不是刻板地模仿延安时期共产党在解决国家面临的内忧外患的过程中形成的精神力量，而是有着鲜明的时代特征。不同的时代背景酝酿不同的精神，20世纪50年代后期，新中国成立后各项事业发展逐渐进入正轨的关键时期，参与西迁的前辈们着眼于中国整体的发展需求，来到西部进行教育事业建设，他们甘于奉献、艰苦奋斗的精神品质，与延安时期共产党人带领中国人民经过艰难探索使中国革命走向成功的精神是一致的，都值得我们学习和敬仰。

研究西迁精神对延安精神的继承，是延安精神在新时代发挥出新的价值的重要途径，有利于发扬传播西迁精神，发挥西迁精神对当代人的精神鼓舞作用，培养新时代知识分子家国一心的情怀、甘于奉献的品质、坚定不移跟党走的思想觉悟，推动新时代中国特色社会主义的建设和发展，促进中华民族伟大复兴的早日实现。

---

① 习近平. 深化合作伙伴关系 共建亚洲美好家园 [N]. 人民日报，2015-11-08 (02).

第五章

交大西迁精神对延安精神的创新

第五章
交大西迁精神对延安精神的创新

伟大时代铸就伟大精神,伟大精神引领伟大时代。不同的历史条件下对精神具有差异性提炼与概括,如井冈山精神、长征精神、延安精神等。但这些精神并非是孤立的,而是一脉相承、相融相通的。20世纪三四十年代,老一辈无产阶级革命家在延安时期留下的优良传统和作风凝铸而成的延安精神,是我们的宝贵精神财富。历史的车轮继续向前,来到20世纪中叶,一批交大人意气风发,怀着满腔热情向西向远方,用自己的生动实践谱写出了西迁精神。西迁精神继承了延安精神的坚定正确的政治方向、爱国主义精神、艰苦奋斗精神和实事求是精神;又在奉献报国、严谨精致、开拓进取、团结互助和爱国奋斗等方面对延安精神进行了创新发展。

一、奉献报国

延安时期的中国共产党人牢记为人民服务的初心,在国家最艰难的时候将自己的命运与祖国紧密联系在一起,涌现出了一批为国奉献的优秀人才。西迁时期,在中国共产党坚强领导下的交大人继续发扬奉献报国的文化精神,专注做好人才培养工作,同时,直面困难迎难而上,以坚持到底的恒心,将个人理想融入国家发展,用实际行动诠释奉献报国的真谛。可以说,延安精神和西迁精神,二者同是奉献报国的使命文化。

(一) 不忘初心、牢记使命

毛泽东曾鲜明地指出,"我们共产党人区别于其他任何政党的又一个显著的标志，就是和最广大的人民群众取得最密切的联系。"① 我们党自诞生之日起，就把为中国人民谋幸福、为中华民族谋复兴作为自己的初心和使命，将全心全意为人民服务作为根本宗旨。延安时期正是党群关系最为密切的时期，在那段时间里，中国共产党在理论与实践上将党的初心使命和根本宗旨阐发到位、落实到底。从理论上看，毛泽东强调，"共产党员无论何时何地都不应以个人利益放在第一位，而应以个人利益服从于民族的和人民群众的利益"②，清晰阐明了中国共产党人坚定的人民立场和人民至上的价值追求，为人民战争从胜利走向新的胜利奠定了深厚的思想基础。从实践上看，在延安岁月中，无论是革命干部还是人民军队，都始终践行共产党人的初心和使命，将全心全意为人民服务作为最高行为准则，涌现出了一大批模范先锋，书写了许多感人故事，使延安时期的中国共产党形成了空前团结和统一的局面，深刻揭示了党一切工作的核心和延安精神的本质所在。

即使岁月匆匆，许多人和事已经随着时间流逝，但是延安精神依然散发着光辉，也激励了后来一批西迁人。如今的交大人从未忘记当年放弃在上海的优越生活、义无反顾奔赴西安的教授们，没有忘记保障交大人生活的后勤工作者，没有忘记每一位西迁人。交通大学的一砖一瓦，一草一木，都铭刻着西迁者的辛勤付出与不懈努力。时代在变，初心不变，交大西迁者的初心与延安时期共产党人的初心一脉相承，就是听党话、跟党走，党让我们去哪里，我们背上行囊就去哪里。在为人民服务、为国家培养一流人才的初心指引下，交大西迁人为国家做出的贡献已经彪炳史册。60多年后的今天，西迁精神新传人更没有忘记交大的发展是为了国家西部的建设，是为了整个国家的发展；他们用自己的实际行动书写着奉献报国的使命文化，用自己的实际行动为西部、为祖国的发展持续奉献。

2019年8月，中共中央、国务院、中央军委颁发了"庆祝中华人民共和国成立70周年"纪念章，西安交通大学共有214位同志获此殊荣。这些沉甸甸的纪念章，成为交大人薪火相传、接续奋斗的生动写照。交大人从不虚言，

---

① 毛泽东选集：第3卷 [M]. 北京：人民出版社，1991：1094.
② 毛泽东选集：第2卷 [M]. 北京：人民出版社，1991：522.

第五章
交大西迁精神对延安精神的创新

一直用自己的实际行动在祖国西部默默奉献,践行着自己的初心和使命。"我学医是为了建设祖国。没有共产党就没有新中国,没有我们现在的幸福生活。"这是"庆祝中华人民共和国成立70周年"纪念章获得者,时年92岁的西安交通大学医学部教授车锡平对党最朴素的理解,为党为国家奋斗终身,是激励他埋头深耕研究神经药理学的动力源泉。西安交通大学电气学院姚学玲教授也分享了自己的经历,"我没有专业背景,工作了8年才读的研究生,读书时孩子都3岁了,当时年龄大,自动化知识又不会,就是靠自己一点一点努力学。"话语很朴实,但越真实的话语越有感染力和说服力。世上的事都怕认真二字,交大人一直秉持着认真努力的态度,在建设西部和建设祖国的道路上不断奋斗。

坐落在西安交通大学南门附近的西迁博物馆,是交大人重温初心使命的重要基地。自博物馆落成之后,学校领导班子、教师和学生都会经常到这里参观学习。每次来这里学习,他们都能从中感受到新的能量,能够更加坚定自己的初心,对未来的方向也更明确。越是在西部,交大人越是要坚定办好世界一流大学的决心。对现在的交大人来说,以老一辈为榜样,承担国家使命并为之不懈奋斗,在西迁精神的引领下把创新港建设好,探索21世纪大学新模式,将西迁精神与实际工作相结合,就是对西迁精神最有力、最生动的诠释。西迁已经一个多甲子,新时期西安交通大学踏上了新的征程,贯彻对"不忘初心、牢记使命"主题教育和西迁精神的学习对学校来说更具指导意义。承前可以启后,温故有助知新。建立交通大学西迁博物馆,就是为了真实地再现历史,世世代代给人教育和启迪。西迁精神常学常新,交大师生每一次学习都会有新的感悟,但在不同维度加深感悟的过程中始终有一个主线,就是要把交大发展的初心和使命坚持好,要把宝贵的西迁精神传承好,一定要学习好、贯彻好、落实好,在回望历史中坚定初心,在干事创业中担当使命。

(二) 勇立潮头,培养人才

教育是民族振兴、社会进步的基石。在关系到民族存亡、生死存亡的革命年代,中国共产党依然毫不松懈紧抓教育,培养人才。硝烟战火中拔地而起的抗日军政大学、陕北公学、鲁迅艺术学院等一批高校，为中国革命培养了一大批堪当重任的"民族脊梁"。1938年，毛泽东曾亲笔为陕北公学题词："要造就一大批人，这些人是革命的先锋队……中国要有一大群这样的先锋分子，中国革命的任务就能够顺利地解决。"[①] 在这样的形势要求下，延安时期的学校以抗日救国为主要办学目标，十分重视以军事理论和时事政策为主要内容的干部教育，培养造就了一批既懂政治又懂军事的优秀领导干部，为全国各个战场、各条战线的群众运动提供了坚实的人才基础。与此同时，各高校也对马克思主义理论教育予以高度关注，推动马克思主义与中国革命相结合所产生的马克思主义中国化理论成果入脑入心，培养了具有坚定理想信念的马克思主义信仰者、传播者和教育者，为中国共产党的发展注入了许多新生力量。

延安时期的一批高校结合实际形势，勇立时代发展潮头，注重人才培养，是延安精神形成与奠定的重要一环。同样，交大人在实践中累积的一份珍贵精神财富——西迁精神，亦是激励和鼓舞当代有志青年锐意进取、积极报效祖国的不竭精神动力。新的时代，交大人书写的西迁精神传承发展延安精神解放思想的优良作风，开阔思想，拓宽思路，勇立潮头，引领创新。

党的二十大报告指出，"我们要坚持教育优先发展、科技自立自强、人才引领驱动，加快建设教育强国、科技强国、人才强国"[②]。习近平总书记关于教育的重要论述，深刻把握了教育是国家强大的坚强底座这一基本规律，高瞻远瞩洞察世界百年未有之大变局的趋势，提出扎根中国大地办世界一流大学，深刻揭示了立德树人的核心要义和本质规律。作为西部高校的重要力量，西安交通大学在教育发展和人才培养方面责无旁贷。一直以来，西安交通大学扎根西部，服务国家，争创一流，始终将培养具有创新精神和创造能力的一流人才作为学校发展任务的重中之重。在学校发展的历程中，交大人始终

---

① 毛泽东年谱（1893—1949）（中卷）［M］.北京：中央文献出版社，2013：34.
② 习近平.高举中国特色社会主义伟大旗帜 为全面建设社会主义现代化国家而团结奋斗——在中国共产党第二十次全国代表大会上的报告［M］.北京：人民出版社，2022：33.

把握教育的本质目的,以问题为导向,牢牢把握影响人才培养质量的内因和外因,打造一流人才培养的生态系统。近年来,学校在人才培养、改革创新等方面采取多种举措并取得了优异的成绩。尤其是近五年,学校办学规模不断扩大,就业、升学质量不断提升,学生创新创业成绩突出,同时,开创"一带一路"人才培养新模式,人才培养关键性指标及其全国排名不断提升。

但是,我们也应该清醒地认识到,与世界顶级名校相比,我们依然存在一定的差距,新的发展方式和培养模式缺乏,是当前高校工作必须面对的难题。在学校科研和育人工作方面,科研发展不平衡、不充分问题突出存在;有组织的科学研究差距较大,对科研育人的理解与落实不够有力。为此,结合对前几次工业革命的认识和分析,西安交通大学副校长王铁军建设性地提出交大做好科研创新工作的新思路。他认为新时代的科技创新,是要面向新时代进行"有组织的科学研究",认真研究大科学时代科研项目的属性、内在要求和外在特征,牢牢把握国家层面和教育部层面的政策和方向,对标国家科技计划体系,制定学校层面的"顶天立地"科研目标,用"四个面向"统领学校科技工作和创新港建设,让"大团队、大平台、大项目、大成果"成为学校科研工作的方向和重要评价点。

中国西部科技创新港启用后,学校对人才培养工作进行了一系列思考,提出了"质量、规模、效益"统筹协调,在下一步工作中将始终不忘兴学强国初心,牢记爱国奋斗使命,推动学校人才培养工作再上新台阶。当今国际世界风起云涌,国内发展方兴未艾,交大人以中国西部科技创新港建设为契机,从体制机制、人才队伍、科研发展、平台建设、时间推进、氛围营造六个维度,持续推动学校发展建设。一流的标准是创新港建设的初衷,也是其内涵发展的要求,更是成功建设的保障。具体而言,交大人认真学习体会习近平总书记对科技工作,对创新工作的高度重视,把创新、质量、贡献的要求落实到改革实践中;同时,通过体制机制改革,实现创新,建设一流;聚焦重大科技创新平台、前沿尖端技术项目和人文高端智库建设,以"独门绝技"服务国家战略、支撑经济社会发展。勇立潮头,引领创新,交大人一直行进在征程中。

（三） 个人理想融入国家发展

"有高尚的理想，正是青年的优点。" 1938 年 4 月 12 日，张闻天先生在陕北公学的演讲中提到这样一句话，当时他演讲的对象正是从全国各地奔赴延安的 1000 多名爱国青年。张闻天先生认为青年最宝贵的力量，就是他们有高尚的个人理想。正是这高尚的理想不断鼓舞着青年向前进步，使他们不愿醉生梦死，虚度光阴。在当时的延安，没有官可以做，没有丰厚的薪水可以拿，也不能过上非常优越的生活，甚至还有许多别有用心的人妖魔化延安和共产党。但是许多青年仍不远千里来到这里，他们具有政治远见，充满着斗争精神和牺牲精神，不畏艰难来到这个因为共产党坚决抗日的态度和八路军、新四军辉煌的抗战功绩，已成为进步青年心目中革命圣地的延安，而究其根本，正是因为这里有共同的理想——共产主义。他们将自己的理想与民族前途命运结合起来，燃起了为民族抗战奋斗牺牲的热情与决心。广大青年在个人理想与国家前途命运的激励下，成为革命的先锋队，成为延安时期革命斗争的重要力量，促成了中国革命任务顺利地完成。交大西迁人有一句口号，"哪里有事业，哪里有爱，哪里就有家"。西迁路上，他们用实际行动所表达出的对事业的高度热情以及对理想的崇高追求，是个人理想融入国家发展最真实的写照，是对延安精神中个人理想融入国家前途的有力延续。

在交通大学西迁的过程中，发生过许许多多的感人故事，而在这些故事的背后，彰显的都是个人与祖国同频共振的价值追求。时任交通大学校长的彭康教授从始至终支持迁校，为此，他亲自踏勘校址，组织迁校、建校，为西安交通大学的建设和发展奋斗了 15 年。时年已 66 岁的沈云扉在得知迁校消息后，当即表示，交大在哪儿他就在哪儿，毅然和侄儿沈伯参一同举家随校西迁，成为当时西迁群体中年龄最大的成员。正是因为有无数像彭康校长和沈云扉教授这样甘心为国为校付出和奋斗的人，他们秉持着一种埋头深耕、无怨无悔的奉献精神，仅仅在迁校一年之后，一所崭新的交通大学便矗立于西北大地，建设速度之快、质量之高，无不令人惊叹。匆匆 60 余年已逝，当年从黄浦江畔迁来的教职工中，许多人都已长眠于渭水之滨的黄土地。也有人疑惑，从繁华的大上海到贫瘠的西北，他们真的觉得值得吗？他们说："亏

第五章
交大西迁精神对延安精神的创新

不亏,要看用什么尺子量。我们在大西北为祖国贡献了一所著名大学,这是我们最大的荣耀!"

在先辈楷模的影响下,交大人不忘西迁精神,将个人理想融入国家发展的价值取向深深烙印在自己的心上,落实在自己的行动中。1957年,出生于江南水乡的陶文铨被交通大学毕业生钱学森的报国事迹深深打动,即使知道交大要西迁,他依然毫不犹豫地报考了交大。从迁校时的青年学子到留校任教至今的耄耋学者,以陶文铨为代表的一批老教授既是西迁事业的亲历者,更是西迁精神的践行者、传承者。"我一定要把这种精神传承下去,教好书育好人,支持西部建设。"建校初期,实验设备不全,条件简陋。但是,在困境中,陶文铨始终悉心培养学生,手把手传帮带,建成了热流科学与工程教育部重点实验室。以陶文铨院士为代表,一大批优秀教师在这里潜心教育、培养学生。据统计,迁校以来,西安交通大学累计培养了30余万名毕业生,其中,包括30多位院士,而他们中有近一半在西部工作,为西部地区工业建设与科教事业发展提供了坚实的人才支撑。

2019年10月15日上午,中共中央政治局常委、国务院总理李克强到西安交通大学调研。在冰凉的秋雨中,李克强总理多次驻足,与同学们亲切握手、细细交谈,而同学们一声声的总理好也温暖了这寒冷的秋天。李克强总理对同学们说:"这几年,西安交大毕业留在西北的学生逐年增加,比例已经接近一半,还会继续增加。这说明西北大有希望。古人说,'西北有高楼,上与浮云齐。''愿为双鸿鹄,奋翅起高飞。'有高楼就要有支撑高楼的基础,西安交大体现了西北有高楼,筑巢引凤,孔雀留在西北,希望你们留在西北贡献力量。"总理的话语中既有对交通大学的肯定,更有对当今交大学子的殷切期盼,希望更多的交大人留在西部,为西部建设和祖国发展持续发光发热。

在五千年中华文明的精神谱系里,个人前途和国家命运从来都是密不可分、相辅相成的。因此,唯有将个人理想融入国家发展的伟大事业之中,推动个人梦与中国梦的同向同行、同频共振,才能使个人在服务人民、奉献国家的过程中实现人生价值。

二、严谨精致

延安时期诞生了指引中华民族前进方向的毛泽东思想,直至今天,我们仍然可以从毛泽东思想中汲取智慧和力量。伟大的思想并非凭空诞生的,而是基于对国家和民族的热爱,基于对理论的反复钻研和实践的反复检验。延安精神严谨精致的态度造就了伟大的思想,也激励了后来的西迁人。交大人发展延安精神中严谨精致的优秀基因,顺应国家发展需要,抢抓机遇,主动作为,在贯彻落实西部大开发、"一带一路"、创新驱动发展战略中做出了大量卓有成效的工作。西安交通大学的发展一直站在国家发展、民族振兴的高度,在教学、科研和人才培养方面保持严谨精致的态度。

(一) 敬国畏业,沉静专注

翻开历史的画卷,每个特殊时期总有故事能够证明无怨无悔投身并专注于事业追求的力量是不可忽视的,而延安时期更是如此。20世纪40年代,在民族存亡的关键时刻,敬国畏业的力量更是划破漫漫长夜,指引着千百万的革命者为实现民族独立、人民解放,而抛头颅、洒热血。在延安的无数个夜里,毛泽东始终坚持共产主义追求,专注研习马列理论,思索中国革命的前途,寻找中华民族解放的出路。

没有人的一生是一帆风顺毫无波澜的,毛泽东也不例外。在王明等"右"的思想盛行之下,他坚持的真理少有人问津,甚至因政见不同而被撤销军事领导职务。但这并没有磨灭他研习马列理论的热情,相反,他利用这段时间认真研究,通览马列全书。凡是能在延安找到的马列哲学著作和相关读物,他都寻来仔细阅读。在延安没有的,他写信托在国统区从事统战工作的同志买来阅读。毛泽东读书不是草草而过,而是沉浸在书中,时时刻刻在思考。《辩证法唯物论教程》有10000多字的批注,最长的一条批注有1000多字。《辩证唯物论与历史唯物论》上也有2000多字的批注。批注有对观点简短的赞同评语,也有对观点的批评引申,更多的则是结合中国实际所做的发挥。

第五章
交大西迁精神对延安精神的创新

在这段难得的时光中,毛泽东不断充实自己,丰富自身理论基础。播下一颗种子,辛勤耕耘后总会得到收获。在充足的理论知识储备下,毛泽东奋笔耕耘,《矛盾论》和《实践论》横空出世,闪现出真理的光辉。《矛盾论》和《实践论》的魅力,在于让马克思主义中国化、具体化,让许多不了解马列主义的人也能读懂明白马列主义的内涵,让中国共产党开始有了自己的思想武器。简陋但却宁静的窑洞里,毛泽东以一颗"穷天人之际,通古今之变"的心,一种"一心只读圣贤书"的专注态度,让马克思主义真理之花在这里徐徐绽放。

60多年前,西迁人轻以待己、重以报国,始终将国家发展、西部建设放在首位。他们扎根在祖国西北的黄土地,以青春、热血和智慧创造了西迁奇迹。进入新时代,西迁精神新传人凝心聚力,在党和国家的领导下,将爱国之情、报国之志融入西安交通大学的发展之中。交大人对延安精神敬国畏业、沉静专注的元素进行传承和发展,将爱国敬国的精神与建功立业的新时代奋斗精神结合起来,就产生了交大人报效祖国、服务西部的强大精神动力。在这种精神动力的作用下,交大人沉浸在这里,专注于教学科研,执着于社会服务,用心为祖国培养和输送优秀人才。

"所谓大学者,非谓有大楼之谓也,有大师之谓也。"钟兆琳、陈大燮、朱公谨等一批年富力强的先贤名师为交大西迁创业立下不朽功勋。其中,以被誉为"中国电机之父"的钟兆琳先生为代表,他们在西安克服艰难条件,扎扎实实教学搞科研。学校刚迁到西安之际,条件十分简陋,下雨天道路泥泞不堪,生活极不方便。钟兆琳的夫人因病留在上海,当时两个儿子一个在沈阳,一个下放到河北农村,两个女儿随母亲留在上海。他自己年近花甲又患多种慢性病,生活更是艰辛。但就在这种条件下,他第一个到教室给学生上课。那时的实验室还没有建好,西安也难找到一个像样的电机厂。但作为系主任的钟兆林教授事必躬亲,一条一条地解决困难,全身心地投入工作。先生不局限于实验室,还带领同学们走出校园,在大西北实习、考察,除宁夏外,大西北的陕西、甘肃、青海、新疆他都一一考察过,西北不少电机厂,都驻留过他的足迹。正是凭借这种敬国畏业的态度和沉静专注的精神,钟兆琳先生带领交大人使西安交通大学电机系走上了迅速发展的轨道,又逐渐成为国内基础雄厚、条件较好、规模较大、设备日臻完善的电机系。

直到现在,交大人身上还体现着敬国畏业和沉静专注的品质。1979年8月的一个午后,陶文铨偶然在学校图书馆翻到一本英文版《计算方法》后,便沉浸于知识的海洋无法自拔,专注其中用两个星期时间写下了两本密密麻麻的学习笔记。而也正是这本书,开启了陶文铨研究数值计算的大门。从改革开放初期的积极进修、拓宽视野,到回到母校后的教书育人、潜心学问,在陶文铨始终如一的钻研精神与创新品质的推动下,他开创了国内"传热强化"与"流动与传热问题的数值计算"分支领域的多个"第一",获得了近30项国家、省部级科技成果奖及国家级荣誉,34项国家发明专利等。一组组数字、一项项荣誉,是陶文铨敬国畏业、沉静专注的最有力见证。

2017年,教育部审核评估专家组在评估我校的本科教学工作后一致认为,"西安交通大学是一所能在浮躁世界中放下一张平静书桌的地方",在浮躁的社会大环境中,交大人在充满历史韵味的长安古城,放得下一张宁静书桌,守得住一方育人热土。做一件事情并不难,但是如何不受外界影响,专注地做好、做精一件事情是困难的。西迁人做到了,交大人做到了,他们有温度、有情怀,专注于事业,沉浸于科研,不畏惧困难,不满足现状,在敬国畏业精神的指引下,用沉静专注的态度开启了西安交通大学的新篇章。

(二) 一丝不苟,精益求精

延安时期的毛泽东,将一丝不苟、精益求精的态度与精神发挥到了极致,从他在那个时期写出的文章我们就可窥见一二。毛泽东的警卫员回忆他在写《论持久战》时的细节说:"主席写《论持久战》,已经有两天两夜没有睡觉了,还一个劲儿伏在桌子上写呀写,实在写得太累太困的时候,才叫我们给他打盆水洗洗脸,清醒清醒,或者到院子里转一转,要不就躺在躺椅上闭上眼养一会儿神,又继续写,饭吃得很少,脸色也不好看,大家生怕主席累病了,便在值班时加倍注意,劝主席多休息。"毛泽东就这样心无旁骛、专心致志地持续写作,《论持久战》的初稿终于完成了。之后,他又不甚满意,反复修改了六七次,才算最终将稿子定下来。在这期间,主席的秘书李六如很

第五章
交大西迁精神对延安精神的创新

想帮忙,但是又插不上手。李六如对自己的妻子说,自己十分佩服主席,文章再三修改,一丝不苟,自己想帮忙但是又帮不上。事实证明,用一丝不苟、精益求精的态度付出,总会有不一般的收获。《论持久战》是一部灵活运用马克思主义哲学分析,研究军事问题的经典之作。发表之后,不仅在当时的党内外和国内外产生了强烈的反响,在今天依旧有着非凡的魅力。美国前国务卿基辛格对《论持久战》十分佩服,他曾经表示:"关于毛泽东军事思想的最好阐述,不见诸苏联的著作,而见诸中国的著作。"①

在延安时期伟人精神的启示下,在西迁以来老教授们的传帮带下,西安交通大学师生自觉养成了对待科学研究严肃谨慎的态度,"精勤求学,敦笃励志"是西安交通大学师生对待科研态度的生动写照。在研究过程中力求做到"细致、周全、完善。"即在构思上的精巧细致、逻辑推理上的精细周密和实证研究上的客观性和真实性。交大教师十分注重课堂的知识传授,在遇到不确定的问题时,会自己弄懂吃透再拿到课堂上讲授。交大教师一直把课堂视为神圣的讲堂,源源不断地为学生传授知识。西安交通大学自西迁开始,从彭康校长带头深入课堂听老师讲课,就形成了校级领导、督导、二级学院领导、教师相互听课的优良传统和作风。西安交通大学自西迁开始就要求每一位授课教师对待教学工作要做到"一丝不苟"。要求教师在上课以前做到"教学计划""教学进度表""教案"三配套;在授课过程中要把重点和难点给学生讲深讲透,力求做到"精巧细致";在教学效果上追求情致和情趣,使学生"坐得住,听得进,有收获"。

1957年,在交通大学西安部分新生入学典礼上,有一位教师的发言使在场的许多师生激动不已:"我是交通大学包括上海部分和西安部分的教务长,但我首先要为西安部分的学生上好课",这位教务长就是国家一级教授陈大燮先生。陈先生是我国热力工程教育的开拓者,早年毕业于南洋大学机械工程科,后留学美国普渡大学,获得硕士学位。在办学危难之际,陈先生从中央大学驰援我校机械系,讲授热工学课程。陈先生授课十分精彩,课堂常常门

---

① 〔美〕亨利·基辛格. 核武器与对外政策 [M]. 北京编译社, 译. 北京: 世界知识出版社, 1959: 135.

庭若市，教室走廊、门口常被学生堵得水泄不通。专业知识讲解通俗易懂，但热力学的单位却常常容易混淆，他就以不同单位之间的关联为诀窍教给学生，如"熵"的概念抽象难懂，他就从10个方面入手，尽求透彻、清晰。陈先生要求很高，据学生回忆，一次考试，他只出了一道题目，允许大家翻阅书本，自由讨论，但花了四个小时，班上仍无人能解。陈先生记忆力超强，对待学生格外亲切，课堂上能直呼学生姓名回答问题，即使毕业20年后的偶然相遇，他仍能直接喊出所授学生的姓名，令人惊叹不已。1955年，国家决定交大西迁，陈先生热烈响应，带头西迁，积极撰文宣传西迁的重要意义，同时，出任迁校委员会副主任，协助彭康校长全面推进迁校教学和科研任务的落实、保障，为交通大学专业教学质量的稳定和提高做出了重要贡献。迁校之际交大招生规模扩大，基础课程教师紧缺，为保障基础课教学质量，陈先生严格把关考选环节，亲自下教研室听年轻助教试讲，并作认真点评。作为热工学带头人之一，他还同杨世铭先生一起，带动广大教师将热工教研室完整搬到了西安，为我校今天热工学科的良好发展奠定了扎实基础。1957年，迁校问题出现争议时，陈先生积极协助校党委集思广益，做出"一校两地，相互支援"的方略，成功解决了迁校问题。出任西安交通大学副校长后，陈先生仍坚守教学一线，并身兼高教部热工教材编审委员会主任，带领全国知名专家编写了"工程热力学""传热学"及"热工学"教学大纲，出版了相关系列教材，为我国热工类专业教学建设打下了良好基础。陈先生用自己一丝不苟、精益求精的态度，在教学和科研上都做出了卓越的贡献。

以陈大燮先生为代表，西迁精神拥有着一丝不苟、精益求精的基因，正是体现在他们对待科研和教学求实严谨、注重细节、追求极致的态度之中。求实严谨是精益求精的基础，这要求西迁人在迁校过程和之后的发展过程中严格遵守标准要求。即使地处经济和教育资源等各方面条件都相对落后的西北，交大人却始终没有放弃，而是刻苦认真，结合实际情况，更加严谨专注地对待每一项任务和每一份工作。他们沉下心来脚踏实地，绝不投机取巧，认真做好科研和教学工作。交大人兢兢业业做事，严谨细致，一丝不苟，把最容易被忽略的小事做好，因为这些小事可能是一个突破口。越是简单的事情越不容易做好，只有不放过每一个细微之处，将每一个细节都做到位，才能切实做好工作、做出成绩。追求极致是精益求精、严谨细致的最高目的。交大人将学习放在第一位，不断学习专业知识和提高自身实践技能，将细节做到极致、做到完美，在原来的基础上不断超越自身，实现新的突破，这对一所学校，甚至一个地区的生存发展都具有重要意义。总而言之，精益求精、严谨细致的态度是西迁精神始终保持活力的关键因素。

（三） 坚持不懈，追求卓越

中国共产党的百年奋斗史就是一部与困难不断斗争的历史，中国共产党自成立之后就一直在困境中奋斗。党的发展离不开一群有理想抱负，为民族、为人民奋斗的有远大志向的人，也离不开善于思考、不断总结自身经验、不断从历史经验中学习、追求卓越的有识之士。他们绝不会安逸于一时的顺境与享受，在逆境中抗争，在顺境中警醒，已成为刻在他们心中的理念。也正是因为这种坚持不懈、追求卓越的精神与态度，使得中国共产党人被困境磨砺为钢铁战士，成为不可战胜的中坚力量。

中国共产党自1921年诞生以来，经历了大革命、土地革命战争，经历了艰苦卓绝的二万五千里长征，又经历了艰苦的抗战。在这期间，有过一次次的胜利与成功，也有过不少次的挫折和失败，失败的原因很多，但其中必须汲取的教训就是党内的居功自傲情绪导致的决策失误。1942年至1945年，为了提高全党的马列主义理论水平，纠正党内各种错误的非无产阶级思想，以毛泽东同志为代表的广大中国共产党人在延安和各抗日根据地开展了整顿党的作风，进行马克思列宁主义教育的延安整风运动。作为中国共产党历史上第一次大规模的整风运动，延安整风运动是批判将马克思主义、共产国际决定和苏联经验神圣化的错误思想，破除党内主观主义、经验主义、教条主义倾向的伟大思想解放运动。延安整风是党的建设史上的一项伟大创举，通过这项运动，实事求是的辩证唯物主义的思想路线在全党得以确立，极大提升了广大共产党人的政治素质与理论水平，为中国革命的前进和胜利提供了不可替代的思想保证。

交大人继承延安精神中严谨精致的特质，将坚持不懈、追求卓越融入办学理念与人才培养之中。一直以来，西安交通大学在培养目标上都是以"起点高、基础厚、要求严、重实践"的优良传统作为培养一流卓越人才的基本要求，其中，张元济、蔡元培、钱学森等为校友中的杰出代表。西迁以来培养了李伯虎、李鹤林、叶尚福等中国科学院、中国工程院院士；高华健、锁志刚等美国国家工程院海外院士。迁校60多年来，学校为国家输送了各类人才，毕业生在社会各界享有良好的声誉，涌现了蒋正华、张福安、陈惠波等一批知名校友。在科研成果上追求卓越。从西迁以来共有29000余项科研成果，其中，226项获国家三大奖，创造经济效益超过1000亿元。严格的要求和严谨的态度促进了交大的发展，西迁教授们的无私付出、不断攀登，推动了我国西部地区高等教育的发展。

西迁之路的艰苦不必多言，西迁之后的交通大学也曾短暂经历过水土不服的阶段，但是西安交通大学始终坚持不懈，没有停止自己的脚步，始终为成为世界一流大学而努力奋斗。在发展过程中，党和政府对西安交通大学提供了多方面的支持，不仅是对交大西迁的肯定和补偿，更是希望交通大学能在西北发挥自身引领作用，带动西部地区的发展。正是追求卓越的目标，西安交通大学的师生不负党和国家的期望，将自己的青春热血挥洒在这里，取得了一系列的卓越成绩。他们遇到困难仍坚持不懈，尝遍艰辛仍斗志昂扬，同时，勇于创新、敢于创新，这不仅是交大发展进步的重要原因，更是交大人实现自身理想价值的重要途径。在坚持不懈、追求卓越的目标引导下，西安交通大学的发展深深烙上了时代发展的印迹。在新时代，把西迁精神严谨细致的卓越文化与实现中国梦有机结合，具有一定的现实意义。

三、 开拓进取

开拓进取是我们党在革命、建设和改革时期始终如一的鲜明品格。从前，我们党用延安精神培育了大批立场坚定、抱负远大、不怕艰险、自强不息的革命者。今天，我们用西迁精神培育出一大批为国奋斗、开拓进取的有志青年。延安精神和西迁精神都是我们党的宝贵精神财富，是激励新时代新青年奋发进取、开拓创新的强大精神动力。

（一）不畏艰难，自强不息

延安时期的特殊环境造就了延安精神不畏艰难、自强不息的特质。从自然环境上看，延安在地理位置上隶属中国西北内陆地区，受恶劣自然条件的影响，20世纪三四十年代的延安风沙漫天，物贫地瘠。从社会环境上看，时年国内外形势复杂动荡，日本帝国主义加速侵略，国民党实施经济封锁，西北根据地军民的生活面临极大挑战。因此，为了保证生存、推动抗日与民族解放，必须选择自强不息、艰苦奋斗。毛泽东关于独立自生、自力更生、艰苦奋斗的思想在延安时期达到成熟。在艰苦奋斗、自强不息精神的指引下，中国共产党带领根据地人民团结奋斗、埋头苦干，依靠自身力量发展生产，有效满足了边区军民的衣食需要，党的队伍也在此过程中进一步壮大，凝聚力、向心力、战斗力显著增强。

1938年10月，抗战进入相持阶段后，自然灾害、日本侵略、国民党的武装包围和经济封锁加剧，边区军民本就艰难困苦的生活更是雪上加霜。但荒芜凋敝的自然条件压不垮坚强的中国人民，内忧外患的社会环境打不倒坚强的中国人民。在中国共产党的领导下，广大军民呼喊着"要么饿死，要么解散，要么自己动手丰衣足食"的口号，开始了热火朝天的大生产运动。特别是以八路军第120师第359旅为代表的抗日军民，在南泥湾大生产运动中秉持厉行节约、艰苦朴素的思想观念，坚持"在深山密林安家，向荒山野岭要粮"的豪迈气概，在实践中培育和创造出以自力更生、艰苦奋斗为核心和本质的南泥湾精神。延安时期的艰难困苦深刻磨砺了中国共产党人的坚强意志，锤炼了广大军民自强不息的精神品格。在党的八届二中全会上，毛泽东高度概括地指出："根本的是我们要提倡艰苦奋斗，艰苦奋斗是我们的政治本色。"[1]

迁入西安的师生员工继承和发扬了革命战争年代的热情和拼搏精神，继

---

[1] 毛泽东文集：第7卷［M］.北京：人民出版社，1999：172.

承和发扬了延安精神，艰苦奋斗、自强不息，以拓荒者的毅力和勇气，以甘愿吃苦、无私奉献的高尚情操，坚强而又乐观地工作、生活和学习，用青春年华换来西安交通大学的蓬勃发展。60多年前，一群穿着光鲜亮丽，或是穿着皮鞋或是踩着高跟鞋的年轻人，深一脚浅一脚地走在黄土地上，我们很难想象，他们是克服了多大艰难，用多大的勇气适应完全不同于上海的生活环境。西迁者每个人都经历了锻炼和考验，经受了风霜洗礼，不断地开拓进取，培养了正视困难、战胜困难的信心和勇气，磨炼意志，陶冶情操，展示人生价值，这些经历都为他们在教书育人、教学科研等各项工作中做出成绩提供了强大的精神动力。

交大西迁，扎根黄土仍然枝繁叶茂。谢友柏出生于日寇侵华之际，1951年考进交通大学。1955年毕业后，留在机械原理及零件教研室任教。1957年，教授三年级课程的谢友柏，作为教研室的先遣队前往西安。60年代初，由于国家发生经济困难，特别是冬天，又冷又吃不饱，很多人浮肿了。就是这样，谢友柏依然坚持工作，经常到企业进行科研协作，有时甚至依靠双手和步行来运送实验器材。为响应国家向科学进军的号召，谢友柏不断探索，没有实验器材就自己制作。1958年，为了建轴承试验台，谢友柏找到一本苏联中央工艺研究院的小册子，按照小册子里一个轧机轴承试验台的剖面图，画了第一张图。1960年，谢友柏在清华大学力学班进修未完被召回教研室时，轴承试验台的零件已加工完毕，但仍未装配。由于形势越来越困难，只好暂时将零件泡在油里保存。1963年以后，情况慢慢好转，他们又开始第二次加工。1964年，学校决定招收师资研究生，培养研究生需要实验，谢友柏与另一位教师把原来轴承试验台的零件从油缸里取出来装配好，成为实验室的第一个能够做研究的试验台。2018年后，退而不休的谢友柏仍奋战在科研一线，为振兴民族、报效国家贡献自己的力量。

艰难玉汝成，砥砺见精神。西安交通大学今天在科研创新、人才培养等领域取得的一系列卓越成就，都离不开60多年前那段艰难困苦、自强不息的西迁历史。交通大学从优越、繁华的沿海地区上海迁移到地处内陆、经济相对落后的西安，在艰苦的环境中开创一番事业，成为我国调整高等教育事业战略布局方面的一个成功范例,实属来之不易。60多年来,从迁校时学校的精心擘画、教授的以身表率、学生的积极响应,到建校中全体师生员工的不辞艰辛、排除万难、敬业奉献,无数可歌可泣的事迹,铸就了西迁精神的丰碑,在新时代彰显出强大生命力与引领力,带动广大知识分子继续在科研创新的路上自强不息、勇毅前行。

(二) 追求真理,脚踏实地

十月革命一声炮响,为中国革命送来了马克思主义,但是没有教会中国人如何运用马克思主义。从井冈山到延安,从长江到黄河,毛泽东一直在思考这个问题。1937年,王明从莫斯科飞回延安,带来了斯大林关于中国抗战的指示。王明自恃手握共产国际的"尚方宝剑",对抗战以来中共的路线、方针和政策给予尖锐的批评,同时,大力鼓吹"一切经过统一战线,一切为了统一战线"的主张。当时党内许多人鉴于王明的特殊身份,大多对此采取模棱两可的态度,而明确在实质上抵制王明错误的仅有毛泽东一人。在毛泽东看来,中国革命吃教条主义的苦头太多了,如果不从理论上彻底解决对待马克思主义的立场和方法,确立中国革命的正确道路,任凭这种来自共产国际的"右"的错误发展,后果将不堪设想。为此,毛泽东深夜在窑洞中写下《论新阶段》,论述了学习马列主义不是将他们的理论看作教条,而是当作行动的指南,学习他们解决问题的立场与方法。在毛泽东看来,马克思主义必须得到发展,而马克思主义要得到发展,必须使马克思主义民族化、时代化和大众化。只有脚踏实地,结合中国特点,按照中国的特点运用马克思主义,才能解决全党亟待解决的问题。时光流逝,唯有真理会永远发光。随着时间的推移,无数事实终于印证了毛泽东的观点是正确的。真理不是被供奉起来的高高在上的教条,只有脚踏实地,将马克思主义与中国实际相结合,在实践中反复完善,才能使真理正确指导中国的发展道路。

延安精神中脚踏实地、追求真理的特质也深深影响到西迁人。西迁之后,交大的继续发展,需要交大人有开拓进取的决心,需要交大人一步一个脚印地行进,埋头苦干,追求真理。交大人脚踏实地、追求真理的态度,是对延安精神的有力继承与发展。

谈到西迁的日子，潘季老教授仍能清晰回忆起老一辈交大人满怀憧憬踏歌向西的场景，那种"开拓、创造、创新所带来的快乐"，是一种真正的、能够实现内心追求的精神上的快乐。今年89岁的潘季教授在西迁时年仅22岁，是电机系最年轻的教师。回忆往昔，潘老满含深情地说：国务院1955年4月做出交通大学西迁西安的重大决定。交大人很快行动起来。当年5月，彭康校长从北京直接到西安，并电请全校最有影响力的几位老教授、系主任奔赴西安，共同察看和商议校址问题。几经踏勘，他们在西安和平门外东南近郊的一片麦海里选定了校址。9月，1000多名建筑工人便开赴工地，夜以继日、争分夺秒地施工，不到一年时间就完成了10余万平方米的建筑任务。此后，交大人在这里开启了踏踏实实的科研、教学工作，脚踏实地，使西安交通大学不断为社会输送优秀人才。

程敬之先生就是在延安精神和西迁精神共同培育下脚踏实地、追求真理的优秀代表。程敬之1957年到交大任教，从事电力工程方面的教育教学，70年代末转到"生物医学工程"专业。1979年，受国家科委和陕西省科委委托，他带队主攻"相控阵超声诊断仪器"项目。程先生把雷达技术、相空阵天线扫描原理和超声波反射特性应用于人体内脏器官断层图像的显示，开创性地完成了相控阵诊断仪的研究任务，实现了我国人体胸腔脏器疾病诊断手段的重要突破。令人自豪的是，该研究完全立足我国自有条件，所用电子元件均为我国生产，实属独立自制仪器，说明我国已开始形成独特的相控技术。任何一项科研成果都不是凭空得来的，都是科研工作者们脚踏实地，在一次次试错中得到最终的优秀成果的。为尽早完成研制任务，程敬之废寝忘食，将折叠床放在实验室里，饭盒放在暖气片上，中饭随便吃一餐，晚上工作到深夜。为带动课题组同志，他与大家签订了合同书，做到有奖有罚，连他本人也不例外。该研究成果后来被批准进行了小批量生产，其造价仅相当于国外进口机器的十分之一，为国家节约了大量成本。程敬之在我校从事医学工程教学研究30年，为我国和我校生物医学工程学科的发展做出了重要贡献。以程敬之为代表的交大人脚踏实地，在西安交通大学潜心科研，追求科研与教学的真理，为国家和社会创造了一个又一个科研成果，培养了一批又一批优秀人才。

(三) 敢于创新，永不满足

回想起延安，回想起中国共产党在延安的故事，浮现在人们记忆里的就是黄色和红色两种颜色。黄色的窑洞，红色的精神，这是历史留给延安最鲜明的时代印记。在延安简朴却温暖的窑洞里，孕育着颠扑不破的唯物真理，寄存着鼓舞人心的精神力量。而这真理与精神，正是以毛泽东为代表的一批共产党人，对马克思主义理论不断探索、敢于创新结出的丰硕成果。

面对中国"向何处去"的世人瞩目重大问题，延安时期的毛泽东埋身书海，寻找中国革命的出路。在连续几个晚上的奋战之后，毛泽东终于在陕甘宁边区文化协会第一次代表大会召开之前，写出了演讲稿《新民主主义的政治与新民主主义的文化》。一个月后，这篇演讲稿在《解放》杂志上刊载，题目改为《新民主主义论》。在这篇文章中，毛泽东提出了中国革命必须分两步走的重要论断，为全国人民指明了抗战胜利后，中国共产党的政治主张以及中国走向的主张。这篇伟大的文章横空出世，历史上对它的定位正是对马克思主义的伟大创新。毕竟在资产阶级的国家和无产阶级专政的国家之外，提出了各革命阶级专政的第三种国家形态——新民主主义共和国。这在马克思主义发展史上，不得不说是重大的创新成果。

在《新民主主义论》之外，毛泽东在延安时期对于马克思主义理论的学习，我们还可从《论持久战》《矛盾论》《实践论》中更深刻地体会到。但是，延安窑洞里的理论创新成果远不止于此，朱德、刘少奇、周恩来等中共领导人的传世佳作，以及众多理论工作者的研究成果，共同描绘出延安时期理论繁荣的美好景象。当时的中国共产党深居一隅，没有占据优势地位，但仍能展现出与当时执政大党国民党求同存异的胸怀气概，正是根植于高度的理论自信、对创新精神的传承与弘扬以及永不满足的修养和自觉。

在延安时期共产党人体现的敢于创新的精神感召下，西迁人也从未停止脚步，在实践中摸索多种形式的创新。交大西迁到当时条件比较艰苦的西安，为了快速建立起正规有序的教学，西迁者克服重重困难。在新时代，西安交通大学也依然秉承着"向西，向远方"的使命，继续着新的历史意义上的西迁。由此诞生的交大西部科技创新港，是落实国家"一带一路"倡议和创新驱动发展战略的重要举措，也是西安交通大学对大学如何发挥引领社会作用的积极探索，是交大勇于创新的重要成果。这已经不是一个单纯的大学，而是与社会融为一体，成为一种新的大学形态。

在教育部和陕西省大力支持下建设的中国西部科技创新港，是陕西省和西安交通大学落实"一带一路"、创新驱动及西部大开发三大国家战略的重要平台。创新港选址于西咸新区沣西新城，总占地面积约23平方公里，以"国家使命担当、全球科教高地、服务陕西引擎、创新驱动平台、智慧学镇示范"为目标，主动服务学科交叉、军民融合等国家重大科学研究，服务学生创新能力培养、科技成果转孵化和经济社会发展，积极探索21世纪现代大学与社会发展相融合的新模式、新形态和新经验。2017年2月26日，时任陕西省省长胡和平郑重宣布中国西部科技创新港科创基地项目开工。2019年9月7日，中国西部科技创新港举办了第一次开学典礼。创新港的正式启用，意味着交大在开拓创新上又迈出了一大步。而今，交大人秉承西迁精神，坚持"扎根西部、服务国家、世界一流"的办学定位，基于交叉、共享、开放的理念，积极推进"双一流"建设，致力于示范城镇化，探索塑造新品牌，着力将创新港建设成为世界一流的中国西部科技研发中心、创新人才的培养中心、科技成果的转化中心。

四、团结互助

统一战线是中国共产党在中国革命中战胜敌人的三个法宝之一。延安时期，中国共产党正确地运用了统一战线的有力武器，尽可能地动员各个阶级和社会团体建立广泛的统一战线。在这个过程中，工人、农民等多个队伍团结互助，取得了中国革命的伟大胜利。交通大学内迁西安是20世纪50年代国家调整高等教育布局的重要决策与重大举措。交大西迁的过程中，有党中央的统筹安排，有交通大学领导的细致规划，有地方政府和社会各界的大力

第五章
交大西迁精神对延安精神的创新

支持,更有西迁个体的热情奋进。交大人发展了延安时期团结互助的优良作风,使西安交通大学在新时代迸发出新的活力。

(一) 顾全大局,担当负责

中国共产党人何以能在满目荒凉的黄土高原,在偏僻遥远的延安发展壮大,由弱变强,并最终走向全中国?除了因为中国共产党把马列主义和中国具体实际相结合,找到了一条民族独立与人民解放的道路,更是因为中国共产党始终把人民利益放在第一位,顾全大局,担当负责,以对人民的无限忠诚赢得了人民的信任。

1946年6月,国民党当局撕毁停战协定和政协协议,不计后果地向解放区发动大规模进攻,全面内战由此爆发。当时的国民党军队数量远超共产党的八路军和新四军,同时,还具备强大的武器装备,在交通上也几乎把控着全国各大城市的主干线,在国际上还得到美国政府的全力支持。与此形成鲜明对比的是,共产党人数不多的军队依靠作战武器"小米加步枪",军工生产薄弱,交通靠大车拉、小车推。但就是在这种力量对比悬殊的情况下,共产党仅用三年左右的时间就将国民党彻底打败了。中国共产党缘何能在如此艰难的情况下获得胜利,对此各国各界有过很多研究,也有不同看法,但大家都有一个共识,就是中国共产党始终顾全大局,维护着最广大人民的根本利益,最终才能依靠人民取得战争的胜利。在延安,"人民"一词是被提及最多的词汇。党员干部深入人民群众中,与人民群众打成一片,积极向人民群众学习,与解放区的人民形成鱼水深情。中国共产党能在一次次的危难中化险为夷,靠的就是百姓们舍生忘死的支持,因为百姓们知道共产党是与人民群众紧密联系在一起的,他们都是在为民族命运与国家前途而战斗。而国民党人在其统治区,部分官员巧取豪夺、搜刮民财,被眼前的金钱等诱惑蒙住双眼,不顾国家大局,不为人民负责,使百姓的生活陷入水深火热之中。历史证明,顾全大局、担当负责的政党才能赢得人民群众的信赖,顾全大局、担当负责的人群才能做出一番事业。

1955年5月25日,交通大学在接到高教部有关迁校的通知后迅速反应,立刻召开校务委员会讨论迁校问题并作出关于迁校问题的决议,用行动支持国家决定。交大成立了以陈石英为主任委员的迁校委员会来负责具体迁校事务，积极行动做好相关准备。此外，交通大学还组织了西北参观团，对西北地区的生活、教育、工业情况等进行了全面考察，不断深化交大师生对于迁校必要性的认识。交通大学书写的西迁路上的奋斗史，在高校教育发展事业上留下了浓墨重彩的一笔。1956年，交通大学1400多名教工，近3000名学生响应党和国家号召，发展延安精神中的顾全大局精神，配合国家高等教育布局的调整，主动放弃上海优渥、舒适的生活和学习条件，服从学校安排，义无反顾地踏上了西行的列车。

西行一路，交大涌现出许许多多担当负责的西迁人。交通大学总务长任梦林作为学校后勤事务的大管家，领衔承担新校建设任务。1955年的冬天特别冷，经常风雪交加，地面积雪盈尺。为了保证交大顺利西迁，任梦林所率领的交大工作组与工地建设人员顶风冒雪、艰苦鏖战，无一人叫苦，不曾有任何抱怨，所有人都向着一个共同的目标而奋进，那便是建设校区、完成西迁。在岁末年初，交大工地的建设一天也不曾停止，终于在1956年7月完成了师生公寓、中心楼等30余栋10余万平方米的基建任务。以任梦林总务长为代表，交大的成功西迁，离不开彭康、张鸿等一批优秀的领导者、组织者、实施者。他们为迁校而殚精竭虑、日夜奔波，付出了常人难以想象的心血，谱写了交大西迁的壮丽篇章。

还有许多西迁人不仅自己走在前线，还将这种顾全大局与担当负责的精神延续到家庭之中。家庭是一个人最深的牵挂，也在个人的成长中起着不可忽视的作用。西迁路上，以家庭为单位的教育也发挥着极其重要的作用。1955年，国务院决定交通大学西迁，吴之凤坚决拥护，带头西迁。在学校成立"西北考察团"时，吴之凤支持其夫人作为家属代表参加，以便回到上海后可做好家属的动员工作。与此同时，吴之凤明确表示，交大要西迁，大西北建设需要人才，因此，积极鼓励高中毕业的儿子报考交通大学铸造专业，充分体现了他对交大西迁的积极态度和对自己专业的热忱。像这样举家搬迁的例子在西迁历史中还有许多，正是这千千万万家庭的星光，让西迁的路变得更加温馨和璀璨。

第五章 交大西迁精神对延安精神的创新

在党委、学校、社会、家庭和个人等多主体的协同下，西迁精神得以很好地传承和创新。60多年过去，交大无一人敢忘先辈的奋斗精神，他们在今后的日子里致力于将西迁精神发扬光大。"老一辈交大人谱写的西迁壮歌为中华民族伟大复兴注入了强大精神动力，全体交大人为之振奋、为之自豪，誓要创造一流业绩，不负党和国家殷殷期望！"西安交通大学在致西迁老教授的公开信中，代表全校师生立下铮铮誓言。交大人传承发展延安精神，将顾全大局、担当负责烙印在心上，落实在行动中。西迁精神代代相传，只有更新与进步，没有止境与尽头。

（二）互相学习，精诚协作

陕甘边革命根据地创始人刘志丹曾说："干革命需要建立统一战线，敌人越少越好，朋友越多越好。我们增加一分力量，敌人就减少一分力量。"① 中国共产党的抗日民族统一战线策略，正是共产党人与多种不同力量互相学习、精诚协作的真实写照。在以国共两党第二次合作为基础的抗日民族统一战线中，中国共产党始终坚持独立自主的原则，积极发展进步势力、争取中间势力、孤立顽固势力，在根据地内建立了"三三制"民主政权，即在政权人员的分配上，共产党员（代表工人阶级和贫农）、左派进步分子（代表小资产阶级）、中间分子及其他分子（代表中产阶级和开明绅士）大体各占三分之一。在此基础上，党坚持放手发动群众，不断扩大革命队伍，开展敌后游击斗争，全体人民团结一致抗击日本帝国主义的凝聚力、战斗力显著增强，为抗日战争的最终胜利奠定了坚实基础。

抗日战争结束后，中国共产党为了尽可能地避免内战，争取和平，毛泽东、周恩来和王若飞等接受蒋介石的邀请，赴重庆与国民党谈判。经过谈判，蒋介石表示承认"和平建国的基本方针"，同意召开有各党派和社会贤达出席的政治协商会议。在政治协商会议召开期间，中共代表经常同民盟等组织的代表在一系列重大问题上事先协商，精诚协作，采取共同行动。会议向众多参与者学习，吸取了较多中间人士的意见，通过了政府改组、军事问题、国

---

① 刘志丹纪念文集[M]. 北京：军事科学出版社，2003：760.

民大会、和平建国纲领、宪法草案五项协议,这使许多提供建议的人士感到兴奋。但是,国民党从未真正想去履行政协协议,以扩大内战的行为使得政协协议成为一纸空谈。蒋介石集团就是这样反向证明了只有互相学习、精诚协作才能取得胜利,他们独断专行的行为最终造成了反蒋的人民民主战线逐步统一和扩大。

历史证明,互相学习、精诚协作是走向成功和胜利的必要因素,而互相学习、精诚协作也正是西迁精神团结互助的基础。在西安交通大学的建设中,无论是校长、领导、教师,还是学校的其他员工,相互之间没有任何的身份高低,大家团结一致,共同建设西安交通大学,彼此之间平等尊重,团结互助,促进了交大的发展。

许多亲历西迁的教师,都深深感受到迁校过程中的教学工作实在可以用奇迹来形容,没有因为迁校而迟一天开学,也没有因为迁校而耽误原定的教学实验,更没有因为迁校而开不出一门课程。为了第一次物理实验顺利按期进行,授课教师、印刷工人、教学辅助人员、搬运安装工人、清洁工不分昼夜地加班加点工作,终于在物理实验的前一天印刷好所需要的实验报告纸,安装调试好所有的实验设备,安排好实验室的全部工作。对于工作生活条件存在的现实困难,交大师生也在尽全力克服。南方来的师生,一时半会儿生活习惯调整不过来,对于热水的需求量非常大,而西安校园最初只有4台炉子,供应全校几千人的开水,打一瓶水是一件相当不容易的事情。但也正是在这样艰苦的条件下,每位西迁人都保持着一种学习者的姿态,学着在大西北艰苦的条件下去生活,学着在困难中创造条件,为西安交通大学的建设奉献自己的力量。

经过全校的共同努力,在潘季任党委书记时期,顺利进行了"七五""八五"重点建设,并首批进入国家"211"工程建设,不断深化学校教学、科研和管理体制改革,教育质量和办学效益稳步提高。彭康校长曾向全校提出:"知识分子问题,主要是团结合作问题,充分发挥教师的作用,让他们有职有权,敢说话,敢负责。""双一流"建设,同样需要交大人一起团结互助,需要交大人传承发展西迁精神,共同为交大新的征程发展而努力奋斗。

一个人之于天地，不过沧海一粟，一个人之于一个时代，仅仅一个碎片，但一个人对于自己的一生，处处时时皆是修炼。我们每一个人在自己平凡的岗位上，把自己的职业生涯与学校的事业紧密联系在一起，以爱岗敬业的实际行动，向他人学习，与他人密切协作，做好每一件事，就是对西迁精神的最好传承与诠释。

（三） 瞄准国际， 取长补短

回望延安时期中国共产党的发展，其立足世界的战略眼光、灵活务实的外交探索以及独立自主的外交理念是走向成功不可或缺的因素。延安时期的共产党人，将他们的视线与思想穿越广袤的黄土高原，看向精彩纷呈的世界；一支还不够占据优势的政治力量，在艰难困苦的内外环境中依然坚持紧随世界变化的脚步，在纷繁复杂的国际关系中找准定位，寻找自身不断发展壮大的契机。

抗日战争全面爆发后，中国共产党所一直倡导的抗日民族战线也终于建立起来了，国共两党步入了第二次合作的前进轨道。但不可忽视的是，由于国共两党间根深蒂固的不信任感、政治主张存在的巨大差别，以及美、苏、英、法等大国势力在中国的长期影响，使得国共双方的关系并不简单。确立好自己在抗日民族统一战线中的地位、策略，妥善处理好复杂变化的内外关系，是中国共产党着重考虑的问题。基于这样的政治形势与当时的国际形势，抗日战争期间的中国共产党始终高举全民族抗战的旗帜，为维护抗日民族统一战线做出了巨大的努力。与此同时，中国共产党始终坚持民族利益至上的原则，积极主张与国际社会中爱好和平的国家与人民团结起来抗击侵略。世界是一个整体，中国共产党始终基于这样一个理念，将国内问题置于国际大局形势中加以分析，学习各国成功经验，不断调整斗争策略与外交方针，表现出了高超的政治智慧和宽阔的世界眼光。中国共产党积极探索，善于总结，不仅为中国革命的成功做出巨大贡献，也为新中国提供了可资借鉴的宝贵经验。

随着经济全球化的纵深发展，各国互相联系、互相依存的程度空前加深，人类生活在历史和现实交汇的同一个时空，越来越成为你中有我、我中有你的共同体。延安时期共产党人立足国际的战略眼光给了交大人学习的模板。一直以来，西安交通大学秉承着价值推广的理念，积极与社会各界和国际交流沟通，同时，也积极对接国际，不断完善办学理念，目前已有一定成效。西安交通大学在留学生群体中开设了红色文化课程，尽力突破语言与文化的障碍，使更多国际友人可以了解到作为中国独特精神文化的红色文化。2015年5月22日，由西安交通大学发起的"丝绸之路大学联盟"正式成立，总部落户在中国西部科技创新港。"丝绸之路大学联盟"共吸引了来自36个国家和地区的140多所高校参与，共同推动"丝绸之路经济带"沿线高校和学术机构在教育、科技、人文领域的交流与合作，服务"丝绸之路经济带"沿线及欧亚地区的社会发展与经济建设，为人类文明发展和高等教育的开放合作贡献力量。"丝绸之路大学联盟"这一平台，拓宽了西迁精神传播的渠道，为西迁精神的传承创新提供了一个良好的、开放的国际化环境，有利于促成西迁精神的价值认同，提升西迁精神的国际影响力。

团结精神是西迁精神的集中表现。在条件艰苦的年代，西迁者不辱使命，呈现出一份满意的答卷。迈进新时代，交大人一如既往，坚守本心，团结协作，奋力前行。2017年，西安交通大学获得国家"双一流"学校建设，意味着交大肩上的责任更加重大。西安是"一带一路"之重镇，西安交通大学应积极地发挥自己的地理优势，与沿线的学校加强合作，共同为交大"双一流"建设贡献力量。当今世界发展不是各自孤立进行，而是相互学习，相互取长补短。今天，西安交通大学距离世界性的一流大学仍然有差距，仍需要积极地学习其他国家优秀的教育理念与教育方式，促进交大未来的发展。

五、爱国奋斗

爱国与奋斗是延安时期中国共产党和广大中国人民持续发展、取得胜利的密码，也是新时代中国人始终保持的精神气质。60多年前，交大人发扬延安精神中的爱国主义精神，顾全国家大局，毅然踏上西行之路，谱写出一曲

第五章
交大西迁精神对延安精神的创新

西迁赞歌；60多年后，交大人不忘初心再出发，坚守爱国情怀，坚定奋斗意志，走好新时代长征路。

（一） 坚守爱国情怀

延安时期，大批优秀中华儿女为着一个共同的目标——抵抗侵略、民族独立，怀着满腔爱国热情聚集到延安，积极工作，艰苦奋斗，最终取得了抗日战争的伟大胜利。正如无数青年学子在抗大校歌中所唱的那样："黄河之滨，集合着一群中华民族优秀的子孙，人类解放，救国的责任，全靠我们自己来承担"。以抗大学员为代表，广大青年将对国家的崇高责任转化为动力，将坚守爱国情怀落实到具体行动中。

当时延安的条件艰苦，抗大学员用自己的双手创造条件，没有校舍就自己建校舍，没有桌子就用膝盖当桌子。他们在阶级斗争和生产斗争的实践中学习锻炼，将理论与实践相结合，教育与生产劳动相结合。在1943年建党22周年之际，抗大全体教职员工和学员给毛泽东致电：我们誓以最大努力，坚决执行您和党中央的号召，学习您伟大的布尔什维克的品质和作风，并有信心完成您所赋予的一切任务，为中国抗日战争的胜利和人民解放的胜利奋斗。抗大学员不仅在学习上有极大的热情，在生产劳动中也争先恐后。他们每天天刚亮就到十里以外的山上开荒、锄草，丝毫不觉辛苦。年过五十的雷生海同志是抗大某部的劳动英雄，他曾经表示自己每天鸡叫时扛起锄头上山，中午拾粪，但是一点儿都不觉得累，学习时间就是自己休息的时间。还有许许多多的英雄儿女，他们思想进步、工作努力、信念坚定；他们在生与死的考验中，为中国革命抛头颅、洒热血。正是有了他们的担当与付出，中国革命和建设事业才能在困难面前不断前行。而激励他们不断进步、不怕牺牲、为革命英勇奋斗的深层次动力，正是坚定的爱国情怀。

交通大学的西迁不同于革命战争年代任何一所高校的战略转移，不是短暂地躲避战火或支援帮扶，而是永久地扎根。在当时的客观现实条件下，一所高校跨越沪陕两地1500公里的距离并非易事。与此同时，西迁意味着绝大多数交大教职工将面临永远离开自己熟悉的上海，舍弃习以为常的优渥物质条件，改变形成多年的工作生活习惯，转而去一个陌生艰苦的西部城市为祖国的高等教育和科技工作而开创事业等情况，这对于每个人、每个家属、每个家庭来说无疑是一项巨大的考验。但是，当听到祖国召唤的号角时，交大师生饱含对新中国和社会主义事业的无限忠诚，以高涨的爱国情怀和饱满的奋斗热情义无反顾地投身西迁的洪流之中，致力于为祖国大西北的建设贡献力量。2018年8月，中组部、中宣部在广大知识分子中深入开展"弘扬爱国奋斗精神、建功立业新时代"活动，再次强调要大力弘扬西安交通大学"西迁人"爱国奋斗先进群体的崇高精神。

西迁精神继承延安精神中蕴含的爱国情怀，并将其发展为强国之志，落实到广大学子的报国之行中。迁校60多年来，西安交通大学所培养的30多万名毕业生中有40%以上留在西部奋斗，成为教育、医疗、电力、军工等行业领域的中坚力量。何雅玲院士便是其中的重要代表。她常说："做一名优秀的教师是我毕生的追求。是交大培养了我，是导师陶文铨院士及老一辈教师无私奉献的西迁精神引领着我，我是在他们的关爱和帮助下成长的。"她一心扑在事业上，工作起来忘我投入，辛劳疾患都抛在脑后，担任的教学、科研工作量往往是定额的数倍。在她的日程表上，没有上下班，没有节假日之分。长期超负荷工作，即使在脚踝骨折手术以后，也拄着双拐给学生上课。至今她已给8000余名大学生上过课，培养了100余名博士生、硕士生，许多学生已成长为本领域的杰出人才。正如潘季教授所言："爱国奉献一直是交大的优良传统，当年的爱国情怀体现在救国，现今的爱国情怀就是要强国。"作为新时代的西迁新传人，广大青年学子必须时刻保持爱国奉献的精神品格，在到祖国最需要的地方干事创业中实现爱国之情、强国之志、报国之行的高度统一。

爱国情怀，是跳动在交大西迁人身体里的有力脉搏。交大西迁人坚守爱国情怀，饱含爱国之情，充满强国之志。在祖国的大西北，交大西迁人有许多挑战要面对，有许多困难要克服。但是，交大人以"无我"成就"大我"，排除万难扎根于此，没有因迁校迟开一天学，少开一门课。自扎根古都西安之后，交大人以报国为己任，将国家发展与学校发展相连，加快推进学科建设，创新教学模式，培养并输出高层次人才，这些人才大多留在西部，继续

· 第五章
交大西迁精神对延安精神的创新

为西北建设添砖加瓦。通过一代代的学生、科技成果贡献、服务社会等辐射方式和途径，践诺报国之行。

(二) 坚定奋斗意志

"延安啊延安，你从艰苦中找到乐观，你从劳动中夺取幸福，你从战斗中获得安乐与发展！延安啊延安，我不能用别的名称叫你，我只能称呼你是个'赤脚天堂'！"[1] 这是著名美术家、社会活动家蔡若虹在回忆起延安生活时发出的最富诗意的感慨。延安时期物质条件极其艰苦，但是却有着乐观向上的精神生活。无论现实条件多么艰苦，边区军民的奋斗意志始终一如既往，毫不动摇。

20世纪30年代末40年代初，作为中共抗战总后方的陕甘宁边区因国民党采取的封锁措施，财政经济状况出现了严重困难，人民群众缺衣少食，甚至连战士们的鞋袜、被服都无法供给。有位陕北公学的学员回忆，自己从家里带来的衣服都穿破了，冬天只有一件棉衣，只得束紧皮带御寒。夏天的一件单衣无法换洗，就光着身子下水，把衣服洗干净晾在河滩上，洗完澡直接湿着穿走。回忆起吃的更是艰苦，馒头和肉很久才能吃一次，平常只能喝点白水，吃一些盐煮洋芋。为了克服经济封锁造成的困难，解决由于物资匮乏带来的一系列问题，党的领导同志带领大家开荒种地、纺线织布，组织了如火如荼的大生产运动。曾经荒无人烟的南泥湾在勤劳的延安军民的双手下，变成了陕北的"好江南"。大生产运动不仅为我党我军战胜日本帝国主义奠定了坚定的物质基础，更形成了延安时期乐观、积极、向上、充满昂扬斗志的革命乐观主义精神，为延安时期战胜艰难困苦、夺取革命最终胜利提供了强大的精神动力。延安时期的军民需要一定的物质，更需要的是一种精神。一个人，一个群体，一旦有了坚定的信仰，有了坚定的奋斗意志，有了为实现信仰而奋斗的途径，即使是在如延安时期那般艰苦的环境中，他的精神世界依旧是丰富而快乐的。延安，作为一段历史的见证，一个时代的象征，为当时的人民群众直至后来的我们都提供了坚定奋斗意志的最好素材。

坚定奋斗意志，从延安时期流传至交大西迁时期，在交大建设的过程中

---

[1] 蔡若虹. 赤脚天堂——延安回忆录 [M]. 湖南：湖南美术出版社，2000：108.

也起到了非同一般的作用。自第一批"西迁人"踏上西去的专列起，这可贵的精神就镌刻在交大人的心中。60多年风风雨雨，60多年世事变迁，交大人始终初心未改，砥砺奋进，在"211"工程、"985"工程、"双一流"建设等中国高等教育发展的重要历史阶段上从未掉队，而是紧跟时代步伐，用艰苦奋斗诠释西迁初心。交大"西迁人"坚定奋斗意志，始终保持永不懈怠的精神状态。西迁之路的艰苦不必多言，西迁之后的交通大学也曾短暂经历过水土不服的阶段，但是西安交通大学师生员工始终坚持不懈，没有停止自己的脚步，而是为建设世界一流大学努力奋斗。在发展的过程中，党和政府对西安交通大学提供了多方面的鼓励和支持，其目的是希望交通大学能在西北发挥自身引领作用，带动西部地区的发展。正是始终保持永不懈怠的精神状态，西安交通大学的师生不负党和国家的期望，将自己的青春热血挥洒在这里，取得了一系列的卓越成就。他们遇到困难仍坚持不懈，历经磨难仍斗志昂扬，同时，勇于创新、敢于创新，这不仅是交大发展进步的重要原因，更是交大人实现自身理想价值的重要途径。在永不懈怠的精神状态、追求卓越的目标驱动下，西安交通大学的发展深深烙上了时代发展的印迹。交大"西迁人"坚定奋斗意志，始终坚持敢为人先、争创一流的拼搏精神。1956年，交大带头西迁奏响了新中国高等教育服务经济建设主战场的奋斗交响乐。自扎根西安以来，交大"西迁人"前行的脚步从未停歇。以"三秦楷模"管晓宏团队为代表，交大人始终"把祖国放在心中最高的位置"，砥砺奋进、艰苦奋斗，瞄准国家急需的关键领域，不断攀登科研高峰。

（三）建功立业新时代

延安十三年，中国共产党人以强烈的使命担当，在抗击日本侵略者的民族解放战争以及推翻国民党腐败政权的正义事业中，取得了举世瞩目的成就，赢得了新民主主义革命的胜利，得到了最广大人民群众的衷心拥护与坚决支持。在那段峥嵘岁月中，中国共产党日渐丰富的理论与实践，形成并培育了延安精神，至今仍散发着光辉，影响着一批又一批的有志青年。

对于交大西迁人来说，他们也有自己的担当与奋斗主题。事关国家未来百年复兴的重大使命，王树国校长指出："习近平总书记会对交大西迁精神三

第五章
交大西迁精神对延安精神的创新

次指示,关键在于西迁群体是知识分子之中的精神标杆,能一切听党指挥,坚定地拥护党的领导,这恰恰体现了我们党在新时期对知识分子群体的期望,作为西迁新传人,我们一定要深入领会其中的内涵。"他指出,"作为扎根西部的高校,我们的历史使命不仅是培育人才,还要通过培养人才来助推西部经济社会发展,因此,我们要千方百计,采取各种方法,做好我们的工作"。

交大西迁的建设过程中,一代又一代奋斗者顽强拼搏、迎难而上,涌现出无数可歌可泣的模范,他们用智慧和汗水为交大、为西部、为祖国的发展书写了壮丽篇章。青年是国家发展的中坚力量,用西迁精神培育时代新人,激发青年斗志,使他们在党和国家的带领下开创中国智慧、发扬中国精神,迎难而上,展现时代新人蓬勃向上的精神风貌。今日之青年,定当挺立时代潮头,勇担强国重任。因此,必须将西迁精神推广开来,用西迁精神指引广大知识分子坚守爱国情怀,坚定奋斗意志,使西迁精神融入知识分子的心灵、镌刻于灵魂,鼓励他们充分发挥自身优势,自觉担当新使命、勇于探索新领域,为国家经济社会发展做出更加突出的贡献。

进入新时代,"西迁接力人"凝心聚力,在党和国家的领导下,将爱国之情、报国之志融入西安交通大学的发展之中。将爱国敬业的精神与建功立业的新时代奋斗精神结合起来,就产生了交大人报效祖国、服务西部的强大精神动力。在这种精神动力的作用下,交大人沉浸在这里,专注于教学科研,投身于社会服务,用心为祖国培养和输送优秀人才。西迁精神能凝聚起交大人的精神动力,也能凝聚起实现中华民族伟大复兴的强大精神力量。用西迁精神凝聚起强大精神力量,与全国人民同向同行,为实现中华民族的伟大复兴共同奋斗。

一个时代有一个时代的担当,一代人有一代人的奋斗。今天,我们比历史上任何时期都更接近,更有信心和能力实现中华民族伟大复兴的目标。只要我们切实把个人理想自觉融入国家发展伟业,就一定能汇聚起更加磅礴的力量,迎来民族复兴的壮丽曙光。而交大人也会在这大好的契机下,跟随西迁前辈的精神引领,潜心求学,专心科研,用知识和智慧服务社会,推动社会进步,在奉献中实现人生价值。

第六章

西迁精神和延安精神认知传播传承创新现状调查

第六章
西迁精神和延安精神认知传播传承创新现状调查

延安精神是红色革命精神之一,是中国共产党创造的一种革命精神,西迁精神是新时期爱国奋斗的真实写照与交大精神家园的精神支柱,不同时期的两大精神一脉相承,在西北大地乃至全国范围内影响了一代又一代知识分子。对两种精神的准确把握是新时代青年继承发扬中国精神的重要使命,但目前部分青年学生并不能准确把握延安精神及西迁精神的内涵,对其中的内在关联及时代价值了解不够,推广普及程度不够。

为了更好地研究青年学生对西迁精神与延安精神的认知现状,本研究对西安地区的西安交通大学、西北工业大学、长安大学、陕西师范大学、西安电子科技大学、西安建筑科技大学六所高校的本科生、研究生、博士生共1410名学生进行了问卷调查,共发放问卷1410份,剔除其中3份漏填的问卷,最终有效问卷1407份,问卷有效回收率为99.78%。问卷调查结果显示:从对西迁精神的调查情况看,随着社会范围内西迁精神学习热潮的兴起,西迁精神的普及度较前几年而言有所上升,尤其在西安交通大学校内形成了良好的学习氛围,学生对西迁精神的内涵、背景等方面的了解都有所加深,学习途径也更加丰富;但是,在有关西迁精神的学习中也存在对于实践行为的影响力不足,其他高校对其认同度有待提升,以及在精神谱系中定位不准确等问题。从对延安精神的调查情况看,随着宣传力度、学习热度的下降,高校学生对于延安精神的内涵了解存在一定不足,学习呈现碎片化状态,高校对于延安精神的教育缺乏系统性、持久性、实践性,全社会的宣传教育力度也有所下降,导致当前对于延安精神的学习效果不佳。从延安精神和西迁精神关系的调查情况看,多数被调查者认为二者存在继承创新的关系,但是具体如何传承与创新,在学理层面如何研究,实践层面如何弘扬,是值得我们进一步思考和努力的方向。

一、 主体意识有待强化

调查结果显示,有9%的学生对西迁精神很了解,42%的学生对西迁精神比较了解,33%的学生对西迁精神一般了解,16%的学生完全不了解。其中,对于西迁精神很了解的学生绝大部分来自西安交通大学,而完全不了解的学生则主要来自西安交通大学以外的其他高校,由此可知,对于西迁精神的学习与宣传工作目前在交大校园内普及程度较高,但在全国范围内普及程度相对较低(见表1)。

表1 "学校 * 对西迁精神了解程度" 交叉量表

		你对西迁精神有所了解吗			
		很了解	比较了解	一般了解	完全不了解
所在学校	西安交通大学	8%	32%	12%	2%
	其他学校	1%	10%	21%	14%
合计		9%	42%	33%	16%

在个人学习的主动性方面,调查结果显示,对于延安精神和西迁精神,有49%的同学曾进行过主动学习,而51%的同学未曾主动学习(见表2)。

表2 对延安精神和西迁精神主动了解情况调查

你有主动了解过延安精神和西迁精神吗		
有	没有	合计
49%	51%	100%

由此可知,在对西迁精神与延安精神的传承创新方面,依然存在主体意识有待强化等问题,究其原因,我们可以从以下几个方面进行思考。

（一） 对延安精神、西迁精神的学习持续性不足

延安精神是中国精神的重要组成部分，对于延安精神的学习，很多学生都停留在高中时期的课本、课堂中。这一时期的学习大多以知识获取为主要目的，对于价值观的影响较小，缺少内化于心、外化于行的动力。根据调查，大多数人知道延安精神的内涵，但是对其实质的认知不够清晰，并且对延安精神的学习持续性较差，在学习延安精神目标不明确的情况下，主动学习的人较少。同样，对西迁精神的学习，调查发现，西安交通大学的学生对西迁精神的了解程度普遍较高，并且学习的方式多通过校园宣传；然而对其他高校的学生而言，对西迁精神的了解大多停留在一般了解的层面，处于一种听说过但是不了解具体内涵的状态。由此可以看出，不管是交大学子还是其他高校的学生，对西迁精神的学习主动性不足，缺少激励机制以及学习动机。

总的来说，高校青年学生对延安精神、西迁精神的学习缺乏主动性与持续性。一方面，学习时间较短，大多处于即时性学习状态，即只在课堂或宣讲中学习，之后便抛之脑后，缺少主动内化的过程。另一方面，学习持续性不足，无论是对延安精神还是西迁精神，学习的状态与宣传力度也有着极大的关系。在2018年新年贺词中，习近平总书记提及西迁精神，2020年习近平总书记考察调研西安交通大学后，对于西迁精神的宣传和学习达到一个高潮，但久而久之也呈现出了一定的波动状态。因此，从短期和长期来看，延安精神和西迁精神的时代价值都需要被不断挖掘，有关部门应加强宣传力度，激发学生学习的主动性，达到领悟精神内涵的效果。

（二） 对延安精神、西迁精神的学习不够深入

部分学生对延安精神、西迁精神的学习浮于表面，止步于熟记精神内涵的程度，而对其中的历史背景、形成过程以及时代价值缺乏思考。在中国特色社会主义进入新时代的今天，延安精神中自力更生、艰苦奋斗的精神正是青年一代所缺乏的。我们深知老一辈革命先烈当年浴血奋战的艰辛不易，才有我们如今的美好生活，但是短暂的感动并没有对学生的现实行为产生较大的影响，教育者要引导学生在感动过后不断学习和探索，在生活和实践中践行延安精神、西迁精神，才能使我们宝贵的精神财富源远流长。

调查发现，西安交通大学校内大多数人能够熟记"胸怀大局、无私奉献、弘扬传统、艰苦创业"的西迁精神十六字内涵，但对于西迁精神的历史背景、过程以及原因意义并没有深入了解，了解的主动性也不足，尽管对西迁精神的含义有所了解，但客观上存在知行不一的问题。而对于西安交通大学以外的学生来说，西迁精神则显得较为陌生，大多数人表示只是听到新闻中提及或者偶尔听说，对于其到底是什么内容许多学生并无了解。

而对延安精神，调查数据显示，虽然延安精神提出时间较早，普及程度较广，但青年学生对其了解程度明显不足，调查结果显示甚至低于对西迁精神的了解。延安精神是中国共产党人在革命圣地延安创造出来的一种革命精神，其凝练成型经历了漫长的过程，在这期间，红船精神、苏区精神、井冈山精神、长征精神等都对其形成与发展提供了理论支撑，在革命的过程中逐步形成了延安精神独特的内涵和历史价值，成为中国共产党人精神谱系第一批伟大精神的重要组成部分。每一种优秀的革命精神或民族精神都不是独立存在的，而是在不同的历史时期相互继承、一脉相承的。而目前我们在学习中国精神的时候，经常把它们割裂开来，忽视了其中的内在联系，导致呈现出碎片化学习效果，这也是学习程度不够深入的具体体现。

（三）学习存在应试性倾向

在当前，大学生群体中仍然存在一定的急功近利现象。大学的目标是立德树人，但是部分人上大学只是为了找工作，将时间和精力完全放在考证或是一些日常琐碎事务中，忽视了个人道德情操的培养，大学生群体中一定程度上出现了正确价值取向弱化的趋势。例如，部分大学生的学习动机越来越让人担忧，他们的学习更多是为了争得第一名的头衔和丰厚的奖学金，难以做到制定明确职业规划并持之以恒。这一趋势大大影响了大学生自身的知识积淀，一些人缺乏理想信念和爱国情怀，怕苦怕累。另外，部分大学生的学习目的、学习理想越来越市场化，他们更多地将学习视为追求好工作的跳板，在选择职业时更倾向于环境舒适、工资高、待遇好、光鲜亮丽的工作，而那些条件艰苦但国家非常需要的工作却容易受到冷落，尚未树立起凭借自身知识和才能创新创业的理想目标与价值追求。

如今的大学生所缺少的精神品质却也恰恰是延安精神、西迁精神等精神财富所包含的内容。因此，深入学习延安精神、西迁精神中的精神品质对于大学生价值观培育、人生规划都有重要的指导意义。继续大力弘扬延安精神、西迁精神，潜移默化地发挥其育人价值是目前亟须推进的工作，需要调动高校和社会各界的力量共同协助完成。

（四）　文化认知相对不够全面

1. 对中华优秀传统文化、革命文化的学习呈现碎片化

由于经济全球化的影响，国家间的文化交流也日益频繁，西方文化的新鲜感迅速吸引了一些年轻人的注意力，追求西方文化逐渐成为一种时尚。西方意识形态的冲击导致我国优秀传统文化的魅力可能被掩盖，其影响力甚至处于相对弱势的地位。对西方文化的追逐导致部分人群对中华优秀传统文化处于漠视状态，虽然知道其重要性与优越性，但是却容易沉浸在外来文化的享受中，难以静下心钻研优秀传统文化，继承发扬其中的优秀品质，挖掘优秀传统文化的现代价值，因此，缺乏文化自信，没有深刻认识到传统文化是中华文明得以传承的根基。

与此同时，部分青年学生对中国精神也缺乏深刻的认识。我们今天所享有的一切美好生活都是老一辈革命家用鲜血与生命换来的，然而生在新时代的我们已经完全感受不到战争年代的枪林弹雨，改革开放以来，阶级意识也日渐淡薄，"革命"二字的力量已然淡化，许多大学生缺乏风雨历练，无法充分理解革命先烈在战争年代的英勇与伟大，因而对于革命文化的感受就弱化了，难以理解革命精神与新时代先进文化的内在联系与传承意义。

2. 存在文化认知与文化行为脱节现象

当前，虽然大多数青年学生已经意识到中华文化的重要性，但积极学习、传承和践行中华优秀传统文化的主动性不足。改革开放以来，我国的各项事业都取得了令人瞩目的成就，中国共产党带领广大人民群众进行的社会主义建设实践创造了社会主义先进文化。对中华优秀传统文化、革命文化以及社会主义先进文化的学习，都不能仅仅停留在书本和课堂内，更应该体现在生活的方方面面。在学校，一些人以"我是个理科生"为借口，认为自己不了

解传统文化理所应当，甚至一些文科学生对于中华文化的了解也只是止步于书本层面的皮毛。"择错"现象在年轻人群体中仍然存在，也就是明知道什么是错的，却偏偏选择错的行为。比如，明明知道传统文化、时事新闻的重要性，却选择了沉迷网络、娱乐八卦，无法将自己的理想信念付诸实践，缺乏行动力。

3. 对中西方文化认知不清

当前，国际形势风云变幻，各种思想相互激荡和交融；成长于改革开放和经济飞速发展新时代的大学生，具有鲜明的时代特色。一方面，他们接受网络上新鲜事物的能力很强，具有思想较成熟的一面。但另一方面，当代青年学生群体由于没有什么社会阅历、缺乏社会经验，且明辨是非的能力不足，因此，极易受到社会上流行的各种思潮的影响，在潜移默化中走进了西方文化的语境，甚至弱化对本国文化的认同。具体表现为：部分大学生对外来文化存在一定的盲目认同与追捧现象，将外来文化全部视为先进的文化；部分大学生对我国的传统节日相关知识缺乏了解，转而对西方节日的各项活动表现出更高的兴趣等。面对新时期大学生在思想观念、人生价值、思维方式和心理状态等方面出现的新特点，如何根据他们自身特点加强引导，以促进他们文化自信水平的不断提高是思想政治教育工作者需要深思的问题。

(五) 传承意识相对欠缺

习近平总书记强调人们在学习、研究、应用传统文化时，"要坚持古为今用、以古鉴今，坚持有鉴别的对待、有扬弃的继承，而不能搞厚古薄今、以古非今，努力实现传统文化的创造性转化、创新性发展，使之与现实文化相融相通，共同服务以文化人的时代任务"[①]。随着市场经济的蓬勃发展，当今社会生活节奏越来越快，"快文化"成为当下年轻人流行的生活选择，对于我们的传统文化造成了一定的冲击。在这样浮躁的社会氛围下，一些人对优秀传统文化的传承意识和"主人翁"意识不足。与此同时，在这样一个信息爆炸的时代，社会上各种新奇的生产生活方式、时髦的娱乐文化乃至各种受西

---

① 习近平. 在纪念孔子诞辰2565周年国际学术研讨会暨国际儒学联合会第五届会员大会开幕会上的讲话 [M]. 北京：人民出版社，2014：11.

方社会思潮影响的非主流意识形态都极易在思想迷茫的青年人中迅速蔓延，大学生对外部世界发生的大小事件都充满好奇，难以静下心来专注于研究传统精神文化。再者，中小学及大学对于传统精神文化的教育大多集中于通识类、普及性教育，专业教学相对不足，甚至存在以考试为导向的教育倾向，对传统文化的继承意义有所削弱。

二、客体（内容）尚待系统化、科学化、大众化

西迁精神被概括为"胸怀大局、无私奉献、弘扬传统、艰苦创业"。根据统计结果，调查样本对西迁精神4项具体内涵的了解情况如表3所示。

表3 西迁精神具体内涵了解情况调查

西迁精神的内涵被概括为什么？			
正确回答4个	正确回答3个	正确回答2个	正确回答1个
50%	38%	10%	2%

延安精神的本质被凝练为"解放思想、实事求是"，从问卷统计结果来看，调查样本对延安精神本质的了解情况如表4所示。

表4 延安精神的本质了解情况调查

延安精神的本质是什么			
解放思想、实事求是	艰苦奋斗	为人民服务	理论联系实际
23%	30%	35%	12%

根据表格中显示的数据，在对延安精神和西迁精神的理解上，有部分学生存在认识偏差，主要存在以下几方面问题。

（一）西迁精神内涵挖掘不足

西迁精神是1955年交通大学由上海迁往西安以及在以后长期的发展过程中，由知识分子群体共同塑造的一种宝贵精神。2005年12月6日，经西安交通大学党委常委会批准，西迁精神的内涵被高度概括为"胸怀大局、无私奉

献、弘扬传统、艰苦创业"。2017年12月，习近平总书记对西安交通大学15位教授的来信做出重要指示，希望西安交通大学的师生传承好西迁精神，为西部发展、国家建设奉献智慧和力量，自此掀起了研究西迁精神的热潮。目前，学界对西迁精神内涵的研究主要表现为以下几个方面：一是爱国精神。西迁精神体现的是舍小家为国家的爱国情怀，"到祖国最需要的地方去"，他们怀着理想与信念，奔赴祖国西部贡献智慧，奉献青春；二是大局意识。西迁精神体现的是局部服从整体，个人利益服从国家利益的社会主义核心价值观。交通大学西迁是服从国家调整高等教育战略布局的重大举措，从上海到西安，交大师生为迁校成功付出了巨大的努力；三是奉献精神。西迁不仅仅是交大师生学习场所的迁移，更牵扯上千个家庭的迁移，无数交大教职工举家迁移，放弃优越的生活环境，克服重重困难，义无反顾投身于建设大西北的伟大事业；四是艰苦创业精神。交通大学迁至西安后，虽然条件与上海相差甚远，但是，在西安的每一名教师都坚持上好每一节课，每一名学生都努力学习、刻苦钻研，在两年多的时间里，西安和上海为国家同时建成了两所重点大学。可以说，西迁精神是西安交通大学的精神力量之源，也是新时期各个高校所需要的精神养分。但在当前，西迁精神的价值引领还未达到理想效果，与大学精神文化的融合发展有待深化，这与其内涵挖掘不足存在必然联系。

首先，对于西迁精神的内涵挖掘更多倾向于宏观层面，与实际领域的结合相对不足。西迁精神是舍小家为国家、愿意克服艰难险阻到祖国需要的地方去发光发热的爱国情怀。在经济高速发展的今天，人们对于物质利益的追求不断高涨，一些大学毕业生以寻找高收入、发达地区的工作为价值目标，而一定程度上忽视了以社会需要为导向。因此，西迁精神中的大局意识、全局眼光正是我们当今社会所需要的，也是我们这个社会，当今大学生所缺乏的。如今，北上广经济发达的地方是人才的聚集地，而西北西南地区却面临人才流失的困境，导致东西部贫富差距不断拉大，陕西省内的一本重点高校数量高达7所，但是培养出的人才却大量流失，人才流失问题成为中西部高校的难解之困。对比当年交通大学西迁的毅然决然与当今的西部人才流失，西迁师生们的大局意识、爱国情怀无疑是当今大学精神文化所亟须补充的营养剂。但是，西迁精神中的大局意识尚未在引导培育大学生的大局意识，树立正确的择业观、价值观方面充分发挥出其作用，尚未与学生学习生活的各个领域实现有机结合。

西迁精神如今被纳入"爱国奋斗"精神的一部分，对其宏观层面的研究很多，但是对于其在具体领域中发挥作用的内涵研究则相对匮乏。不同领域的群体在学习西迁精神后，没有将其内涵与各自专业领域进行结合研究以形成持久的影响力，仅仅停留于宏观层面的精神很难深入人心成为持续的推动力。西迁精神的内涵十分丰富，但是，如何结合不同领域去挖掘其中不同的内涵，是值得研究的。因此，我们在学习和宣传西迁精神的内涵时，目标导向要更具层次性，教育内容要更具针对性、实用性。比如，在面对中小学的受众群体时，我们的内容更要达到精神鼓舞的作用，起到帮助学生坚定理想信念的目标。结合不同领域的特点挖掘其中的内涵，才能让西迁精神侧重于故事性、生动性，让学生内心达到情感的共鸣。而面对大学生时，则不仅仅要注重生动性，更应注重其学理层面的宣传教育，使西迁精神更容易被青年大学生接纳并发自内心地产生认同感，进而成为一种持久的精神力量。

其次，缺乏榜样示范，西迁精神对学生来说有距离感。西迁精神是依靠一代代交大人的传承才延续至今，依靠一代代优秀师生群体的努力奋斗才不断升华的。但是在新的历史条件下，随着价值观多元化的发展，历史虚无主义的挑战使得时间相对久远的西迁精神在当今社会、大学校园中的现实意义受到一定冲击。在大学精神文化建设的过程中，要发挥西迁精神的价值引领作用，就必须结合各个学科领域，树立模范，让西迁精神离学生更近。2017年5月，习近平总书记对黄大年同志的先进事迹作出重要指示，号召以黄大年同志为榜样，学习他淡泊名利、甘于奉献的高尚情操。在交通大学内迁西安的西迁人身上，也同样彰显着这样顾全大局、无私奉献的精神。因此，弘扬西迁精神要结合具体的先锋模范，让学生通过了解具体的、鲜活的人物故事，感受身边西迁新传人的事迹，这样才更具说服力和影响力。

最后，脱离学生生活实际，难以使学生领会西迁精神的现实意义。西迁是发生在20世纪的历史事件，在今天看来或许有人会觉得是空中楼阁，从而使西迁精神对大学生的影响力被削弱。当前大学生基本为"00后"，他们对主义、精神的学习可能呈现出一种被动态度，这有客观的原因，当然也有主观因素。21世纪的今天，物质条件极大丰富，大学生基本衣食无忧，学习环境优越，难以体会在20世纪50年代的西迁人，奔赴祖国西部艰苦创业、执着拼搏的这种精神和爱国情怀。今天高铁贯通全国各个城市，地铁连接城市各个角落，地域之间的距离感大大减小，从上海到西安所需的时间已经今非昔比，科技的进步和物质生活的发展让学生更难体会当年西迁过程之艰辛。再从学生生活角度来看，学业压力、生活琐事占满了学生生活，学生缺少自由支配的时间与空间，许多普通学生无法感受到西迁精神与自己生活的联系，更无法深入理解其中的意义与作用，觉得学习起来很抽象，无法在学习和实际生活中去运用，因此，不愿意花时间和精力去学习和研究西迁精神的内涵；在学习遇到困难时，内心缺乏勇气与克服困难的决心，难以将学习到的精神真正落实到生活实处，成为人生信念。西迁精神内核是一脉相承的，既是交大的精神财富，也是所有大学的共同财富，更是时代精神的现实反映，面对西迁精神传承中存在的问题，我们需要深挖其内涵，拉近与学生的距离，改革高校德育教育体制，让广大师生切实地参与进来，找到存在感和价值感，以主人翁的姿态，促进对西迁精神的继承和发扬。

（二）延安精神的"三进"工作亟须加强

延安精神是革命战争年代形成的宝贵革命精神。其坚定正确的政治方向，解放思想、实事求是的思想路线，全心全意为人民服务的根本宗旨，自力更生艰苦奋斗的创业精神，不断激励着我国各个历史发展阶段的人们投身于中国特色社会主义伟大事业中去。延安精神内容丰富、内涵深刻、源远流长，它既是5000多年中华优秀传统文化的继承和发扬，又是红船精神、井冈山精神、长征精神的发展和升华。作为我们党宝贵的思想路线，解放思想、实事求是在不同历史时期都体现和发挥着重要的价值与作用，是延安精神的实质，在新中国成立以来的不同时期，我们党始终将解放思想、实事求是作为一贯的思想路线。全心全意为人民服务的根本宗旨，决定了其在任何历史背景下都具有先进性和科学性，是共产党人的立足之本，这一宗旨在经历了革命岁月的洗礼、支撑革命战争取得一次又一次的胜利之后，在新时代又将带领广大人民群众走向富起来、强起来的光明大道。自力更生、艰苦奋斗的创业精神来自革命战争时期，在物资极度匮乏的年代，中国人民凭着自力更生、艰苦奋斗的创业精神开拓了中国特色社会主义的康庄大道。在新的历史时期，虽然物质生活条件获得了极大改善，但是我们面临着更大的挑战，我们更需要用这种精神来激励我们开创未来，为实现中华民族伟大复兴的中国梦而努力奋斗。

如何使我们党宝贵的精神财富得以继承和弘扬，在青年教育培养中入心入脑，是亟待解决的问题。目前，延安精神的重要性虽然得到了全社会的统一认可，但对于延安精神的学习效果却不佳，这与延安精神与新时代的有效结合、推陈出新不足有很大的关系。当前，我国部分高校对于大学生延安精神培育的重视程度有待提高，在课程设置、课程形式、课程内容等方面存在一定的提升空间，具体而言：首先，在课程设置方面，延安精神教育应该贯穿于整个大学教育全过程，保证学生学习的系统性和持续性，但是，目前多数高校更多将相关课程聚焦于某一门课的某一教学阶段，教学在本科、硕士、博士阶段的贯通性不强；其次，在课程形式方面，理论传授类课程仍然占据主要甚至全部位置，而实地参观、文化活动等实践教学形式仍不够均衡，降低了学生从理论认知向现实践行转化的实际效果；最后，在课程内容方面，部分高校缺乏对延安精神在实践能力方面的培养，实用性不足，使得学生对延安精神深层意义进一步了解的需求较为薄弱。

（三） 对西迁精神与延安精神的传承关系研究不足

目前，对西迁精神与延安精神之间的继承发展关系问题，在理论界研究上非常欠缺，社会公众对其传承关系意识淡薄。延安精神是新民主主义革命时期我们党在不断发展中形成的宝贵精神财富，西迁精神是社会主义建设时期知识分子听从党的号召，毅然决然背井离乡，到祖国需要的地方去贡献青春力量。虽然是不同时期形成的精神品质，但是从精神内涵来看，它们是一脉相承的关系。首先，西迁精神中有坚定正确的政治方向。西迁人坚定跟党走,选择到大西北建设祖国,就是秉持了延安精神中坚定正确的政治方向,他们抛弃了在上海优越的生活环境,来到条件艰苦的西北,一切从头开始,这种勇气与决心正是继承了延安精神的优秀品质。其次,西迁精神遵循实事求是的思想路线。新中国成立初期,由于国内局势尚不稳定,上海的处境较危险。国家考虑到西北地区发展工业的紧迫性以及西北地区人才和教育资源相对缺乏的现实状况,同时考虑到交通大学在上海发展受限等多方面原因,做出了交大西迁的决定。这体现了我们党实事求是,以客观实际作为行动和工作的指南,从而为社会主义建设做出更大的贡献。再次,西迁精神秉承了全心全意为人民服务的宗旨。这在西迁精神中表现为胸怀大局、无私奉献。西迁人始终以国家的发展为重,支援大西北,为西北地区建设了如今的西安交通大学,推动了西北地区的发展,为国家东西部发展的均衡性做出了贡献。最后,西迁精神中弘扬传统、艰苦创业的精神与延安精神中自力更生、艰苦奋斗的精神不谋而合。老一辈西迁人来到西安后,在艰苦的条件下愈发积极进取,老师与学生热情饱满,虽然条件与上海相差甚远,但是在西安的每一名教师都坚持上好每一节课,在两年多的时间里,西安和上海同时为国家建成了两所重点大学,并在此期间取得了众多成就。这恰恰是继承了延安精神艰苦奋斗的优秀传统,不论在哪一时期,老一辈革命家和西迁人都秉持着自力更生、艰苦奋斗的优秀品质。

可以说,延安精神是西迁精神的理论来源和实践表率。西迁精神正是汲取了延安精神的力量才得以不断地发展和完善,因此,对于二者继承发展的关系值得深入研究和明确,形成完整的精神体系,这样才能让学生体会到我国优秀传统文化和精神品质的传承感与优越感,从而更好地坚定文化自信。

三、介体仍需拓宽

延安精神和西迁精神作为精神层面的存在物,需要依靠特定的、具体的载体予以表达和宣传。但是,目前对于精神资源的宣传更多侧重于通过讲述历史事件来宣讲，运用多元载体对两类宝贵精神的当代价值宣传不足（见表5）。

表5 了解西迁精神的途径调查

		了解途径							合计
		书籍杂志	新闻报道	影像资料	校园宣传	演讲宣传	博物馆参观	课堂学习	其他	
所在学校	西安交通大学	5.8%	5.2%	5.2%	15.8%	10.3%	16.9%	6.1%	1%	66.3%
	其他学校	6.1%	7.9%	3.9%	4.2%	2.6%	3.9%	1.6%	4.5%	34.7%
	合计	11.9%	13.1%	9.1%	20%	12.9%	20.8%	7.7%	5.5%	100%

在学生了解西迁精神的途径方面，调查结果显示，西安交通大学学生以校园宣传和博物馆参观的途径为主，而其他学校学生了解西迁精神的渠道则主要是书籍杂志和新闻报道。与此同时，我国也高度重视对延安精神的传播教育，但长期以来其传播方式相对局限，多元化传播方式仍有待于进一步拓展利用。对此，我们可以从以下几个方面探究延安精神和西迁精神在传播介体方面存在的问题。

（一）对延安精神和西迁精神的宣传力度不强

1. 西迁精神在全国高校中的宣传范围不广

西迁精神既有大学精神的普遍属性，又具有特定属性。首先，西迁精神是西安交通大学独特的校园文化精神，它激励着交大学子艰苦创业，为祖国的繁荣富强努力奋斗，它是每个交大人坚定不移并身体力行的信念。其次，西迁精神也是所有大学共享的精神财富，西迁精神中所蕴含的爱国情怀、大局意识、创新精神、艰苦奋斗等精神是新时代下每个大学生所需要的精神养分。但从目前来看，西迁精神在大学生中的影响力还不足，部分师生对西迁精神的了解仅仅浮于表面，当今大学生对西迁精神的认知度有待普及。出现这样的问题，一方面是由于西迁精神与大学生群体有距离感，另一方面则由于一些师生将"继承和弘扬西迁精神"当作一种口号，把学习西迁精神当作一种任务，对西迁精神的原因、过程以及老教授的故事了解甚少，而对于如何将西迁精神真正体现在我们的人生价值、行为选择中则更是思考不足。

作为一种校园历史文化，西迁精神在大学生群体中的推广普及存在一定阻碍。一方面，在复杂的文化环境下，泛娱乐现象导致学生更愿意了解娱乐八卦、"校园十佳歌手"、社团文化等与大学生生活距离更近的文化。西迁精神相对而言离大学生的生活较远，在大学生群体中存在感较弱，从而导致其在大学文化精神中的传承遇到阻碍。另一方面，学生被动接受教育，难以形成持久的精神动力。许多学生在听完讲座、观看完视频资料后没有反馈性学习的意识和自主挖掘的精神，参与度不高。可以理解的是，西迁距离现在的大学生生活太过遥远，学生既没有亲身经历过西迁，也无法体会到当时的历史环境，因此，很难感同身受。再者，学校组织西迁精神有关的学习活动，对于部分学生来说更多是为了完成任务，获得感和参与感不强；或许学生可以在活动过程中获得感悟，产生一段时间的影响，但是这种即时性感悟得以维持的时间往往不长，过不久就被学生抛到脑后，无法形成难以磨灭的印象。

2. 宣传途径新颖性不足

随着互联网技术水平的不断发展，媒体宣传渠道日益丰富，但如何利用好这些宣传渠道达到宣传效果，是一个亟待解决的难题。近年来，随着全社会对西迁精神的高度关注，学习西迁精神的热潮持续不减。在学校里师生学习西迁精神的途径主要有参观西迁历史纪念馆，观看西迁纪录片、宣传片，查阅西迁故事相关书籍，如《向西、向远方》等，参加西迁精神宣讲团，倾听西迁老教授、西迁子女、大学生宣讲员讲述西迁故事等方式。这些宣传方式在一定程度上取得了一些成效，加深了学生对西迁精神的了解，但是，这些宣传方式的启示性与实践性相对不足，难以使学生在切身感受中真正理解与感悟西迁精神的科学内涵。位于西安交通大学校内的西迁纪念馆是学习西迁精神的主要场所，在这里，参观者可以参观西迁过程中的文字、图片以及一些物质资料，通过讲解员的讲解了解西迁历史。但西迁纪念馆仅在西安交通大学校内设立，由于场地空间相对狭小，每日接待人数有限，因此，宣传面较窄、受众不足，这督促我们应该加强对西迁精神的宣传和推广。

同样，尽管延安精神为大多数人所熟悉，但是对其宣传在一定程度浮于表面，一个重要原因就是没有切实体会。延安精神的学习需要添加更多的实践教学环节，从书本中是很难感受到老一辈革命家当年的艰辛与不易的。部分高校对组织开展革命圣地参观游览等实践教学的课程设置仍然较为缺乏，因此，学生对于延安精神的学习很难入脑又入心。

与此同时，当前的宣传手段多偏向于传统方式，对于新媒体的利用尚不充分。新媒体时代讲求体验、沟通、差异、创造和关联，它涵盖了门户、搜索引擎、微博、微信等多个渠道，这些都可以成为西迁精神宣传的有力工具，把握新媒体宣传的特点，让学生参与到西迁精神的宣传中来，让学生也成为宣传的一分子，让西迁精神宣传真正丰富多彩起来。西迁精神的宣传有赖于学校的重视和支持，协调调动各个部门同向同力，做好顶层设计才能将西迁精神宣传做实做细。西迁精神和延安精神的宣传侧重点不应仅仅放在普及历史故事方面，更重要的是培养学生的爱国情怀和奋斗精神，因此，宣传手段应进一步扩充，采取师生喜闻乐见、有参与度的宣传方式，推进西迁精神和延安精神教育的实效性。

3. 优秀的宣传作品有待丰富

延安精神、西迁精神具有丰富的文化资源，我们要深刻挖掘口述资料、照片、影像资料等充分体现精神品质的素材，从而在拥有素材的基础上进行文学、文艺创作，充分彰显和诠释延安精神和西迁精神。从目前的西迁精神文化作品来看，像《大树西迁》这样的优秀作品凤毛麟角，一些书籍，比如《交通大学西迁亲历者口述史》、《交通大学西迁》（贾箭鸣著）、《西迁故事》（肖云儒著）、《钟兆琳传》（李志杰、房立民编著），这些书籍普遍都是从故事、人物经历角度出发，讲述西迁历史，但是仅限于西安交大人的西迁，范围不够广泛，难以引起其他高校以及全社会的普遍认同。延安精神具有丰富的历史资源，对于延安精神形成时期的素材也有较多的文学文艺创作，但是如何将这些创作普及、推广是目前存在的问题。随着快时尚的入侵，人们越来越难以静下心阅读、学习，对娱乐的沉迷消解了对文化知识的专注。在此背景下，许多人选择了更容易、更轻松的生活方式，而更有价值，更需要花费时间精力的学术研究工作往往不易被选择，时间的不合理分配大大消解了人们对宝贵精神文化的学习。学习优秀的精神文化所蕴含的精神品质恰恰是能够让我们沉静下来的方式，因此，做到学习与熏陶的双向构建，对于当今社会的浮躁风气有着良好的治愈效果。

最后，书籍普及程度较低，没有达到理想的宣传效果。广泛收集资料建立资源体系，只是最基础的工作，要达到理想的传承工作，还需要深度挖掘隐含在相关素材中的思想内涵和精神实质。优秀的文学影视作品可以起到感染人、教育人、塑造人的作用，可以带领学生感受西迁过程、体悟西迁精神，表达出更加丰富的精神内涵。但是，目前对于西迁精神的素材挖掘视角还有待扩展，内容系统性、时代性有待提升。

4. 西迁精神宣传内容层次性、针对性不足

在宣传对象层面，目前西迁精神的宣传受众主要以大学生为主，其次为中小学生，还有一些企事业单位人员。但是，存在的突出问题是，面对不同的受众，我们的内容缺乏针对性。西迁精神的内涵极为丰富，因此，我们不能不加区分地全盘宣传讲授，而应根据不同受众对象的差异化特点与个性化需求进行内容选择。比如，我们在面对理工科学生和文科学生、大学生和中小学生、领导群体和普通群众等，不同专业背景、不同年龄、不同职务的受众时，就必须着眼其自身的学习需要和接受能力灵活调整宣传内容的侧重点，以此才能达到传递的最佳效果。在宣传内容和方式层面，马克思主义启示我们："理论只要说服人，就能掌握群众；而理论只要彻底，就能说服人。所谓彻底，就是抓住事物的根本。而人的根本就是人本身。"① 因此，要让人们更好地接受、理解并自觉传承西迁精神，使西迁精神真正内入于心、外化于行，就必须高度重视宣传内容和方式的生动化、大众化，即从受众群体的实际生活习惯着眼，用其熟悉的语言方式、贴近生活的实例加以宣传，进而潜移默化地打动受众群体，让西迁精神传递更远、影响更深。

5. 延安精神的宣传持久性亟待增强

对于延安精神的学习应该是循序渐进、持续不断的过程。然而，现实往往是随着宣传热度的下降，人们的学习热度也随之下降。作为中国共产党人

---

① 马克思恩格斯文集（第1卷）[M]. 北京：人民出版社，2009：11.

精神谱系中的重要组成部分，延安精神在新中国成立以来的任何一个发展阶段都发挥着重要的作用。然而，根据调查结果显示，高校学生对延安精神的学习效果并不理想，且对所在院校开展相关宣传活动的频率、方式、内容等都持有一定的不认同态度。目前，对于延安精神的学习只停留在课程某一阶段、大学某一时期，在学习完之后没有将其融入生活，因而难以使延安精神在学生的现实生活中发挥持久影响力。一些高校尚未建立关于延安精神教育的明确培养目标、课程体系和评价标准，导致延安精神教育规范性、系统性不足，学生对延安精神的认知也更多停留于表层，而对其深层意义挖掘相对不足。

（二）西迁精神和延安精神的普及机制建设不完善

1. 奉献支持激励机制不健全

社会主义改革的深入和市场经济的迅速发展催生了人们生活结构、思想观念的巨大转变。在社会转型期，人们思想道德素质的进步水平与社会物质生活的发展水平步伐不一致，出现功利主义、实用主义、拜金主义等非主流价值观。这些价值观推崇金钱至上、及时行乐，弱化集体主义、奉献精神，导致一些立场不坚定、缺乏理想信念的青年人成为消极的利己主义者。其次，在社会转型期，我们社会上出现过"彭宇"事件、"小悦悦"事件，这些事件的发生让我们产生怀疑和困惑：我们社会的道德水平究竟在走上坡路还是出现了所谓的"道德滑坡"现象？就"老人摔倒该不该扶"的问题进行了道德上以及法律上的探讨。我们曾经引以为傲的传统美德，在当代社会竟然受到了质疑，这值得人们深刻反思。对于奉献意识淡薄的问题，究其原因，避免不了奉献机制的缺失。西迁精神中的无私奉献精神，既是我们的传统美德，又是促进当代社会和谐发展的必要品质，因此，我们需要建立完善的奉献机制作为保障。保障奉献者的基本权益，使人们的奉献行为能够得到社会公序良俗的认可与肯定，发挥制度的激励和保障作用，提高奉献者的价值实现感。而今天我们对于奉献机制的研究依然较少，从制度层面来说没有对奉献行为加以支持和肯定，限制了奉献精神的传播，淡化了人们的奉献意识。一方面，志愿者服务是目前大学生乐于选择的一种实践活动，但是，目前志愿者服务的相关制度也不完善，缺乏相关法律法规的保障。从宏观角度看，体制上的帮助与扶持至关重要。另一方面，要建立健全奉献者、志愿者的考评和激励机制，建立涵盖目标激励、政策鼓励、物质奖励、先进表彰等在内的科学合理的评价标准和综合性评价方式，激励广大人民群众提高参与志愿服务的主动性、传承奉献精神的积极性，自觉性和创造性。

2. 传承弘扬机制存在弊端

西迁精神的继承和弘扬是一项长期的系统工程，不仅需要挖掘其丰富的内涵，更需要遵循其内在的传承规律，构建长效的传承机制，让西迁精神在更科学高效的传承机制中发展得更有活力，更具生命力。首先，动力问题是继承和弘扬西迁精神的首要问题。而动力的最直接来源，就是人们的需求，需求的大小直接影响了动力的强弱。因此，能否充分揭示西迁精神的当代价值，关系到能否激发当代青年对西迁精神学习的需求，并促使其在需求的指引下实现对精神传承由被动到主动、由自发到自觉的积极转变。近几年的研究中对于西迁精神当代价值研究的系统性还有待提升，部分群众没有充分认识到西迁精神的文化建设价值，对西迁精神的需求感不强，因而传承动力不足。其次，当前教育过程中缺乏传承人的培养机制。2008年，文化部颁布了《国家级非物质文化遗产项目代表性传承人认定与管理暂行办法》，就有关传承人培养的问题做出了重要指示，一些地方政府也相继制定了管理条例，促进非物质文化遗产的更好传播。西迁精神是一种非物质文化，传承人是保护非物质文化的重要群体，西迁精神的传承与弘扬需要具备拥有一定人文素养与科学素养的传承人，但目前我国尚未建立起科学完备的传承人培养机制。因此，高校应该带头建立健全西迁精神以及大学精神传承人的培养机制，制定好传承人培养计划，形成完善的传承人培养体系，确保西迁精神以及大学精神文化的传承永葆生命力。

3. 西迁精神社会认同的长效机制尚未建立

推进西迁精神的社会认同需要发挥多元合力，不仅要重视主流媒体的积极宣传，还应深入挖掘西迁精神丰富文化蕴涵与当下群众具体需要及生产实践的契合点，建立增强全社会广泛认同的长效机制。学习与传承西迁精神并不是一蹴而就的事，而是要通过长期的努力，逐渐形成持久的文化氛围。但目前存在的问题是，高校或政府并没有建立学习西迁精神的长效机制，导致人民群众对西迁精神的学习热情时涨时退，学习效果也自然达不到理想状态。

有关延安精神的教育和实践活动没有纳入长效机制，尚未形成完整的体系。延安精神虽然已经走入大学课堂，但是缺乏全面的宣传和配套的实践举措，对学生影响度不够。学校教育中对延安精神的教学缺乏统筹谋划与系统规划，更多采取零散化、碎片化的教育形式，尚未形成延安精神教育的长效机制，教育效果自然大打折扣。

4. 同向同行的协同机制尚未形成

我们一直强调西迁精神不是交通大学一家独有的精神文化，但交通大学目前是被普遍认可的西迁领军者。宏观来看，西安交通大学作为弘扬西迁精神的主力，可以积极团结有着共同西迁经历的几所大学，共同构建传承弘扬的机制，形成发扬和传承西迁精神的统一战线，在制度上对传承和弘扬西迁精神加以保障。

2017年12月6日，教育部召开新闻发布会介绍了《高校思想政治工作质量提升工程实施纲要》规划"十大育人"体系，提出要从质量上提高高校思想政治教育工作的不平衡、不充分等问题，着力构建一体化育人体系。其主要内容详细规划了课程、科研、实践、文化、网络、心理、管理、服务、自主、组织"十大育人"体系的实施内容、载体、路径和方法，提出从不同角度协同育人的理念。延安精神、西迁精神作为精神文化教育的重要内容，同样可以借鉴协同发展理论。从大学内部文化建设来看，延安精神、西迁精神的学习不应该只停留在刻意的理论宣讲、学习中，而应该融入各个学科的教学活动中，让学生在具体的学习实践中感受延安精神、西迁精神的独特魅力和精神动力。从全社会来看，西安交通大学做好带头示范的同时，还需要社会各界的联合联动，同向同行合力支持西迁精神的传承与弘扬。教育部门、宣传部门也要加强对红色精神文化的重视，调动各方力量，凝聚共识，学习红色精神文化。

四、环体尚需优化

环境对延安精神和西迁精神的教育传承具有潜移默化的重要影响,但当前鱼龙混杂的社会思潮等因素给这一过程带来了一定的冲击和挑战,通过调查和分析影响延安精神和西迁精神教育的环境因素,可以发现,在对延安精神和西迁精神一般了解或不了解的样本中(见表6),阻碍他们进一步对这两种精神深入学习了解的因素主要有校园文化建设不完善、国外影视作品冲击以及流行娱乐文化倾向等,这为我们今后优化延安精神和西迁精神教育环境提供了方向。

表6 阻碍学生深入了解延安精神和西迁精神的因素调查

您认为在环境层面阻碍您深入了解延安精神和西迁精神的因素有哪些?		
校园文化环境建设不全面	国外的影视作品和商品冲击	流行娱乐文化倾向
42.3%	36.8%	30.9%

在很了解和比较了解延安精神和西迁精神的样本中(见表7),以完成相关课程考核为目的的学生占47.9%,而从校园文化活动、思想政治理论课中了解掌握相关内容的学生占比较低,呈现出一定的功利化倾向。

表7 学生在学校了解西迁精神和延安精神的形式调查

在学校您是通过哪些形式了解西迁精神和延安精神的?		
相关课程考核	校园文化活动	思想政治理论课
47.9%	24.6%	27.5%

(一)文化多元化冲击个体正确价值观的形成

改革开放以来,我国的经济水平、综合国力不断上升,逐渐走近世界舞台的中心。随着经济实力的不断上升,各国之间文化交流也越来越频繁,文化繁荣发展的同时也带来了一定的挑战。文化多元化导致的是价值观多元化,而大学生正处于价值观形成的关键期,在意识形态竞争形势严峻的今天,能否树立正确的价值观与西迁精神能否更好地传承有着密切联系。社会主义改革的深入和市场经济的迅速发展推动着我国社会结构和社会生活的急剧变化，原有的单一的价值观念结构已经被打破，人们的思想观念、价值取向逐渐开始变化，在这个过程中一些不符合社会主义核心价值观的思潮频繁出现，例如"拜金主义""个人主义""享乐主义""消费主义"等偏离社会主义核心价值观的思想观念。这些错误思潮不利于大学生正确价值观念的培育，给传承与弘扬西迁精神带来了巨大挑战。"拜金主义"是一种追求金钱至上、把追求物质财富的满足作为人生至高目的的观念，这种价值观念被认为起源于资本主义鼓励人类追求自我利益的思想主张。而西迁精神所追求的人生价值是以大局利益为重，把实现社会价值作为人生价值的风向标。"个人主义""享乐主义""消费主义"都是与西迁精神价值观相违背的价值观念，这些价值观对大学生的影响可以说百害而无一利。在社交媒体如此发达的今天，这些与社会主义核心价值观相违背的价值观念以各种方式得以传播，要想抵制这类腐朽思想对大学生的侵蚀，不仅要改善社会环境等客观条件，更需要通过教育培育大学生自觉树立正确的价值观，毕竟打铁还需自身硬，只有从主观方面树立坚定的理想信念，具有强大的精神支撑，才能自觉杜绝西方腐朽思想文化的入侵。

（二） 复杂社会思潮挑战主流意识形态

20世纪90年代以来，随着全球化程度不断加深，人们的思维方式和生活习惯也随之发生了明显的变化，全球化不仅是经济的全球化，政治和文化领域都不可避免地受到影响。在思想文化方面，全球化是一把"双刃剑"，一方面可以促进不同文化的对话交流与创新，但同时也可能会淡化各国文明的界限，模糊本国的思想内涵。苏联的历史经验告诉我们，"和平演变"是比"军事战争"更隐蔽的敌人。目前，西方国家仍然在全球化进程中掌握着主动权，它们凭借经济上的优势，以各种方式宣传西方价值观，打着自由平等、尊重人权的旗号，渗透他们的意识形态。高校是思想建设和思想传播的重要阵地，大学生是我国社会主义事业的建设者和接班人，他们正处于"三观"的形成期和确立期，其思想观念具有很强的可塑性，需要精心引导和栽培。在全球化的环境下,西方国家企图通过商品输出、影视作品、文化交流等方式不断向我国大学生进行思想冲击,传播"个人主义""拜金主义"等错误思潮,淡化大学生的集体意识和核心价值观念。对此,高校教育要培养大学生抵御西方价值输出的能动性和辨别力。习近平总书记在学校思想政治理论课教师座谈会上强调,"青少年是祖国的未来、民族的希望。我们党立志于中华民族千秋伟业,必须培养一代又一代拥护中国共产党领导和我国社会主义制度、立志为中国特色社会主义事业奋斗终生的有用人才。在这个根本问题上,必须旗帜鲜明、毫不含糊。"[1]

从国内环境来看,改革开放后的中国社会发生了巨大的变化,我们正经历着社会转型和文明转型,社会的经济结构、组织形式、生活方式、文化思潮等发生了显著变化。在经济环境方面,随着社会主义市场经济的发展,人们的物质生活水平有了极大的提高,但是,由于思想道德水平发展的相对滞后,一些人片面追求物质利益,在多元化的社会中迷失了自我,与社会主流意识形态日渐背离。在社会转型期出现的种种不良环境,冲击着大学生理想信念和价值观的形成,当大学生在学校内受到的价值观教育与现实社会出现明显反差时,会使他们在无形中感受到理想与现实的差距,在一定程度上影响了社会主义核心价值观的威严和可信度,同时也给高校的意识形态教育增加了难度。在这样的环境下,如何让大学生坚定初心,跟上时代发展的步伐,树立正确的价值观是高校亟待解决的问题。在文化环境方面,复杂的经济环境导致了文化环境的多样性,不同阶层、不同社会地位的人在社会经济生活过程中形成的思想认识也存在差异性和多样性。再者,泛娱乐化对大学生意识形态建设也带来了不小的挑战,学生对娱乐八卦的过度关注导致高校主流价值观受到冲击,随着泛娱乐化的兴起和扩张,一些青年学生纷纷涌向享乐主义和低俗社会文化,这种趋势会削弱大学校园文化的教育引导力,削弱大学文化的思想修养功能,增加高校意识形态建设工作的难度。因此,国家和社会必须高度重视校园文化建设,增进大学精神的认同感,坚持马克思主义

---

[1] 习近平:用新时代中国特色社会主义思想铸魂育人贯彻党的教育方针落实立德树人根本任务[N].人民日报,2019-03-19(01).

的主导地位，辩证灵活地看待多元思想文化，促进学生的全面发展。

（三） 高校文化环境建设成效不彰

高校内部环境是意识形态教育的主阵地，高校意识形态工作的根本任务是立德树人，为我国的发展培养有责任、有担当、全面发展的人才。但是，目前高校文化建设仍存在以下问题：

1. 思想道德教育实效性不高，大学文化精神的感染力不足

显性教育和隐性教育的引导力都没有发挥出其真正的价值。究其原因，与目前高校普遍重学术、轻德育，重实用、轻人文关怀有关。在一些高校，学生对思想政治教育理论课不感兴趣，学校对这类课程不重视，虽然思想政治理论课在每所大学都是必修课，但是教学模式单一，授课规模大，部分教师也因不受重视而对教学工作没有热情。同时，学生面对升学就业压力，学习重心基本放在专业知识或是技能性学习上，认为马克思主义理论、思政课抽象空洞、晦涩难懂，只要考试能及格，拿到学分不影响毕业就可以。在这种环境下，思想政治理论课往往被边缘化，更无法贯穿到各个学科和学生成长环境中，意识形态教育难以发挥作用。如果高校对意识形态教育不重视，会导致大学生对意识形态认知不全面、不具体，就会影响我国社会主义主流意识形态的价值认同和拥护，动摇"四个自信"，学生被动接受老师的思想教育，并不能激发自我学习、自我成才的能动性，削弱了高校意识形态的建设成效。

2. 存在知行脱节的现象

大学精神文化是培育大学生思想道德素养的重要途径，其潜移默化的隐性教育模式更容易被学生所接受。但是，目前部分高校对大学文化建设的重视程度不够，把校园文化上升到宏观层面而缺乏与学生实际生活的联系，导致实践和理论的契合度不足。比如，新生入学时，与其在教室讲述这所学校的历史，不如带学生走出课堂，亲近校园，为学生讲解校园景点，在讲解的过程中让学生了解学校的历史，这样不仅能增加趣味性，也可以让学生对校园文化了解得更深入，调动学生主动学习的积极性，逐渐培养出具有各自高校独特文化气质的学生。大学精神文化不是喊口号，不是一纸空文，而是渗

透在学生生活中的点点滴滴的行为价值体现，我们需要通过学生喜闻乐见的方式加强对大学精神文化的学习与传播，建设有温度、有情怀的校园文化，让大学精神文化感染更多的学生，树立正确的价值观。

3. 在延安精神教育的过程中偏离主题

在当前，多数高校能够意识到内涵丰富的延安精神是大学生思想政治教育的重要资源与鲜活素材，为此也针对延安精神开展了一系列校园文化活动。但从深层次来看，已有教学活动更多以让学生学习掌握精神文化的内涵精髓为目标，在一定程度存在着主题偏离、内容生硬、形式固化等问题，导致延安精神难以自然地、自觉地与学生的生活接轨，无法充分发挥校园文化活动润物细无声的浸润功能。导致延安精神在大学精神文化中的融入度不强，没有形成持久的文化熏陶作用，需要将延安精神融入大学精神的体系中，增强以文化人的实效性。

第七章

西迁精神传承创新的路径研究

第七章
西迁精神传承创新的路径研究

　　西迁精神与延安精神同是中华优秀传统文化和中国共产党人精神谱系的重要组成部分，西迁精神是对延安精神的有机继承与发展。随着时代的进步，西迁精神的精神组成又被赋予新的时代内涵，在坚持奉献报国、严谨精致、开拓进取、团结互助、爱国奋斗等方面体现出深刻的价值意蕴。关于知识分子对于西迁精神与延安精神的认知状况调查结果显示，西迁精神对延安精神的继承与发展过程中存在着一定的阻力与障碍，亟待关注与解决。知识分子的主体意识有待提升、自觉认同感有待调动；客体知识体系亟待完善，有待系统化、科学化、大众化；介体范围具有局限性，类型有待拓展；环体氛围鱼龙混杂，传播环境有待优化。深化知识分子对交大西迁精神与延安精神的认知，优化交大西迁精神对延安精神的传承与创新，是一项复杂的系统工程，必须从根本问题出发，立足实际，提出有针对性的优化路径。要增强主体的自觉性，提升价值认同，促进其主动强化对于延安精神的继承学习；丰富相关内容，构建理论性精神体系，推进内容的系统化、科学化、大众化；拓宽媒介渠道，充分发挥实体红色文化资源和网络传媒的作用；优化精神传播环境，加强监督引导，营造良好的红色文化氛围。最终建立起一套主体高度认同、客体系统规范、介体丰富多元、环体积极稳定的西迁精神对延安精神的有效传承与创新体系，使两大精神在中国特色社会主义新时代继续熠熠生辉，为广大知识分子坚定政治立场、厚植家国情怀提供坚实的精神指引。

一、增强主体自觉

主体是在与客体的关系互动中取得和确证的,为了深化西迁精神对延安精神的传承与创新,必须强化作为西迁精神重要传承者的知识分子主体作用,采取多样方法体系强化内容教育,奠定理论根基,在此基础上通过学习历史事实增强情感引导,提升价值认同,最终将理论功底与价值认同真正内入于心、外化于行,达到真学真信、知行合一,使其在实践中自觉担负起对西迁精神与延安精神的继承、宣传和创新使命。

(一) 强化内容教育

理论上的清醒是保持政治坚定的前提。增强主体自觉必须立足于对主体理论知识的教育培训,深化知识分子对西迁精神、延安精神、西迁精神对延安精神的传承创新三方面基础内容的认知,实现从历史脉络、精神内涵,到时代价值的全面了解,为积极践行奠定基础。

1. 坚持立场教育与精神教育相结合

立德树人是教育的首要目标,而坚定的政治立场是保持主体自觉性的首要任务。其一,要加强政治立场引导,必须教育广大知识分子明确自身政治站位,清晰认识到自身作为西迁精神新一代传承者的重要历史使命与时代任务,将西迁精神作为规范知识分子言行的标准和要求,推动其真正成为新时代西迁精神的继承者、弘扬者、创新者。其二,要加强知识分子对延安时期中国共产党政治信仰教育的学习,明确延安时期中国共产党高举抗日民族统一战线旗帜,打击日本侵略者、解放全中国的政治方向,在延安精神中感悟中国共产党的初心和使命,铭记中国共产党的宗旨与原则,不断提升主体的政治认同感。其三,要始终确立习近平新时代中国特色社会主义思想的指导地位,坚决维护党中央权威和集中统一领导。在使广大主体保有正确政治立场与坚定政治信仰的基础上,从基础知识理论出发,全面总结西迁精神产生的主客观历史因素,深化西迁精神"胸怀大局、弘扬传统、无私奉献、艰苦创业"的内涵教育，深入挖掘西迁精神与延安精神在胸怀大局、听党指挥，高扬爱国主义旗帜，无私奉献、艰苦创业，解放思想、实事求是四方面的理论联结点教育，拓展西迁精神对延安精神在奉献报国、严谨精致、艰苦卓绝、团结互助、爱国奋斗五大层次的继承发展的教育培训，帮助广大知识分子构建内容全面、结构严谨的相关理论知识体系，为进一步推进精神的内化与自觉奠定基础。

2. 坚持理论灌输与启发育人相促进

推进主体自觉性目标的真正实现，离不开科学方法论的指导，离不开正确方法的规范运用，因此，在强化主体内容教育的过程中需要采取灵活多样的教育方法。习近平总书记在学校思想政治理论课教师座谈会上提到要推动思想政治理论课改革创新，要坚持灌输性与启发性的统一，这不仅是思想政治教育的重要方法创新，在一般教育过程中也具有较强的适用性和有效性。一方面，坚定正确的政治立场、全面体系化的精神内涵在知识分子中难以实现普遍的自发形成，因此，必须在中国共产党的领导与学校党委的指导下，发挥校史档案馆的理论史料优势，加强与延安市委、区委党校的交流合作，对广大知识分子进行有组织、有计划的全面性教育培训，使其在思想灌输中积累知识底蕴，发挥教育潜移默化、以文化人的作用。另一方面，不可忽视启发式教育方法与理论灌输的密切配合，自春秋战国时期，孔子便开始倡导"不愤不启，不悱不发"的启发式育人途径。在对知识分子进行理论知识教育的过程中，也同样需要从其实际出发，关注其主观能动性的发挥，立足基础精神内涵引导知识分子结合时代要求进行深入思考，结合真实历史事件引导其进行思想归纳与理论总结，在适当灌输的基础上调动广大知识分子主体的主动性和积极性，着力提升其独立思考和解决实际问题的能力，这对于进一步提升教育培训的实效性具有重要价值。

3. 坚持内容主线与多样分阶相统一

西迁精神对延安精神的继承创新主体包含交大师生在内的不同类型的知识分子，对其进行教育培训不仅需要关注内容主线与主导思想的宏观系统性传授，而且需要立足方法论的基本原则，总结不同知识分子群体的实践与认识及其发展规律，在教育过程中实现多样化主体分阶，对教师与学生，不同年级、不同专业、不同层次的学生采取针对性教育方法，提高教育过程的有效性。必须以坚持西迁精神对延安精神的继承与创新这一内容主线为基点，从根本上服务于打好理论基础的目标，在宏观层面对知识分子进行政治立场引导和延安精神与西迁精神的知识教育，促使其形成基本的理论认知与主体意识。在此基础上，对知识分子进行群体界定，对不同的主体成员深化特殊性、个别性教育实践。教师具有较高的专业理论水平与知识文化底蕴，对教师更多可采用内容感悟、心得交流等启发式教学方法，使其在学习交流中自主认识到西迁精神与延安精神的内在契合点，实现理论升华；对于低年级的学生应主要采用灌输式教学方法传授，通过历史宣讲、著作导读、史实介绍等方式充实其理论根基，着重深化其对西迁精神的认同感，培养其自主学习的意识与习惯；高年级的学生一般对西迁精神具有相对丰富的历史认知与观念认同，因此，对他们的教育应进一步向西迁精神对延安精神的传承创新的时代价值角度加以倾斜。与此同时，应充分采用主体间的互助式教育方法，发挥教师在课堂中潜移默化、以文化人的引导作用；利用同学间交流顺畅的特点，发挥高年级同学对低年级同学，马克思主义学院、人文学院、历史学院等相关学科对于其他理工类专业同学的内容宣传，最终努力推进全体知识分子对理论内容的全面掌握与升华。

（二）提升价值认同

增强主体自觉是实现主体由感性认识到理性认知，由情感认同到价值认同，最终到实践践行的螺旋式升华过程。在对广大知识分子进行充分全面的内容教育基础上，需要进一步深化西迁精神与延安精神的价值引导，在传承创新西迁精神与延安精神的实践中寻找价值依托与情感共鸣，强化主体的价值认同。

1. 在讲好西迁故事中铭记历史

60多年前，数千名交大师生告别繁华的上海，投身古都西安，为国家建设、西部发展贡献毕生的心血，其中蕴含的家国情怀、担当奉献故事传承至今，为一代代交大人留下了宝贵的精神启迪。2017年，习近平总书记给交大

第七章 西迁精神传承创新的路径研究

西迁老教授回信后,西迁故事更是进入大众视野,在新闻报道、记录视频中闪闪发光,带给作为新一代西迁精神传承者的广大知识分子尤其是交大师生以深刻的精神震撼与强烈的荣誉感,因此,对知识分子进行西迁故事宣传讲解,对于凝聚精神力量、增强主体价值认同意义重大。

彭康是交大人永远不能忘怀的名字。1952年11月,毛泽东主席任命彭康为交通大学的校长,从这一天开始,彭康校长便以毕生精力为交大建设呕心沥血、壮心不已。在1955年国务院作出交通大学内迁西安的重大决定后,彭康校长立即召开党委会、校务委员会,对中央的决策表示坚决的拥护,亲临西安进行校址勘查选择;面对1957年的迁校争议,彭康校长更是冷静应对、发扬民主,在困难与杂音中牢牢掌握全局、积极动员,实现了全校思想的高度统一,再一次为坚定交大西迁指明了方向;面对迁校后的挑战,彭康校长始终秉持坚定的理想信念,一步一个脚印,将热血与汗水洒在了西安的大地上,带领西安交通大学在西安这块土地上描绘了一幅崭新的历史画卷。

陈学俊教授作为当时动力机械系的系副主任,是该系全迁西安的主要倡导者。1957年,陈学俊教授带着夫人袁旦庆与四个年幼的孩子,将上海的房子上交给市房管部门,只携一腔热血奔赴大西北。面对西迁后恶劣的生活条件,陈教授始终以满腔豪情加以克服,孩子上学不放心就每日接送,公园绿化不足便积极植树;在科研领域,陈教授在我国率先展开两相流研究,为我国电站锅炉设计提供了坚实的理论依据,并逐渐创建网络新学科和国家重点实验室,与此同时,陈学俊教授在仪器缺乏的科研环境与紧迫的学术研究中同样注重人才培养,培养了一大批专业性科学技术人才,实现了真正的教书育人与艰苦创业。[①]

彭康校长和陈学俊教授是数千名爱国爱校交大师生以及后勤工作者的缩影。陈大燮教授在担任副校长后仍然奋斗在教学一线;钟兆琳教授不顾年过花甲、疾病缠身,毅然随校西迁,在担任系主任的情况下坚持事必躬亲;学校总务管理任梦林,在西迁的后勤工作中兢兢业业、事无巨细、敬业尽职,

---

① 肖云儒. 西迁故事 [M]. 陕西:西安交通大学出版社,2018.

同样是西迁精神的缔造者。历经60余年岁月的洗礼，当年意气风发的学生已成为讲台上挥斥方遒的耄耋教授，不变的是他们依然用实际行动践行着西迁精神的深刻内涵，为一代又一代的交大人注入源源不断的精神动力。

2. 在传承延安精神风范中不忘初心

深化西迁精神对延安精神的继承创新，同样需要强化相关主体对延安精神的深入认知与价值认同，从而将延安精神的内涵与价值内化于心，更为自觉主动地挖掘二者的精神联结，并在此基础上实现创新发展。唤起广大知识分子对延安精神的心灵认同，必须从延安精神的本源出发，南泥湾精神、张思德精神等都是延安时期党中央大力倡导和弘扬的精神典范，是延安精神的根基，是延安精神与历史实践相结合的产物，对此实践经验进行学习宣传，更容易激发知识分子的爱国热情，形成精神共鸣，达到深度的价值认同。

张思德，一名经历过长征的红军战士。他团结战友，不怕牺牲——长征途中过草地，为了同志们的安全，他多次冒着生命危险试吃野菜，为此还中过毒。他任劳任怨，服从安排——曾当过班长的张思德，由于工作需要又当回了战士，对此，他毫无怨言，说："当班长是革命的需要，当战士也是革命的需要，班长和战士的职责不同，但为党工作是一样的。"他吃苦耐劳，舍己为人——为响应党中央关于开展大生产运动的号召，他主动报名参加农场组织的烧木炭，工作中，哪里最苦最累，他就出现在哪里。1944年9月5日，炭窑坍塌的危急时刻，战士张思德奋力把战友推出洞去，将生命定格在29岁。在他的追悼会上，毛泽东发表了《为人民服务》的著名演讲，对张思德的思想道德、理想追求和奋斗足迹进行了充分肯定和高度概括。全心全意为人民服务是张思德精神的本质所在，也是我们党和军队战胜一切困难的力量所在。

张思德战士的感人事迹正是延安精神的重要实践表现。在故事中感悟精神有助于推动新一代精神传承者在心灵上得到震撼，在精神上实现升华，在革命故事中真正达到对延安精神的深入认同，从而为实现其自觉推动西迁精神对延安精神的继承创新奠定价值基础。

（三）坚定理想信念

心中有信仰，脚下有力量。强化知识分子作为西迁精神对延安精神传承创新者的主体自觉性，在实现了理性认知、价值认同的基础上，需要进一步深化其对历史思想与时代精神的有机融合学习，树立坚定的理想信念，深入挖掘精神的时代价值，从而更好地实现精神思想的内入于心、外化于行，将基础理论全面落实到社会实践过程中，在实践中推进精神的创新升华。

1. 把习近平新时代中国特色社会主义思想内入于心

党的十九大将习近平新时代中国特色社会主义思想确立为党必须长期坚持的指导思想并庄严写入党章。因此，在新时代新征程上，我们必须始终以此作为行动指南，探寻西迁精神对延安精神继承中的时代联结点，实现精神的与时俱进，重新焕发出新的生机与活力。

"解放思想、实事求是、与时俱进，是马克思主义活的灵魂，也是习近平新时代中国特色社会主义思想活的灵魂"[①]，同样是延安精神理论联系实际、开拓创新精神的当代价值表现。毛泽东思想主要形成于延安时期，是毛泽东将马克思主义理论与中国革命实践相结合的与时俱进的理论成果。自此以后，中国共产党始终坚持中国国情和实际社会状况与马克思主义基本理论的深入结合，逐渐创新出了邓小平理论、"三个代表"重要思想、科学发展观、习近平新时代中国特色社会主义理论一系列理论成果，成为建设中国特色社会主义、建设长期执政的马克思主义政党、全面建设社会主义现代化国家的坚实理论基础，体现了对于开拓创新思想的坚持与传承，彰显了强大的理论自信。

本根不摇，则枝叶茂荣。西迁精神与延安精神的精神内涵在新时代经济、政治、文化、社会、民生、生态建设中熠熠生辉。胸怀大局、听党指挥的精神要求我们铭记党的领导是中国特色社会主义的最本质特征，增强政治意识、大局意识、核心意识、看齐意识，时刻同党中央保持高度一致；历史照亮未来，无私奉献的精神要求我们始终秉持着爱国奋斗的精神风范，勇于担当时代重任；艰苦创业思想在新时代乡村振兴工作中仍然焕发出强大的指导意义，经过长期艰苦奋斗，我国脱贫攻坚战取得了全面胜利，中国开启乡村振兴新篇章，必须继续坚持艰苦创业的精神引领，努力开辟出新的农村发展之路。

---

① 习近平新时代中国特色社会主义思想学习纲要［M］.北京：学习出版社，人民出版社，2019：11.

广大知识分子唯有在历史中感悟时代、在新时代书写新的历史，才能不断提升自身的主体自觉，才能使延安精神光照千秋。

2. 在参与社会实践中外化于行

时代是思想之母，实践是理论之源。强化主体自觉不但要在理论上打好基础，在意识上增强认同，还需要在行动中丰富践行，唯有将思想理论真正落实到实际行动之中，才能推进西迁精神对延安精神传承创新的有效实现。

一方面，广大知识分子必须坚持将精神内涵融入自身日常学习生活的实际行动之中，用精神指导行动，用行动展现精神风范，在实践中进一步坚定自身对于传承西迁精神与延安精神的使命与责任。在校园生活中，首先必须坚持明确的集体意识，严格遵守学校学院的各项规章制度，尊重他人、严格律己，不因个人私利破坏公共环境、损害他人利益。其次，要积极践行无私奉献、为人民服务的奉献意识，这既是中国共产党党员需要坚持的根本宗旨，更是每一名社会成员需要遵循的道德准则，广大教师应秉持为人师表、传道授业的品质，耐心帮助学生解决学习生活中的各种问题；学生群体应自觉配合老师、班干部的工作，主动帮助服务师生，在服务奉献中实现个人价值。最后，作为进驻中国西部科技创新港的首批参与者，交大师生需继续发扬艰苦创业的精神理念，努力克服交通、设施障碍，全身心地投入科研创新之中，努力做出更大的成绩。

另一方面，广大知识分子主体在坚持知行合一的基础上也应努力发挥模范带头作用，引领思想价值、明确实践导向。从身边的点滴小事做起，在与同事、同学的交往中，主动引导西迁精神与延安精神的交流讨论，探讨精神内涵，感悟精神力量，在潜移默化中促进双方价值认同的共同深化。在此基础上，丰富志愿服务活动参与方式，在实践服务中始终坚持精神内容的指导，用实际行动传递精神力量，扩展精神宣传的覆盖范围。此外，学校需倡导引导知识分子主体积极自主参与并举办西迁精神对延安精神继承创新的针对性宣传活动，从历史资料整理到总结文稿撰写，从宣传视频设计到真实故事宣讲，充分推动其对自身主体身份的认同与主体责任的承担，最终实现由被动引导向主动自觉的深刻转变。

马克思曾言,"批判的武器当然不能代替武器的批判"①,对于西迁精神与延安精神的理论基础知识培训不能代替现实的行动践行,唯有坚持理论与实践的结合,树立坚定的理想信念,将精神内涵、历史渊源、时代发展等内容内化于心、外化于行,才能从根本上增强主体的自觉性与责任感,推动广大知识分子更加自觉主动地承担起西迁精神对延安精神继承创新的历史使命与时代责任,促进两大精神永葆蓬勃的发展生机。

二、丰富相关内容

理论内容的碎片性、主观性、抽象性是造成知识分子对西迁精神与延安精神认知漏洞的重要客体因素。必须在立足丰富史料的基础上深化理论知识体系构建,建立西迁精神与延安精神从历史背景、基本内容到时代价值的规范理论结构,增强内容的系统性;同时,对多元史料进行充分考证与理论阐释,提高内容的权威性、真实性与科学性;此外,必须着眼于拓展西迁精神与延安精神的外延,寻找精神内涵与现实社会不同群体的精神契合点,强化时代联结,推动西迁精神对延安精神继承创新相关内容的大众化。

(一) 构建理论体系

理论是实践的前提,深化西迁精神对于延安精神的继承创新实践,必须首先着眼于构建系统化的理论知识体系,明确西迁精神与延安精神的历史缘由、概念内涵、时代价值以及二者的融会贯通,明晰内容结构,奠定扎实的理论基础,提高精神学习研究的便捷性与有效性。

1. 筑牢西迁精神之基

实现西迁精神对延安精神的继承创新,必须首先立足西迁精神的体系构建。西迁精神是新中国知识分子意志与品格的真实写照,是全体知识分子的宝贵精神财富,西迁精神的形成不是一蹴而就的,具有深刻的历史渊源与时

---

① 马克思恩格斯选集:第1卷[M].北京:人民出版社,2012:9.

代价值。20世纪50年代，"一五"计划建设亟须加快我国西部地区的工业化布局，扩充专业人才队伍。1955年4月初，高教部发布会议文件《1955年到1957年高等学校院系调整及新建学校计划（草案）》明确提出："将上海交通大学内迁西安，于1955年在西安开始基本建设，自1956年起分批内迁"[①]，在此背景下，交大西迁人秉持着"始终与党同向同行"的大局观念与奉献精神，带着一腔热血奔赴西北，从考察校址到校园建设，从师生搬迁到器械调试，在中央迁校命令下达后的仅一年多时间，交大便将一片荒芜变为琅琅书声，于1956年9月正常开学上课。

历经60余载，交大西迁人的精神仍然经久不衰、熠熠生辉，铸就了以"胸怀大局、无私奉献、弘扬传统、艰苦创业"为核心内涵的西迁精神。胸怀大局体现了交大西迁人的崇高精神境界，是对中国共产党和社会主义新中国的坚定信仰，也是超越个人私利的社会责任感；无私奉献是交大西迁人"立志当高远"的崇高信念的印证，是时刻保持忘我的献身精神和淡泊名利价值观念的体现；弘扬传统既是对爱国奋斗精神的继承发扬，也是对使命担当、谦敬俭朴美德的自觉践行；艰苦创业是交大人以坚定的意志、顽强拼搏的精神建校科研的生动写照。

2018年1月，教育部召开教师工作战线学习西迁精神座谈会，深入贯彻习近平总书记对西安交通大学15位西迁老教授来信作出的重要批示精神，强调要学习传承西迁精神蕴含的爱党爱国的浓厚情怀、敬业奉献的高尚情操与强烈的使命担当，坚定政治立场，积极科研创新、为国育才，为实现中华民族伟大复兴中国梦创造更大的价值。2020年4月22日，习近平总书记在考察调研西安交通大学时指出：西迁精神的核心是爱国主义，精髓是听党指挥跟党走，与党和国家、与民族和人民同呼吸、共命运，具有深刻现实意义和历史意义，为西迁精神赋予了新的时代内涵。

2. 把握延安精神之本

把握延安精神的系统内容是对其进行继承创新的理论前提。延安精神是

---

① 霍有光. 从交通大学西迁历程看西迁精神[J]. 高等教育研究学报，2006（01）：40-43.

中国革命精神的重要组成部分，延安时期，中共中央领导、指挥了伟大的抗日战争和解放战争，实现了马克思主义基本原理同中国实际相结合的第一次历史飞跃，为中华人民共和国的建立奠定了基石。延安精神是特定时期中国共产党理想追求、精神风貌、思想品德、工作作风的智慧结晶，是实现中华民族伟大复兴的精神支持和动力源泉。

其内容具体表现为四个层面，一是自力更生、艰苦奋斗的创业精神。中国共产党在延安时期立足恶劣的自然环境与贫乏的财政支持，不畏困苦，领导军民开展大生产运动，实现了理论与实践的一次又一次胜利。二是全心全意为人民服务的根本宗旨。延安时期无论是党政工作人员，还是干部、战士，都自觉地为人民谋利益、办实事，建立了深厚的群众基础，实现了党空前的团结与统一。三是坚定正确的政治方向。毛泽东在党的六届六中全会上强调："离开中国特点来谈马克思主义，只是抽象的空洞的马克思主义"①。马克思主义唯有立足中国实际、遵循中国国情，才能实现真正的发展创新。四是解放思想、实事求是的思想路线。延安整风将一切从实际出发、理论联系实际、实事求是确立为党的思想路线，体现了科学精神和现实精神的有机统一。延安精神是中华民族宝贵的精神财富，具有超越时空的普遍意义。因此，在我国向第二个百年奋斗目标进军的这一关键时刻，继续坚持、传承并弘扬延安精神对实现中华民族伟大复兴具有深刻价值意蕴。

3. 西迁精神与延安精神一脉相承

西迁精神与延安精神虽然在时代背景、历史任务、创造主体、斗争对象方面具有显著差异，但其精神内涵上具有较强的一致性，在胸怀大局、艰苦创业、无私奉献、实事求是、开拓创新五个方面达到了高度的精神契合。"党让我们去哪里，我们背上行囊去哪里"，新民主主义革命的胜利与交大西迁的成功是两代人胸怀大局精神的生动写照，延安时期老一辈共产党人坚定党中央落脚延安的战略选择，交大西迁师生在迁校争论达成一致后的义无反顾，他们用行动践行了对中国共产党的拥护与信心。

---

① 毛泽东选集：第 2 卷 [M]. 北京：人民出版社，1991：534.

艰苦创业历来是中华民族的优秀传统文化，延安精神与西迁精神在形成时期均面临着自然环境和社会环境复杂多变、财政物资极度匮乏的艰难局面，但两代人都用艰苦创业的决心战胜困境、开辟了新的胜利，毛泽东思想的形成与西安交通大学的建成便是最好的证明。

坚持党的领导，扎根农村、扎根西部同样也是两代人无私奉献精神的真实表现，延安时期的共产党人始终坚持全心全意为人民服务，为革命事业与人民解放奉献自己的价值；交大西迁人放弃上海舒适的条件，远离家乡奔赴西北，同样也体现了舍小家、为大家的奉献精神，始终把党和国家的利益放在首位，时刻保持强烈的社会责任感。

解放思想、实事求是是党的重要思想路线，也是延安精神和西迁精神的行动指南。建立延安革命根据地、沿海学校内迁西部，都是建立在中国当时当地的特定历史背景之下的，是党和国家立足时代实际作出的正确战略抉择。

开拓创新要将理论联系实际作为基础与前提。延安时期毛泽东立足国情对马克思主义进行深化创新，创立了毛泽东思想的伟大理论成就；交大西迁人扎根西部地区有限的自然社会条件，遇旱开井、遇灾抢修，充分发挥知识分子的理论知识能力开拓创新，在西北这片新的土地上创造出一个又一个学术成就。时至今日，延安精神与西迁精神仍然指引我们艰苦创业、科研创新、攻坚克难、奉献报国，为实现中国梦而不懈奋斗。

（二）强化学理阐释

立足系统化的精神内容体系，进一步丰富多元历史资料的挖掘、搜集与整理，在真实史料中总结规律、论证内容，提高内容的真实性与可信度；深化精神内容的学理阐释，从基本原理与背景出发解释西迁精神与延安精神产生发展的理论基础，增强精神内容的科学性。

1. 做好有关西迁精神与延安精神的多元化史实挖掘和史料研究

从文献档案、新闻报道、访谈记录以及历史故事等不同类型中进行史料对比考证，总结筛选真实历史资源。历史档案是党和国家及官方部门的权威性信息文件，具有极高的研究价值。探索西迁精神的产生发展，必须立足基本性会议文件，《1953—1972年西安市城市总体规划》中西北工业布局建设要求是交大西迁的重要历史背景;《关于沿海城市高等学校一九五五年基本建设任务处理方案的报告》提出了加强内地高校建设的任务;《1955年到1957年高等学校院系调整及新建学校计划(草案)》明确提出了将上海交通大学内迁西安;《交通大学校务委员会关于迁校问题的决议》《交通大学迁校方案(摘要)》则通过明确的迁校规划证明了交大人胸怀大局的西迁决心。

党的主要领导人的文献著作同样是具有较高可信度的历史资料。延安是毛泽东思想的诞生地,延安时期毛泽东同志结合中国革命实际,创作了《实践论》《矛盾论》《论持久战》《中国革命战争的战略问题》《新民主主义论》《中国革命和中国共产党》《〈共产党人〉发刊词》等一系列哲学、军事著作,深刻阐释了延安时期中国革命的现实问题与前进方向,形成了毛泽东思想这一马克思主义中国化的理论成果,也是对开拓创新、艰苦创业伟大延安精神的真实证明。

新闻报道是了解特定形势的又一重要史料。1956年起,《人民日报》《光明日报》《陕西日报》《西安日报》等官方媒体全文刊发《高等教育部部长杨秀峰在上海谈周总理对交大迁校问题的意见》,传达交大西迁对支援西北建设的重大意义;《文汇报》《解放日报》也发文支持交大西迁的战略决定,为西迁精神的产生创造了重要的媒介条件。

《红星照耀中国》(原名《西行漫记》)是美国著名记者埃德加·斯诺在中国西北革命根据地时期所著的一部纪实性著作,从西方记者的角度对中国共产党和中国革命进行了客观评价,通过采访记录、生活见闻对延安时期的社会风貌进行了理性描绘,对于多方面研究延安精神具有重大理论价值,因此,需要充分发挥访谈记录著作的史料价值。

历史故事相对具有一定的主观色彩,可作为西迁精神与延安精神研究的辅助资料加以研究,交大西迁过程中彭康校长、钟兆琳教授、陈大燮先生等交大师生坚定果敢、不畏艰苦奔赴西北的感人故事是胸怀大局、无私奉献西迁精神的集中体现;而延安时期的关于毛泽东"亲手干才算自己的劳动""有轿车不坐"等民间故事也从侧面体现了共产党人全心全意为人民服务、艰苦创业的延安精神内涵。

2. 在对权威性历史资料进行总结整理的基础上，围绕西迁精神与延安精神展开更为详细的学理阐释

立足基础原理将其历史逻辑、理论逻辑、现实逻辑进一步加以论证，强化内容的科学性。

历史逻辑是探究与解释问题的逻辑起点。深化西迁精神与延安精神的学理阐释，必须首先对其历史渊源加以深入挖掘分析。西迁精神的诞生与交通大学历来所坚持的办学理念密不可分，从南洋公学创立初期"爱国救民、为国储才、实业救国"的办学宗旨，到抗日战争时期"驱除倭寇"的历史使命担当，秉持着"爱国爱校、追求真理、勤奋踏实、艰苦朴素"的优良校风，西迁精神在国家的号召下应运而生。延安精神是中国新民主主义革命精神的有机组成部分，包含着南泥湾精神、张思德精神等原生形态，与井冈山精神、长征精神等一脉相承，体现了中国共产党基于时代基础对革命理论与实践的创新发展，是党的宝贵精神财富。

理论逻辑是深入挖掘精神内涵的前提和基础。必须立足精神的形成确定过程，在理论演进中阐明其科学性。西迁精神自迁校伊始便融合于学校的建设实践中，"始终与党和国家的发展同向同行"是交大人的大局观念，理性应对西迁争议是交大人的坚定意志；2005年12月，西安交通大学党委常委审议批准将西迁精神概括为"胸怀大局、无私奉献、弘扬传统、艰苦创业"十六字，真正将西迁精神"写入史册"。延安精神首次提出于1942年12月毛泽东所作的题为《经济问题与财政问题》的报告，号召全边区学习艰苦奋斗、不怕困难的延安精神；[①] 江泽民明确了延安精神的理论蕴涵，提出："坚定正确的政治方向，解放思想、实事求是的思想路线，全心全意为人民服务的根本宗旨，自力更生、艰苦奋斗的创业精神，是延安精神的主要内容"[②]。2015年，习近平总书记在陕西考察时再次强调延安精神的重要意义："老一辈革命家和老一代共产党人在延安时期留下的优良传统和作风，培育形成的延安精

[①] 毛泽东文集：第2卷 [M]. 北京：人民出版社，1993：458.

[②] 江泽民在陕西考察工作强调：结合新实际大力弘扬延安精神 开创新世纪改革发展生动局面 [N]. 新华日报，2002-04-02（01）.

神,是我们党的宝贵精神财富"①。党的主要领导人的论述阐释极大地扎实了延安精神的理论根基。

在多种信息交汇、多元文化共生、多种价值观并行的现实情境下,深化精神内涵的科学性研究,还需要对其现实逻辑加以论证,发现其时代价值。西迁精神与延安精神的一脉相承是对社会主义核心价值观的实践奉行。在国家层面,两代人的大局观念、艰苦创业,正是为实现国家富强而做的艰辛努力,而学生的自主性发挥与对村民意见的听取则是对民主的主动追求;在社会层面,对学生及村民人格与权利的尊重、对党内干部违法处置的一视同仁,体现了对自由、平等、公正、法治的高度重视;在个人层面,交大师生与党的胸怀大局、无私奉献无疑又与社会主义核心价值观所倡导的爱国、敬业思想高度契合。西迁精神与延安精神并没有过时,在中国特色社会主义新时代仍然熠熠生辉。

(三) 拓展精神外延

在完善西迁精神对延安精神继承创新的内容体系、强化内容学理阐释的同时,必须立足广大社会成员的实际生活状况与特征,寻找精神内核与不同社会群体和个体发展的契合点,探索其时代价值意蕴,增强大众群体对精神的了解与认同,提高精神内容的大众化程度。

1. 拓展艰苦创业精神的外延

艰苦创业精神是中华民族从古至今奋斗实践的重要思想指导,它既是一种崇高的理想境界,也是人们成就任何事业都不可或缺的精神动力。习近平总书记在党的十九大报告中提出"四个伟大"的治国理政方针理论,强调在新的时代条件下,我们要进行伟大斗争、建设伟大工程、推进伟大事业、实现伟大梦想。现代化建设本身就是一个艰苦创业的过程,需要全体社会成员树立坚定的理想信念,凝聚力量共同奋进。艰苦创业精神对广大创业者具有更直观的指导价值。2018年,国家明确深入实施创新驱动发展战略、打造

---

① 陕西延安:奋力追赶超越 书写时代篇章 [N]. 光明日报,2018-11-01 (08).

"双创"升级,优化创新创业环境。① 在充分抓住国家支持等外部机遇的基础上,广大创业者仍要强化个人理论实践素养,坚持艰苦创业的精神核心,在复杂的创业困难面前坚定信心、披荆斩棘、开拓思想、积极实践,最终创造佳绩,增强大众创业的带动能力,强化科技创新的发展引领,为实现经济的多样化与高质量发展提供坚实的保障。

2. 拓展胸怀大局精神的外延

胸怀大局精神在当今社会表现为强烈的爱国热情、正确的政治立场与坚定的大局意识。坚持胸怀大局、把握大势、着眼大事,将国家利益与集体利益摆在首位,坚决拥护党的领导与国家的团结统一。对香港问题持理性客观的认知态度与评判标准是胸怀大局的重要表现,面对层出不穷的打砸抢烧行为与恶性言论,我们必须严格坚守言论底线,对几近丧失理智的言行坚决予以抨击,时刻坚守一个中国的原则,凝聚社会共识,做法治精神的宣传者与爱国精神的践行者。在微观层面,胸怀大局可以看作对系统观方法论的有机实践,"不谋全局者不足以谋一域",在现实生活中,思考问题与谋划工作都要时刻保持大局观念,从整体利益出发,推动各组成部分的优化配置,最终促进效益最大化,提高学习工作效率。胸怀大局精神在当今时代不仅是引领我们爱国奋斗的精神支撑,更是每一个社会成员参与实践的方法论指导,具有蓬勃的时代价值。

3. 拓展无私奉献精神的外延

无私奉献精神是中国共产党全心全意为人民服务根本宗旨的具体表现之一,是每一名共产党员、每一名社会公民都必须坚持的重要实践准则。在政治建设方面,领导干部必须始终秉持无私奉献的精神品格,坚持将人民的利益作为根本,不忘初心、坚守正道、淡泊名利、忠实履职,诠释好人民公仆的本色;同时,党员干部必须不断提升自身的人文素质与精神境界,做到修身慎行、怀德自重、清廉自守,永葆共产党人的政治本色。② 在教育事业建设

---

① 国务院. 关于推动创新创业高质量发展打造"双创"升级版的意见 [Z]. 2018-09-26.

② 中国共产党第十八届中央纪律检查委员会第七次全体会议公报 [Z]. 2017-01-08.

中，学校教师要坚定无私奉献、爱岗敬业的职业操守，强化自身道德素质建设，以正确的政治立场、崇高的理想信念将立德树人作为教育的根本任务，实现政治理论的深入宣传与价值观念的有效引导。在个人社会实现方面，奉献意识是公民社会责任感的体现。根据马斯洛需求层次理论，个人最高的需求是自我价值的实现，劳动与奉献是实现自我价值的有效途径，个人是社会的有机组成部分。因此，个体只有在奉献社会中才能真正实现自身的个人价值。

4. 拓展实事求是精神的外延

实事求是既是马克思主义的精髓，也是我们党的重要思想方法。2013年12月，习近平总书记再次强调："实事求是，是马克思主义的根本观点，是中国共产党人认识世界、改造世界的根本要求，是我们党的基本思想方法、工作方法、领导方法。"[①] 我国的社会建设始终坚持实事求是的思想路线，立足基本国情与社会实际，确立与时俱进的发展策略与决策理论。中国特色社会主义进入新时代，我国的主要矛盾已经转变为人民日益增长的美好生活需要和不平衡不充分的发展之间的矛盾，为此，我国进一步深化"五位一体"战略方向，坚持新发展理念，体现了实事求是基础上的与时俱进。着眼社会和个人的中观、微观领域，无论是个人理想目标的确立与计划制定，教育方法中尊重个体差异性的因材施教，还是社会调查的实地考察、亲身体悟，都是对实事求是精神的贯彻践行，体现了实事求是的科学精神在不同社会群体中的重要指导意义。

5. 拓展开拓创新精神的外延

开拓创新精神是个人进步与社会发展的重要推动力，是理论丰富与实践提升的必要条件，是当代科研工作者必须坚持的目标准则。恩格斯曾言："一个民族要想站在科学的最高峰，就一刻也不能没有理论思维。"[②] 作为中国特色社会主义新时代的科研工作者，必须时刻保持高度的理论学习能力，与时

---

① 习近平. 在纪念毛泽东诞辰120周年座谈会上的讲话[M]. 北京：人民出版社，2013：12.

② 马克思恩格斯选集：第3卷[M]. 北京：人民出版社，2012：467.

俱进，全面学习了解相关领域的历史渊源、中外现实状况与发展困境，在文献研读中发现不足、填补漏洞；同时，充分坚持理论与实践相结合，格物致知，在实践中发现规律、总结经验，最终抓住机遇，以更深厚的理论功底，更高远的历史站位，更宽广的国际视野全面投入科研创新的队伍之中。新中国成立 70 多年以来，从贫困饥饿到全面小康，从颠簸山路到复兴高铁，从机械进口到制造大国，从一穷二白到繁荣富强，中国在开拓创新中真正实现了从站起来、富起来再到强起来的伟大历史飞跃，证明了创新作为国家发展建设驱动力的重大价值。开拓创新是个人提升、社会建设、国家富强的必要保证，具有深刻的大众化价值意蕴。

三、拓宽媒介渠道

所谓媒介，在传播学意义上是指利用媒质存储和传播信息的物质工具。在西迁精神对延安精神的继承创新过程中，不仅要充分增强主体的自觉意识，推进内容的系统化、科学化、大众化，也要充分拓宽媒介传播渠道，依托多样化传播形式，开发红色旅游资源、凸显区域文化特色，立足实体文化媒介、发挥文字宣传价值、紧守网络宣传阵地、丰富传媒类型，发挥中间媒介的传播价值，不断扩展精神宣传的覆盖范围，并在此过程中推动精神内涵的与时俱进、发展创新。

（一）开发红色旅游资源

红色旅游资源的挖掘与开发是发展红色文化、传承红色精神的重要载体。全面扩展西迁精神对延安精神的传承创新，可以充分依托延安地区与西安交通大学的红色文化资源，对其进行合理规划开发，保持内容的真实性、严肃性与创新性并存，推动其成为传承精神内核、扩展精神影响、实现精神创新的重要手段。

1. 合理规划景区发展模式

进行科学合理的景区规划是实现红色资源开发利用最大化的重要前提，

也是促进景区可持续建设发展的基础，必须立足整体、全面考虑，充分展现地区特色，实现客观物质实体资源与主观精神文化的完美融合。

首先，实体资源的整修与保护是维持景区真实性、客观性的基本要求。在对延安领导人故居、会议旧址等历史建筑的管理中必须坚持最大程度的复原性，保持原有的物品摆放形态，实现对历史事实的最大尊重；在此基础上，延安景区可以丰富外部环境设计，融入富有时代与地区特色的文化标志与红色标语，打造地区品牌，增强环境对游客精神价值的带动性，营造艰苦朴素、无私奉献的环境氛围。西安交通大学内部可加强对校园文化建筑的开发与保护，用建筑讲述故事，在故事中感悟历史，在历史中传承精神。

其次，延安各大旅游景区应丰富活动类型，创新景区旅游模式，赋予景区以蓬勃生机与活力。结合重大历史事件及其他特殊纪念日开展主题宣传教育活动，增强游客对历史进程的学习了解；定期开展红色主题巡回会展与表演，设计编排"延安保卫战""瓦窑堡会议"等大型实景演出节目，用大众喜闻乐见的形式表达主题、传递精神，将参与者带入当时的历史情境之下，使其在潜移默化中自发、自觉地增强对延安精神的认同与感悟。

最后，延安景区可加强体验式游览形式创新。可进行延安时期经典场景的模拟重现，以特定地点、特定建筑发生的历史事件为背景，让游客穿上红军服装、戴上红军帽、背上红军枪，进入场景内身临其境地体验战争、会议等历史情境，[1]感悟历史，实现历史精神与当今时代精神的有机结合。同时，丰富纪念品类型，鼓励游客体验编织草鞋、红军帽，使其在亲身体会中感受革命先烈的不易，增强纪念品的文化价值，促进其对延安精神的认同与继承。

2. 全面建设红色文化展馆

红色文化纪念馆与博物馆是保护收藏文物资料、宣传教育历史精神的重要科学研究机构，全面深化西迁精神博物馆、延安革命纪念馆的建设完善，实现内容与时俱进、推进形式丰富创新，对于强化西迁精神对延安精神的传承创新具有重大的历史价值。

---

[1] 刘红梅. 红色旅游与红色文化传承研究 [D]. 湘潭大学，2012.

一方面，红色文化展馆是展现历史风貌的重要官方平台，必须保证其中内容的真实性、客观性、准确性。尊重历史，就要全面地展现历史进程，要加强对史料文献的研究，丰富资料收集、规范文件整理，不得有任何细节上的虚构。全面搜集西迁精神从政策发布、校务讨论到西迁争议、迁校成功，延安精神从"落户"延安、抗日战争、会议召开等系列史料，保证各阶段资料的可信性。同时，遵循保护和恢复原貌的基本原则对文物史料进行整理，丰富史料类型，将文献、报刊、照片、音像等纪实资料，奖章、器械、旗帜、文具、生活用品等实物资料，历史主体的相关笔记、书信、手稿等记录资料进行分类规范整理，保证历史文化遗产的历史价值、艺术价值和科学价值的充分实现。

另一方面，红色文化展馆通过对历史进程的记录与实体资料的展示实现内容传递与价值引导，因此，创新动静结合的资料陈列新形式，对发挥展馆的知识传递与价值引导具有较强的推动作用。在历史过程与文物史料的展示内容上，要坚持清晰规范的原则，以时间线索与历史逻辑作为首要准则，将历史故事穿插其中，对历史演进过程进行全面、准确、生动的呈现，实现内容上的体系性与丰富性。在展示方法上，运用现代科技手段，增加体验性和可操作性强的互动项目，如西迁环境再现与对比、自主军服在线试穿、会议活动在线参与等，运用立体多维的互动展示，调动游客的积极性，使其在身临其境中感悟历史文化与时代精神，增强红色文化的震撼力与感染力。

3. 多元完善红色导游讲解

红色旅游资源开发是一项政治工程、文化工程，也是一项讲解工程。红色旅游导游讲解具有其自身的特殊性，与景区游览、展览馆学习相配合，是传承精神最直接、最有效的途径。

首先，红色导游讲解具有特定的政治性、严肃性与导向性，因此，必须强化红色旅游教育培训，规范导游的讲解言行。陕西省、延安市旅游局相关部门要组织编写红色旅游培训教材，加强对博物馆、纪念馆解说词以及导游词的把关；按照五年轮训一遍的目标，对红色旅游导游员、讲解员分级分期进行培训;① 同时,关注导游、讲解员的政治信念引导,帮助其树立坚定的政治立场,全面提升导游、讲解员的政治水平与理论素养,建设一支高水平、创新型的人才队伍。

其次,红色导游讲解也是教育的过程,要丰富导游讲解的多样形式,增加讲解员与游客的互动交流,实现价值引导功能的最大化。导游、讲解员在讲解过程中不仅要达到内容的准确规范,也要注重语言表达的代入感与身体态势的配合性,对不同的历史时期、历史事件运用不同的语调、手势,在展现个人特色的同时,实现自身感情与讲解内容的有机融合;在此基础上,加强与游客的互动交流、知识讨论,在潜移默化中增强游客对历史进程和精神信念的认同与吸收。

最后,红色导游讲解员还要不断提升自身的讲解水平与技巧,在内容上坚持由浅入深,从基本史实到人物故事,从奋斗历程到精神内涵,从而为游客的知识吸收提供便利。此外,要坚持思想引导的目标,对不同游客对象实施针对性讲解,对儿童讲解时要以小见大,将历史精神融入人物故事、生活实际之中;对青少年讲解时要坚持启发性,准确呈现历史脉络、人物事迹,将讲解变成一次生动的历史课程;对中老年人讲解时要饱含真情,唤起其内心的历史记忆,实现精神上的升华。

(二) 立足实体文化形式

实体形式是文化传播的重要媒介,具有较长的历史渊源与发展历程。书籍、报刊赋予文字以强大的力量,用文字描绘历史进程、书写精神篇章,具有较强的体系性;实践活动通过社会成员的广泛参与,使其在亲身体悟中感受精神力量,从而实现西迁精神对延安精神的传承发展与创新。

1. 用好红色书籍报刊

读书是广大社会成员获取知识、增长见识、提升素质的必要途径。西迁精神对延安精神的传承,必须立足对书籍与报纸杂志的开发利用,丰富内容种类、关注对象差异性,设计增加专门的报刊模块,构建多样化、系统化、

---

① 中共中央办公厅、国务院办公厅. 2011—2015 年全国红色旅游发展规划纲要 [Z]. 2011-05.

全面化的文字媒介体系。

红色书籍是记录革命奋斗历程、讲述先辈精神故事的主要文字媒介,推进西迁精神对延安精神的传承创新,必须立足相关书籍种类的丰富与体系的完善。在内容上,首先,要拓展多元红色书籍的编写种类,构建整体性书籍系统,提高精神传承的便捷性与实效性。基础理论类书籍是认识历史变化、了解精神内涵的第一选择,要加强对交大西迁历史进程、延安时期历史脉络的全面整理,对历史史实进行有效总结,奠定学习者对精神产生背景与进程的知识基础。其次,丰富其他类型的书籍,如西迁、延安故事总结,历史人物回忆录等,强化阅读的时代感和代入感;再次,为实现西迁精神对延安精神传承创新的目标,要在查找丰富史料的基础上寻找二者的理论联结点,丰富读者认知。在形式上,要针对不同人群的个体差异性,实现文字、图画、音频、视频的有机结合,对年龄较小的儿童,应设计图文并茂的故事类书籍,同时,为书籍插入音频、视频、动漫等内容,让儿童在兴趣中树立对西迁精神与延安精神的正确认识;对于青年群体,可将史实类书籍作为基础,在其中融入人物评价、历史故事、时代联结等内容,实现理论与精神的双重提高;对于中老年群体,可以关注书籍编写的情感融入,增加回忆录类内容,深化读者的精神感悟。实现西迁精神对延安精神传承创新的认知主体多元性、内容发展系统性。

报纸杂志是文字媒介的又一重要组成部分,报纸杂志机构众多、受众广泛,具有实效性、精简性、便捷性的特点,"并具有规范的管理体制、严格的议程设置和把关能力,是传播红色文化的主渠道和主阵地"[①]。要充分发挥报纸杂志的价值引领作用,增加西迁精神对延安精神传承创新、时代发展的相关内容,扩大传播范围。《西安交通大学学报》《西安日报》《延安日报》《陕西日报》等省内报纸杂志要将红色精神传承纳入重要议程,设计专门的报刊模块对历史文化、精神内涵进行宣传讲述,建立城市红色文化品牌,树立良好的红色形象,调动社会成员主动学习的积极性。同时,报纸杂志要保持与

---

① 毕耕,谭圣洁. 全媒体时代红色文化传播的媒介策略 [J]. 红旗文稿,2016 (05):26-27.

时俱进的理论品格,强化历史内容与时代特色的有机融合,发挥精神创新的前沿作用。此外,要努力推进《人民日报》《光明日报》等全国性报刊对西迁精神、延安精神的文章发布,进一步拓展精神传承创新的覆盖范围。

2. 丰富实践活动类型

实践活动是实现精神传播的重要途径与媒介,通过创新多种内容鲜活、形式新颖、吸引力强的实践活动,能够将理论知识融入实际过程之中,使社会成员在自觉参与中潜移默化地受到感染、熏陶和教育,增强西迁精神对延安精神传承创新的感染力与发展动力。

首先,增加专题讲座。专题讲座是理论传递、思想交流的重要途径,具有多样化的组织形式,要丰富多类型讲座形式,实现参与者的多元性。邀请相关领域专家学者开展学术讲座,能够帮助参与者深层次了解西迁精神、延安精神的学术理论前沿研究状况,实现思想上的与时俱进,同时,发现当今研究中存在的不足之处,促使更多的知识分子加入研究队伍;邀请交大西迁老教授、延安时期老红军或其后代开展实际交流类讲座,对于带动参与者的情感认同意义匪浅,使其通过倾听历史记忆感悟时代精神;各学校、各单位开展互助讨论类讲座活动,实现参与者的思想碰撞与理论升华,对其用精神指导实践具有重要的推动作用,有利于实现时代精神真正的传承发展。

其次,扩展参观考察活动。在强化红色旅游文化开发的基础上,学校、单位需组织开展更加丰富多样的参观实践,对红色教育基地进行参观、瞻仰、考察,实现资源价值的最大限度发挥。在对延安红色景区、交大西迁博物馆、延安革命纪念馆等文化基地进行参观学习的过程中,应始终将提升参与者的思想道德素质置于首位,在游览中铭记历史、接受精神洗礼。同时,广大社会组织可开展区域调研与访谈实践,通过与西安交通大学老教授、延安老红军后代、当地村民等群体的访谈交流,不断丰富自身的知识底蕴,在交流中提升精神认同,进而在学习、工作、生活中积极践行西迁精神与延安精神,实现精神的创新发展和与时俱进。

最后,丰富文化演出竞赛活动。文艺活动受众面广、便于理解,是人民群众喜闻乐见的形式,是精神传承创新的重要媒介,具有以文化人的感染作用。话剧是讲述历史故事、传递历史记忆、弘扬历史精神的有效手段。西安交通大学的原创话剧《追忆西迁年华——向西而歌》通过在全国巡演，体现了交大新一代西迁精神传承者了解校史校情、追寻先辈足迹的爱国爱校情怀，向不同的参与组织传承了西迁精神的魅力，使西迁精神在当今时代熠熠生辉。以此为鉴，延安精神也可增加历史故事的话剧编排演出，通过文艺活动的开展激发社会成员的价值认同。此外，演讲比赛、歌咏比赛同样具有较强的情感联动作用，在比赛中讲好中国故事、歌唱红色歌曲，对激发广大参与者的爱国热情、增强精神吸收效果显著。

（三）紧守网络宣传阵地

随着现代信息技术的飞速发展，传统的书籍、报刊等实体媒介日益与电子网络等新兴媒介深度融合。网络媒体具有受众面广、传播迅速的功能，紧守网络宣传阵地，规范专题宣传网页制作，依托电视媒体形式，立足通信宣传手段，对推进西迁精神对延安精神的传承创新具有显著效果。

1. 建立专题宣传网页

专题网页是记录历史进程、讲述精神风采的全面性线上平台，充分发挥网页的宣传功能，要在内容上加以丰富，充实网页信息资源；在形式上加以创新，吸引更多社会成员参与，实现信息传递与价值引领的有机结合。

专题网页是精神教育的新渠道。以西安交通大学官方网站、延安市政府网站为主导，建立完善宣传西迁精神与延安精神的教育专版网页，"把那些具有时代特征的教育素材很好地凸显出来"①，使在线网络平台真正成为西迁精神对延安精神传承创新和宣传发展的新阵地。

在内容上，丰富拓展知识信息类型，实现内容上的系统性与全面性。历史史实是认识学习西迁精神与延安精神的基础前提，必须建立史实记录与故事讲述的独立板块，严格遵循历史脉络，进行规范性梳理，帮助社会群体更加便捷、全面地获取历史知识、感悟时代精神；权威学者的学术文章是解释精神内涵、发掘时代联结的重要载体，要拓宽网站中学术文章的作者来源、

---

① 崔景明. 延安精神的科学内涵和价值意蕴——兼谈大学生传承延安精神［J］. 思想教育研究，2010（03）：59-61.

实现理论碰撞,及时更新文章主题、紧跟学术前沿领域,实现精神发展的与时俱进,增强访问者学习的深入性与实效性;西迁与延安时期的亲历者及其家属是精神的代名词,对其进行人物访谈并在网站上记录展示,能够强化精神的真实性与情感性,促进精神内化于心的真正实现。

在形式上,创新网页图文设计与界面排版,推进阅览学习全面、便捷、直观、趣味的最大化实现。网页首界面是显示特点、展示风采的基础,必须坚持规范、美观的设计原则,将西迁精神对延安精神的传承创新进行专题展示,同时配以相关的历史插图,增强网页的时代特色;界面排版应立足全面清晰的要求,对西迁精神历史演进、延安精神革命历程、讲述历史故事、学术文章、人物访谈等板块进行合理排版,增强其条理性;此外,网页还需设置无障碍阅读模式、检索选项,丰富阅览人群。

2. 依托电视媒体平台

电视节目是画面、声音、文字、情感多项内容的交互融合,相比书籍报刊而言,对于受众的教育水平要求较低,具有受众面广的特点,是大众喜闻乐见的文化媒介形式,自产生至今始终具有较强的发展潜力。依托电视节目形式对精神加以宣传创新,充分发挥电影、电视剧、纪录片、综艺节目的作用,有利于实现"润物细无声"的精神传播效果。

电视剧、电影是对历史事实加以艺术加工的情节再现,尊重真实历史故事的改编具有较强的感染力与带动性。近年来《建党伟业》《建国大业》等影视作品收效显著,但针对西迁精神、延安精神等特定时期的影视作品仍然有待丰富。相关部门可立足西迁故事与延安故事的真实历史,借鉴话剧内容与表现形式,对历史过程、代表人物、真实故事等进行原型开发与艺术加工,设计撰写文化剧本,并依托红色旅游资源加以编排拍摄,增强影视作品的真实性、生动性,使观众在观看影视作品时学习历史、感悟精神。

纪录片以真实生活为创作素材,以真人真事为表现对象,具有极高的纪实性与教育作用。当前,各媒体已对西迁精神与延安精神进行了一定的纪录片编辑制作,《延安时代》、《砥砺——中共中央在延安十三年》、《为了可爱的中国》之第四集《西迁》,一系列真实故事的讲述极大地促进了对西迁精神与延安精神的传播继承。在此基础上,相关媒体还可以对陕西地区建党以来的历史文化进行宏观性总结编排,挖掘扎根其中、一脉相承的精神信念,探索西迁精神对延安精神的精神传承及其新时代创新。

近年来,中央电视台积极开拓创新,开发了一系列如《朗读者》《一封家书》等具有极强教育意义的综艺节目。在推进西迁精神对延安精神的传承创新中,也应充分利用综艺节目这一流行形式,陕西省各地区电视台可借鉴已有成果进行自我开发,创新西迁故事、延安故事演讲比赛,书信朗读等全民参与的节目形式,调动社会成员传承精神的积极性。

3. 立足网络通信手段

习近平总书记曾言,"推动传统媒体和新兴媒体融合发展,要遵循新闻传播规律和新兴媒体发展规律,强化互联网思维,坚持传统媒体和新兴媒体优势互补、一体发展"①。推进西迁精神对延安精神的传承创新,在发挥报刊媒介作用的同时,必须立足互联网电子通信传播途径,同时,依托网络资源实现信息与资源的交流互通。

微博微信等互联网信息平台具有时效性强、传播范围广的特点,是人们快节奏生活的产物。拓展西迁精神对延安精神的传承创新,需要充分依托时代特色,发挥相关信息平台的精神文化传播作用,同时,网络信息传递具有一定程度的碎片化,因此,在开发过程中要扬长避短,合理运用。相关主体可积极开发注册对西迁精神与延安精神有针对性的微信公众号,坚持实时更新与固定板块的结合,既可及时发布最新的相关新闻、学术文章,又可设计具有丰富史料资源的固定模块,解决快节奏生活与内容碎片化所产生的问题,促进精神的传承发展。

在此基础上,充分发挥互联网信息资源传播迅速的特点,推进实现不同地区、不同群体的资源与信息的交流互通。建立学术交流在线平台,促进各地区专业高校教师加强学术互动交流,实现教师资源的优势互补,丰富讲座活动的开展,传递学术前沿理论;完善景区、学校、企业互动平台,对景区

---

① 习近平关于网络强国论述摘编[M].北京:中央文献出版社,2021:63.

概览、校园学术、企业活动等进行资源共享,相互借鉴学习,促进西迁精神对延安精神传承创新的最大化实现。

四、优化传播环境

环境是影响西迁精神对延安精神传承创新的重要外部条件,是精神传播的客观基础,精神的传承总是会与一定的环境密切联系在一起并形成互动。在现代社会,环境具有多维性、开放性、复杂性,在对文化精神的传播带来强大机遇的同时也面临着复杂的挑战,因此,必须深入挖掘有利于推进精神传承创新的积极环境因素,发挥榜样示范作用,营造红色文化氛围;发挥主流媒体引导,明确主导价值方向;强化部门管理,规范制度结构,实现精神文化环境、舆论环境、制度环境的优化整合,为西迁精神对延安精神的传承创新奠定良好的外部基础。

(一) 营造红色文化氛围

积极健康的文化氛围具有潜移默化,润物细无声的教育、宣传功能,营造良好的红色文化氛围,需要从物质硬环境与文化软环境两个层次入手,软硬兼施,[1] 共同孕育和传播西迁精神与延安精神,丰富建筑、标语等硬件文化的价值引导,打造榜样模范示范平台孕育思想精神,推进西迁精神对延安精神的深入传承创新。

1. 构建物质硬环境体系

社会文化硬环境主要指文化建筑、艺术雕塑、宣传标语等思想精神的固化表现形式,既覆盖国家社会的宏观环境、校园企业等中观环境,同时,也涵盖家庭、学校班级、企业部门等微观环境。因此,规范西迁精神对延安精神传承创新的外部环境,必须立足宏观、中观、微观物质环境的综合性建设。

国家与社会环境是精神传承的宏观环境,具有较为广泛的涉及范围与较

---

[1] 骆郁廷. 注重大学精神文化的传承与创新 [J]. 中国高等教育, 2012 (21): 42-45.

为普遍的影响能力，其物质设施建设包括自然与人文设施两大层面，涉及历史建筑等多个类别。红色文化资源不仅是精神传承的重要实体媒介，同样是社会环境中的历史性物质资源，要强化对延安地区历史遗迹的保护与开发，发挥旅游资源的感染效果。艺术建筑是城市形象的代名词，营造红色文化传播的社会氛围，要美化城市建筑设计，在城市建筑中融入红色成分，构建追溯历史、弘扬精神的城市特色。宣传标语具有直观、具体的宣传效果，将西迁精神对延安精神的传承与社会主义核心价值观相结合进行标语设计与展示，推进精神创新发展。

各类学校与企业是精神传承创新的主要中观环境阵地，具有较强的群体参与性和针对性。相比宏观环境建设更容易实现精神吸纳与思想凝聚，构建多层次的中观硬环境体系、建设红色校园文化与企业文化具有深刻的精神价值。西安交通大学是传承西迁精神的主要平台，要立足交大校园特色建筑开展多彩的文化活动，对校园建筑与文化景观加以保护润色，深入挖掘其中所蕴含的历史故事与精神内涵，使交大师生在耳濡目染中感悟精神。延安地区的企业与学校具有地域性文化优势，应将延安精神与时代价值、学校企业自身发展要求进行有机融合，设计文化宣传标语，实现精神传承与思想凝聚的双重效果。

家庭、学校班级与企业部门等是较为微观的文化环境阵地，其物质硬环境建设主要表现为红色文化物品、标语等的设置摆放。家庭可通过增加红军帽、红军包等带有历史记忆的物品摆放，营造积极的家庭氛围；同时，可适当体验艰苦的饮食条件，帮助子女忆苦思甜，了解精神的真挚内涵。学校班级与企业部门主要可通过开展实践活动、丰富内部环境设计，不断规范物质硬环境建设，发挥物质环境的精神传递功能。

2. 打造榜样模范示范平台

文化软环境是与物质硬环境相互补充、相互促进的重要精神手段，具有突破地域的思想传递范围，打造榜样模范示范平台，寻找不同领域的当代精神践行者，拉近精神与群众的距离，对构建全民参与的社会风气、赋予物质环境以人文底蕴、实现物质与精神的有机配合具有重要的作用。

首先，要立足实际需要，构建全社会不同领域的西迁精神与延安精神当代榜样模范的规范性选择机制。榜样模范选举具有较强的行业领域差异性与独特性，因此，必须以制定个性化选举方案作为根本前提：大中小学校、多类型企业要从自身实际出发，将西迁精神对延安精神的继承创新思想内涵与单位自身的时代要求进行有机结合，围绕奉献报国、严谨精致、艰苦卓绝、团结互助、爱国奋斗五个层面进行拓展延伸，明确榜样模范候选人应当具有的精神品质与实践要求。在此基础上，规范设计榜样模范的具体选择标准与程序，确定模范人物名额限制，利用线上线下多元手段开展宣传投票，设置专门的组委会进行评议审定，提交当地政府管理部门进行最终审核，遵循程序的严格性，保证人物事迹的真实性。

其次，将规范性理论方案付诸行动，实现理论与实践的有机结合。在实际的模范人物选择过程中，要遵循客观标准，充分挖掘西迁精神与延安精神在当代社会生活中的具体表现，进而在各行各业选树榜样模范作为践行精神的标杆人物，实现精神与不同领域价值目标的有机契合，推动精神的时代创新。在校园中，既要寻找爱岗敬业、艰苦创业的教师模范，又要选择尊师重道、爱国奋斗的学生代表，营造积极进取的校园文化氛围；在医院、公司等企事业劳动者群体中，既要推选坚守一线、艰苦奋斗的基层优秀模范，也要选举敬业负责、爱国奉献的领导人物，构建覆盖全社会的榜样平台，同时推进各领域的信息互通，增强学习交流，促进西迁精神对延安精神继承创新的不断深化。

最后，充分利用线上线下的实体与网络媒介对榜样模范进行有效宣传，扩大其社会影响力，营造覆盖全社会的红色文化氛围，发挥文化软环境对西迁精神对延安精神传承创新的带动作用。线上宣传主要依赖于互联网与电视媒体的信息推广，通过新闻报道、平台推送，使模范人物事迹突破领域、地域局限，将学习、借鉴的文化氛围覆盖至整个社会环境；线下宣传主要立足于书籍报刊阅览，进一步扩大传播范围，在全社会推进学榜样、传精神的积极浪潮，为西迁精神对延安精神的继承创新创造良好的文化气氛。

（二）发挥主流媒体引导

在当今信息海量传播的舆论场中，多样的舆论媒体平台鱼龙混杂，造成信息的复杂混乱，必须发挥主流新闻媒体的思想引导作用，全面推进中央、地方多层次新闻媒体的精神指引，确立正确的社会政治方向与价值导向，促使相关媒体做好信息传播的把关人和引路人，为西迁精神对延安精神的继承创新创造积极有效的舆论环境。

1. 强化中央新闻媒体价值导向

中央媒体是指明国家价值方向、明确国家关注重点、展示国家总体形象的官方机构，是党和国家的主要新闻舆论平台。习近平总书记曾言："党的新闻舆论工作是党的一项重要工作，是治国理政、定国安邦的大事"①，体现了以习近平同志为核心的党中央对新闻舆论工作的高度重视。因此，必须充分发挥新闻媒介的宣传作用，增强权威新闻舆论传播力、引导力、影响力和公信力。

中央新闻媒体的舆论宣传主要表现为在节目内容中的强大政治价值导向作用。长期以来，中央主要媒体始终与党和人民同呼吸，与时代共发展，将马克思主义作为根本的理想信念与价值追求，宣传党的政策主张，在各个历史时期、广大社会范围内产生了不可替代的积极作用。进入新时代以来，中央媒体紧随时代发展步伐，坚持用习近平新时代中国特色社会主义思想武装头脑、指导实践，在全国范围内通过新闻报道、故事讲述等多种形式积极宣传以红船精神为代表的爱国奋斗、艰苦创业、无私奉献等中国精神谱系的重要组成内容，宣传倡导"不忘初心、牢记使命"主题教育，在全社会营造铭记历史、传承精神、知行合一的积极健康的学习氛围。

在此基础上，中央媒体应进一步增强精神宣传的具体性与针对性。继续高举中国特色社会主义伟大旗帜，坚持服务大局、团结人民、凝心聚力、成风化人，深入挖掘历史文化内涵，明确中国精神谱系的具体内容组成，对井冈山精神、长征精神、延安精神、抗战精神等思想精髓进行个性化宣传讲解，强化社会成员对不同时期精神精华的全面认知。具体而言，充分发挥舆论工作各环节的价值导向要求，保证各级报刊、广播电台及电视台在新闻报道、

---

① 习近平谈治国理政：第 2 卷 [M]. 北京：外文出版社，2017：331.

专题节目、广告宣传中的正确方向。推进西迁精神对延安精神的传承发展，要增加对交大西迁纪录片等新闻与节目的开发展播，丰富对延安精神历史继承、思想内涵的介绍，增强对延安地区红色文化资源的宣传，不断扩大西迁精神与延安精神在社会范围内的受众群体与影响范围，吸引更多的社会成员加强对延安精神、西迁精神的了解学习、参观实践；进而在精神文化宣传过程中融入当代主流思想精髓，发现其与社会主义核心价值观的密切联结，发现其新时代的新发展与新价值，在良好的红色舆论环境下不断推进西迁精神对延安精神的继承创新。

2. 立足地方新闻媒体精神指引

地方新闻媒体是立足地区实际、落实中央思想精髓的地区性官方新闻舆论平台，相比中央新闻媒体具有更强的地域性与特色性，更容易因地制宜、探索发现地区文化特色，打造地区精神文化品牌，因此，发挥地方新闻媒体的引导作用对推进西迁精神对延安精神的继承创新具有具体化、有效化的价值。

陕西省官方新闻媒体是宣传西迁精神、传承延安精神的主战地。一方面，陕西省主流媒体应充分利用好自身的资源优势，整合西迁精神与延安精神的多元历史资料与现实文化资源，实现资源内容的充实完善，增强资源的全面性与系统性。史实资料是了解精神内涵的基础前提，媒体平台可通过设置专门的资料搜集、加工、编辑等不同类型的小组分工，实现资料从收集到新闻宣传的系统化实现，增强内容的真实性，提高宣传效率。红色旅游文化资源是感悟历史时代、了解精神底蕴的重要实体资源，陕西省主流媒体可增加对延安红色景区、交大西迁博物馆、延安革命纪念馆等资源的介绍宣传，通过拍摄纪录片、新闻介绍、图片展示等形式扩大其影响力，带动社会参观学习的积极性。

另一方面，陕西省主流媒体应全面发挥新闻平台的舆论宣传功能，加强与地方政府组织的意见交流联系，对新闻舆论环境中的发展态势做出必要引导，做好氛围塑造的推动辅助工作，[1] 实现精神传播方法的资源整合与开拓创

---

[1] 李明德，王含阳，张园. 西迁精神的社会认同与推进路径 [J]. 中国高等教育，2018（20）：30-32.

新。将线下新闻报道与线上宣传记录视频播放作为基础宣传手段，同时，加强与其他地区新闻媒体的联系合作，建立新闻信息共享平台，对西迁精神与延安精神进行系统宣传，以此为本在其中融入时代精神内涵，营造地区积极舆论环境，以点带面，为西迁精神对延安精神的继承创新创造外部基础。

此外，不可忽视西安交通大学、延安大学等校园媒体平台、区县级主流媒体、红色文化景区媒体平台、权威个人平台等微观层面的媒体形式补充。微观媒体平台相比中央与地方主流媒体具有更强的具体性、实效性与便捷性，具有更直接的影响效果。校园媒体平台是反映学校风气、展现校园文化的重要途径，充分利用校园平台加强西迁精神、延安精神的宣传展示，对营造积极的校园氛围意义重大；区县级主流媒体价值引领应更加关注细节性，运用平易近人的口语表达、喜闻乐见的多样形式推进精神宣传深入基层；景区媒体平台需着眼物质文化与精神文化的有机融合，在景区历史遗迹的展示中实现精神升华；权威个人平台应发挥其带动力，实现价值影响在个人、群体、区域范围的广泛实现。

（三）强化相关部门管理

积极健康的红色文化氛围是精神传承的文化环境基础，中央与地方的主流媒体价值引导为精神发展创新提供了稳定的舆论环境，但要推进西迁精神对延安精神继承创新的规范化、系统化，必须强化相关部门的管理监督，建立健全标准规范的政策制度体系，创造良好的制度环境，实现文化环境、舆论环境、制度环境的协调配合。

1. 建立健全政策制度体系

政策是指在一定的历史时期内，为达到既定的奋斗目标、遵循的行动原则以及将要完成的明确任务而采取的一般步骤和具体措施。政策不仅是一个理论维度，而且依靠实践来运行，依靠制度加以保障落实。"政策是一种解决问题的过程"[1]，科学的政策在指导实际工作开展过程中发挥着重要的导向、规范、控制和协调功能。因此，在推进西迁精神对延安精神继承创新的过程

---

[1] 〔美〕弗莱蒙特·E·卡斯特，詹姆斯·E·罗森茨韦克. 组织与管理权变方法与系统方法［M］. 李柱流等，译. 北京：中国社会科学出版社，2000：515.

中，建立正确完善的政策方向，并据此健全规范的制度体系并加以落实，具有较强的操作性与指导意义。

近年来，党和国家在相关政策文件中做出了传承弘扬中华优秀传统文化的重大阐述，积极倡导开展"不忘初心、牢记使命"主题教育，体现了中央对继承发扬时代精神、传承红色基因的高度重视。西迁精神与延安精神是中华优秀文化的重要组成部分，是中国共产党为中国人民谋幸福、为中华民族谋复兴的初心和使命的真实践行，需要足够的关注与弘扬。在此基础上，党和国家需要进一步增强政策的针对性与具体性，坚决贯彻习近平总书记对西迁老教授的回信精神指示，制定确定性政策规范明晰西迁精神对延安精神进行继承创新的时代要求与奋斗目标，指明发展方向。

执行宪法比制定一部宪法更重要、更困难。[1] 政策制定更多停留在理论上的宏观层次，因此，还要关注对政策执行过程的不断优化，将中央政策指示落实到地方制度践行之中。政策实践的过程要坚持分步骤、分层次、抓重点，针对西迁精神与延安精神的地域特殊性，将陕西省作为精神传承的中心点，实现以点带面、范围辐射，最终促进全国范围内的精神创新。以陕西省为代表的各省、市、区党政部门要坚决贯彻政策思想精髓，根据地区实际制定更具特色，更有针对性的制度规范，明确部门分工，推动西迁精神对延安精神的继承创新过程在规范体系中有条不紊地积极运行。

2. 营造健康网络空间

"互联网的迅猛发展，深刻改变着舆论生成方式和传播方式，给不同文化和价值观念交流、交融、交锋带来前所未有的影响。"[2] 面对互联网信息内容的复杂性与传播的广泛性，在加强主流媒体价值引导的同时，必须坚持完善相关政府部门的监督管理，发挥网络管理的制度效应，时刻保持鲜明的旗帜方向与价值取向，建设风清气正的网络空间环境，实现西迁精神对延安精神

---

[1] 〔美〕斯蒂尔曼. 公共行政学 [M]. 李方等，译. 北京：中国社会科学出版社，1988：13.

[2] 习近平新时代中国特色社会主义思想学习纲要 [M]. 北京：学习出版社，人民出版社，2019：151.

继承创新过程中的制度环境与舆论环境的互助共融。

设置明确的管理部门与人员分工是强化网络监督管理的基础前提。中央及各地党政部门应确立相应的规范标准明晰各层级管辖范围，对不同层次、不同区域、不同类型的网站及微博、微信等相关平台实行横向与纵向管理的有机结合，避免权力交叉与资源浪费。在此基础上，各区域部门需进一步设置专门性团队或工作小组分管网络空间的监管工作，建设一支具有正确政治立场、坚定政治信念及较高技术能力的综合型网络管理人才队伍，提高网络管理的效率与水平。

依托专门性网络监督管理小组，对所辖区域内网络平台的内容组成、言论发布进行全面监管，促使网络平台成为思想引领、文化传承的制高点。全面有效的内容审核是保证健康网络环境的前提，一方面，相关管理人员应设置明确的内容选择标准，对弘扬社会主旋律、倡导社会主义核心价值观等积极内容加以高度肯定，同时，积极倡导有关西迁精神对延安精神继承创新类内容的撰写发布；另一方面，不可忽视具体内容资料的核查审阅，时刻保持严谨的态度锱铢必较，保证内容的准确性与真实性。与此同时，管理小组要及时地监督筛查广大网民发表的言论，尊重其言论自由的同时，也要坚守言论底线，对不符合时代要求的消极言论加以限制警告，实现网络环境的有效制度管理，为西迁精神对延安精神的继承创新创造健康稳定的网络环境与制度保障。

3. 规范社会监督评估

评估机制是考量政策落实、制度遵守情况的重要指标，根据一定的标准和程序对政策价值和制度效果进行有效判断，发现其中的优势与不足，从而进一步了解和推进政策与制度的优化完善。[①] 在践行西迁精神对延安精神继承创新的过程中，必须设置官方标准与专管部门进行监督评估，不断推进政策制度的有效落实。

首先，必须建立规范的评估体系，严格遵循中央政策精神内涵与地方制

---

① 陈振明. 公共政策学 [M]. 北京：中国人民大学出版社，2004：283.

度规范，确立明确细化的评估标准。对主观性文字要求进行客观量化分析；对制度设计中西迁精神对延安精神继承创新的任务目标、步骤策略的实现结果进行社会调查，通过问卷、访谈等形式发现一定阶段内社会成员对精神的学习进展，进而总结判断相关制度是否得到了较为有效的落实。同时，对网络平台所发布的文章与言论内容运用大数据进行收集分析，对其内容的规范性进行改进，总结评估网络管理小组的工作落实状况。最终以客观量表的形式对相关部门工作状况进行全面考核评价，发现不同部门、不同地区的践行差异，在此基础上建立规范的赏罚激励机制，对执行力较强的部门与地区加以表彰宣传，对评估结果较差的部门进行谈话警告，调动相关部门的重视性与积极性，推进西迁精神对延安精神继承创新的有效践行。

其次，要成立专门性监督评估小组，保证监督评估的客观性与公平性。监督小组的人员组成应坚持多元主体的有机结合，既要包括具有较强专业基础的专家学者，也要包括实践经验丰富的政府工作人员；既要引入不同地区人员保证区域公平性，又要引入多元岗位社会成员确保群众参与性，实现专业性、实践性、公平性的有机结合。

同时，必须关注监督小组的工作人员培训，统一标准认知、规范标准落实，不断提高评估小组行为的规范性，实现对政策制度落实的有效评估，在评估中发现问题、完善践行，最终推动西迁精神对延安精神继承创新的不断深化落实。

第八章

延安精神、西迁精神与红色文化

第八章
延安精神、西迁精神与红色文化

一、红色文化的内涵

学界普遍认为,红色文化是中国共产党把马克思主义理论与中国具体实践相结合的先进文化;[①] 就其概念内核而言是指中国共产党在领导中国人民进行革命、建设和改革开放过程中形成的以中国化马克思主义为核心的红色遗存和红色精神为研究对象;[②] 红色文化的研究内容是马克思主义的科学理论基础,为人民服务的价值目标,爱国主义和道德品质的精神动力。[③] 由于对内涵的理解不同,对红色文化涵盖的历史时期学术界形成了三种观点:红色文化仅限于新民主主义革命时期;[④] 红色文化包含革命、建设和改革进程;就其概念外延而言,是近代以来的革命基因和中华民族伟大复兴的精神凝聚。可见,由于对历史时期的认识不同学界对红色文化的内涵形成了不同的观点。因此,对红色文化的内涵应该从不同历史时期的内涵和共同内涵两个方面加以界定。

[①] 刘润为. 红色文化论 [J]. 文艺理论与批评, 2013 (04): 7-13.

[②] 沈成飞, 连文妹. 论红色文化的内涵、特征及其当代价值 [J]. 教学与研究, 2018 (01): 97-104.

[③] 衣玉梅. 红色文化视角下大学生文化自信路径分析 [J]. 思想政治教育研究, 2018 (04): 119-122.

[④] 黄蓉生, 丁玉峰. 习近平红色文化论述的思想政治教育价值探析 [J]. 思想教育研究, 2018 (09): 3-8.

（一）不同历史时期红色文化的内涵

1. 新民主主义革命时期红色文化的内涵

在此（中国革命实践）过程中产生的中国化马克思主义理论成果是中华民族复兴的精神动力，因之而凝聚的红色遗存和红色精神等先进文化，就是中国红色文化的概念内核。习近平的这些论述，阐明了红色文化是党的性质和宗旨、党的优良传统和作风、中国共产党人政治本色和精神特质的集中体现，揭示了红色文化的本真要义；这些精神蕴含的中国共产党始终走在时代前列，敢闯敢干，勇于创新，敢为人先，实事求是开拓新路，紧紧依靠群众，全心全意为人民服务，是党的先进性和根本宗旨的充分体现；这些精神是对党坚定理想信念，坚持独立自主、实事求是、依靠群众、不怕任何艰难险阻、不畏牺牲的优良传统和作风的充分体现；这些都集中展示了中国共产党人立党为公、忠诚为民、清正廉洁、无私奉献的政治本色和精神特质，诠释着中国共产党作为马克思主义政党的价值追求，凸显了共产党人的品格风范。而中国革命精神是什么，中国革命精神是在中国共产党波澜壮阔的革命历史中形成的独具特色的精神面貌。体现了中国共产党人坚定的理想信念、科学的路径选择、辩证的思想品质、创新的风格特色，是共产党人传承中华民族精神和实践发展马克思主义的生动表现，反映了共产党人对中国思想史和中华民族精神的丰富与发展，体现了从毛泽东到习近平等领袖人物的重大思想理论贡献。[①] 中国共产党革命精神中独特的政治信仰、理想情怀已经深深融入中国共产党的政治文化之中，使中国共产党始终保持旺盛的生命力，带领中国人民走在时代的潮头。[②] 由此可见，革命时期的红色文化是中国共产党把马克思主义理论与中国革命实践相结合所形成的性质和宗旨、优良传统和作风、政治本色和精神特质、政治信仰和精神情怀的总称。

2. 社会主义革命和建设时期红色文化的内涵

中华人民共和国成立以来，中国各族人民在中国共产党领导下，万众一

[①] 贾晓薇. 中国共产党革命精神与红色文化理论解析 [J]. 理论月刊, 2018 (10): 65.

[②] 王婧. "高校红色文化资源育人研讨会"暨新书出版座谈会综述 [J]. 中国高校社会科学, 2018 (06): 152-153.

心、奋发图强、积极进取，沿着社会主义的康庄大道进行革命和建设的丰富实践是红色文化的实践渊源。① 以毛泽东号召"发扬革命传统，争取更大光荣"为标志；从新中国成立初期，中国共产党通过出版，学习马克思、恩格斯、列宁、斯大林等经典著作以及毛泽东的《矛盾论》《实践论》等，掀起一场红色文化宣讲与学习活动，确立了马克思主义在意识形态领域的指导地位为起点；以社会主义改造基本完成后"双百方针"的提出为中继；以60年代红色榜样的塑造与红色文化的继承发展。② 在社会主义革命和建设时期，红色文化主要体现的是保家卫国、自力更生、艰苦奋斗、团结协作的精神，包括抗美援朝精神、大庆精神、焦裕禄精神、"两弹一星"精神，等等。③ 自力更生、艰苦奋斗、勤俭建国、全心全意为人民服务、个人利益服从集体利益、共产主义和集体主义等优秀精神和高尚品德则是这一时期红色经典作品所反映和宣传的主流和基本方向。④ 新中国社会主义革命和建设时期各行各业都涌现出大批劳动模范或英雄人物，如陈永贵、时传祥、孟泰、王崇伦、马永顺、王进喜、雷锋、焦裕禄、孙茂松等，他们自力更生、艰苦创业、大公无私，不计名利和报酬，以忘我工作的精神境界，用自己的言行从不同方面诠释着艰苦奋斗精神。⑤ 可见，社会主义革命和建设时期红色文化的内涵是指在中国共产党领导下确立马克思主义在意识形态的指导地位的基础上，带领全国人民以万众一心、奋发图强、积极进取的态度所形成的保家卫国、自力更生、艰苦奋斗、团结协作、勤俭建国、全心全意为人民服务、个人利益服从集体利益、共产主义和集体主义等优秀精神和高尚品德。

3. 改革开放以来红色文化的内涵

改革开放以来，党带领人民在继承和弘扬伟大民族精神的基础上，立足

---

① 韩丽雯. 红色文化的渊源与价值研究 [J]. 北京印刷学院学报，2018（10）：57-61.
② 邱小云. 论中国红色文化百年发展史 [J]. 红色文化学刊，2017（02）：29-35.
③ 李倩. 红色文化资源：概念辨析、形成条件与发展历程 [J]. 武夷学院学报，2016（11）：65-68.
④ 史杰. 中国共产党推动红色文化发展的历史进程及其启示 [J]. 中国石油大学学报（社会科学版），2016（04）：29-35.
⑤ 张文，王艳飞. 红色文化：艰苦奋斗教育的精神支柱 [J]. 传承，2015（12）：18-20.

新的时代条件，赋予中华民族精神以新的时代内涵，形成了以改革创新为核心的时代精神。① 把握"时代的精神上的精华"的现实意义，启发我们应从现实出发以现实视角体认"新时代""新方位"；由理论本身逻辑解读"新思想""新方略"；从实践维度谋划开启"新蓝图""新征程"；由推动工作矢志落实"新举措""新要求"。② 以改革创新为核心的时代精神是中国精神的重要组成部分，赋予中国精神鲜明的时代气息。自改革开放以来，以人民大众为主体，围绕改革创新这一核心精神，还形成了解放思想、实事求是、与时俱进、求真务实，勇于变革、永不停滞等伟大精神。③ 全面准确理解新时代改革创新精神需要把握好三个向度：马克思主义的指导，这是方向；民族精神的滋养，这是根基；革命精神的传承，这是关键。④ 新时代中国精神包括以"爱国主义"为核心的民族精神和以"改革创新"为核心的时代精神，因此，"爱国主义"和"改革创新"构成了新时代中国精神之核心。⑤ 可见，学术界对于改革开放以来红色文化的内涵的理解又分为两个时期：1978—2012年，党的十八大以来至今，分别称为时代精神和新时代精神。沿着这一逻辑，我们把时代精神的内涵归纳为以改革创新为核心的时代精神，其具体内涵包括：改革创新精神既是对中华民族革故鼎新优良传统的继承发扬，也是当代中国改革开放伟大实践中体现出来的精神品格和精神特征。改革创新精神体现为突破陈规、大胆探索、勇于创造的思想观念，勇于打破与社会和历史发展规律不相吻合的思维方式、行为规范的束缚，从不合实际、不合规律的观念和体制的束缚中解放出来，从错误和教条式的思想观念中解放出来；体现为不甘落后、奋勇争先、追求进步的责任感和使命感，不自甘落后、故步自封，

---

① 本书编写组. 思想道德修养与法律基础 [M]. 北京：高等教育出版社，2018：51.
② 吴世彩. 现时代精神的精华——习近平新时代中国特色社会主义思想的哲学意义及其实践价值解读 [J]. 科学社会主义，2018（06）：92-96.
③ 张瑜. 理解中国精神的三重维度 [J]. 思想理论教育，2018（12）：36-41.
④ 王岩，李义. 新时代改革创新精神的学理价值与实践意义 [J]. 毛泽东邓小平理论研究，2018（10）：21-27.
⑤ 李德全，杨全海. 论社会主义核心价值观与新时代中国精神 [J]. 思想理论教育导刊，2018（05）：84-87.

也不满足于取得的成就，躺在历史的功劳簿上自满自足、裹足不前，而是以"落后就要挨打"的危机感和忧患意识自我警醒，以"一万年太久，只争朝夕"的奋发精神和竞争意识自我激励；体现为坚韧不拔、自强不息、锐意进取的精神状态，有"敢啃硬骨头""敢涉险滩"的闯劲，有"咬定青山不放松"的韧劲，有"生命不息，奋斗不止"的拼劲。

4. 新时代精神的内涵

新时代精神的内涵体现为习近平新时代中国特色社会主义思想的"十个明确"和"十四个坚持"。其中，"十个明确"是指：明确中国特色社会主义最本质的特征是中国共产党领导，中国特色社会主义制度的最大优势是中国共产党领导，中国共产党是最高政治领导力量，全党必须增强"四个意识"、坚定"四个自信"、做到"两个维护"；明确坚持和发展中国特色社会主义，总任务是实现社会主义现代化和中华民族伟大复兴，在全面建成小康社会的基础上，分两步走在 20 世纪中叶建成富强、民主、文明、和谐、美丽的社会主义现代化强国，以中国式现代化全面推进中华民族伟大复兴；明确新时代我国社会主要矛盾是人民日益增长的美好生活需要和不平衡、不充分的发展之间的矛盾，必须坚持以人民为中心的发展思想，坚持和发展全过程人民民主，推动人的全面发展、全体人民共同富裕取得更为明显的实质性进展；明确中国特色社会主义事业总体布局是经济建设、政治建设、文化建设、社会建设、生态文明建设"五位一体"，战略布局是全面建设社会主义现代化国家、全面深化改革、全面依法治国、全面从严治党四个全面；明确全面深化改革总目标是完善和发展中国特色社会主义制度、推进国家治理体系和治理能力现代化；明确全面推进依法治国总目标是建设中国特色社会主义法治体系、建设社会主义法治国家；明确必须坚持和完善社会主义基本经济制度，使市场在资源配置中起决定性作用，更好地发挥政府作用，把握新发展阶段，贯彻创新、协调、绿色、开放、共享的新发展理念，加快构建以国内大循环为主体、国内国际双循环相互促进的新发展格局，推动高质量发展，统筹发展和安全；明确党在新时代的强军目标是建设一支听党指挥、能打胜仗、作风优良的人民军队，把人民军队建设成为世界一流军队；明确中国特色大国外交要服务民族复兴、促进人类进步，推动建设新型国际关系，推动构建人类命运共同体；明确全面从严治党的战略方针，提出新时代党的建设总要求，全面推进党的政治建设、思想建设、组织建设、作风建设、纪律建设，把制度建设贯穿其中，深入推进反腐败斗争，落实管党治党政治责任，以伟大自我革命引领伟大社会革命。"十四个坚持"是指：坚持党对一切工作的领导；坚持以人民为中心；坚持全面深化改革；坚持新发展理念；坚持人民当家作主；坚持全面依法治国；坚持社会主义核心价值体系；坚持在发展中保障和改善民生；坚持人与自然和谐共生；坚持总体国家安全观；坚持党对人民军队的绝对领导；坚持"一国两制"和推进祖国统一；坚持推动构建人类命运共同体；坚持全面从严治党。

（二）红色文化的共同内涵

中国共产党革命精神集中体现了中国共产党的性质、宗旨和品格、气质。红色文化是中国共产党领导全国人民在民族解放、革命斗争和国家建设的历史进程中创造和积淀的理想信念、政治智慧、价值观念、精神品格、心理结构、思维方式的总和。① 红色文化，就其概念内核而言，是中国共产党在领导中国革命、建设和改革事业进程中形成的以中国化马克思主义为核心的红色遗存和红色精神；就其概念外延而言，是近代以来的革命基因和中华民族复兴精神的凝聚；就其价值内核而言，红色文化体现的是融入中国特色传统文化的中国革命精神、社会主义价值体系；就其价值外延而言，它凝聚了世界共产主义运动中的人类共同价值。

红色文化蕴涵着丰富多维的内容要素，包括物质文化、制度文化和精神文化三方面。其中，物质文化是指在革命、建设和改革过程中形成并遗留下来的物化成果，主要包括各种场地场所（如遗迹、遗址、遗物、纪念地、纪念场馆碑堂等）、组织机构、设施设备、文本文献等实物；制度文化是指相关的各种思想理论、纲领、路线、方针、政策、规章制度等一系列规范体系和

---

① 罗丽琳，蒲清平. 红色文化的思想政治教育基因及其时代价值［J］. 新疆师范大学学报（哲学社会科学版），2018（06）：45-52.

行为模式；精神文化是指所凝结的相关知识、信仰、价值、精神、道德等。[①]红色文化有丰富多彩的内涵，但概括起来，至少有以下6个关键词：理想信念、奋斗牺牲、创新开路、不畏强敌、团结守纪、万众一心。[②] 红色文化是中国共产党成立以来，为了实现民族独立、人民解放、国家富强和民族振兴的历史使命，在探索和开辟中国革命、建设和改革道路的过程中，形成的诸如井冈山精神、苏区精神、延安精神、西柏坡精神、沂蒙精神、雷锋精神、焦裕禄精神和大庆精神等不同时期红色文化的统称；中华优秀传统文化、马克思主义及其中国化的理论成果是不同时期红色文化形成的共同源泉，也是把不同阶段形成的红色文化作为一个整体研究的思想基础；红色文化是中国共产党和中华民族宝贵的精神财富。[③]

由此，我们总结出红色文化的共同内涵是红色文化是中国共产党成立以来，以马克思主义为指导，为了实现民族独立、人民解放、国家富强和民族振兴的历史使命，在探索和开辟中国革命、建设和改革道路的过程中，形成的中国化的理论成果，包括物质文化、制度文化和精神文化三方面。

二、 延安精神在红色文化中的地位

（一） 从历史维度来看延安精神在红色文化中的地位

从综述可以看出，延安精神在红色文化中属于"革命文化"范畴，按照顺序：红船精神、井冈山精神、长征精神、延安精神、西柏坡精神，从中国共产党1921年成立到1949年中华人民共和国成立之间，延安精神在革命文化中处于承上启下的地位。延安精神的时代背景是从1936年10月8日中国工

[①] 渠长根. 红色文化研究要从学术自觉走向学科自觉 [J]. 浙江工贸职业技术学院学报，2017 (06)：62-67.

[②] 黎昕. 红色文化研究的新进展——红色文化高端论坛综述 [J]. 福建论坛（人文社会科学版），2017 (07)：2.

[③] 闫立光，张文彬. 红色文化整体性研究推进的三个向度 [J]. 江西理工大学学报，2016 (02)：5-8.

农红军一、二、四方面军在甘肃会宁胜利会师,二万五千里长征胜利结束,至 1948 年 3 月 23 日转战西柏坡,为迎接革命胜利做准备,整整 13 年。因此,从历史发展时期来看,延安精神是革命文化由弱到强、由低潮进入高潮的转折期间产生的革命精神。如果说长征是"播种机、宣言书",西柏坡是"赶考",那么,延安精神的历史地位就是中国革命走向胜利的"基石"。因为,没有在延安 13 年艰苦卓绝的英勇奋战,就不会有新中国的建立,没有党领导人民在延安时期形成的优良传统和作风,红色文化就会缺少核心的环节,因此,从历史角度来看"延安精神永放光芒"。我们对延安精神的历史地位主要从延安精神的政治地位方面加以阐释。

延安精神的政治地位。政治,指对社会治理的行为,亦指维护统治的行为。"政"指的是正确的领导,"治"指的是正确的管理。政治是各种团体进行集体决策的一个过程,尤指对某一政治实体的统治,例如,统治一个国家,亦指对一国内外事务之监督与管制。政治是牵动社会全体成员的利益并支配其行为的社会力量。这个词一般多用来指政府、政党等治理国家的行为。因此,我们从正确的领导角度和正确的管理角度加以理解。

1. 从正确的领导角度来理解延安精神

1935 年 1 月 15 日至 17 日,中共中央在遵义召开了政治局扩大会议。会议经过激烈的争论,在统一思想的基础上,委托张闻天起草了《中央关于反对敌人五次"围剿"的总结的决议》,并由常委审查通过。决议肯定了毛泽东关于红军作战的基本原则,否定了博古关于第五次反"围剿"的总结报告,提出了中国共产党的中心任务是战胜川、滇、黔的敌军,在那里建立新的革命根据地。会议决定改组中央领导机构,增选毛泽东为政治局常委(书记处书记,当时应无常委之说),取消博古、李德的最高军事指挥权,仍由中央军委主要负责人周恩来、朱德指挥军事。会后,常委进行分工:由张闻天代替博古负总责,毛泽东、周恩来负责军事。在行军途中,又成立了由毛泽东、周恩来、王稼祥组成的三人军事指挥小组,负责长征中的军事指挥工作。至此,遵义会议以后的中央组织整顿工作大体完成。

遵义会议结束了王明"左"倾机会主义路线在党中央的统治,确立了以

第八章
延安精神、西迁精神与红色文化

毛泽东为代表的新的中央正确领导,把党的路线转到了马克思列宁主义的轨道上来。遵义会议在中国革命的危急关头,挽救了党,挽救了红军,挽救了中国革命,是我党历史上一个生死攸关的转折点。遵义会议是中国共产党第一次独立自主地运用马列主义基本原理解决自己的路线、方针和政策的会议。从此,中国革命就在毛泽东为代表的正确路线指引下走上胜利发展的道路。

中共中央结束长征到达陕北后,于12月17日至25日在瓦窑堡召开政治局扩大会议,讨论军事战略问题、全国的政治形势和党的策略路线问题,通过张闻天起草的《中共中央关于目前政治形势与党的任务的决议》。瓦窑堡会议是从第五次反"围剿"失败到全民族抗战兴起过程中召开的一次重要会议。它表明党已经克服"左"倾冒险主义和关门主义,不失时机地制定出抗日民族统一战线的新策略,使党在新的历史时期将要到来时掌握了政治上的主动权;表明党在继遵义会议着重解决军事路线问题和组织问题之后,开始努力解决政治路线问题;表明党在总结经验教训的基础上,已经能够从中国的实际情况出发,创造性地开展工作。

1935年,中共中央提出"两个先锋队"的创新理论和"人民共和国"的政治设想,古老的黄土高原一跃变成引领民族独立的思想高地和政治高峰。1937年,我们党谋划全面抗战路线,制定抗日救国十大政策,毛泽东同志进而向全党提出"治党"和"治国"两大核心任务,为民族救亡的伟大斗争点亮了灯塔、指明了航向。

1938年,党的六届六中全会召开,全会基本上克服了王明的右倾错误,再次强调中国共产党必须独立自主地领导人民进行抗日战争,从而使全党统一于中央正确路线的指导之下,推动了各方面工作的开展。这次大会还坚持马克思列宁主义和中国革命相结合的原则,肯定了毛泽东在全党的领导地位,在党的历史上具有重大意义。

1939年10月,毛泽东同志在为中央机关刊物《共产党人》写的发刊词中第一次把党的建设称为"伟大的工程",强调建设一个全国范围的,广大群众性的,思想上、政治上、组织上完全巩固的布尔什维克化的中国共产党的伟大工程。1945年,中国共产党第七次全国代表大会在杨家岭中央大礼堂胜利召开，确立毛泽东思想为党的指导思想并写入党章，选举产生了以毛泽东为核心的中央领导集体。为迎接抗日战争的胜利和新民主主义革命在全国的胜利，奠定了政治上、思想上、组织上的基础。

从《〈共产党人〉发刊词》到《论联合政府》政治报告中提出党的政治路线，毛泽东同志提出并开展党的建设伟大工程，把党的政治建设贯穿到思想建设、组织建设、作风建设、纪律建设之中，党的核心地位得以确立巩固，党的路线得以丰富发展，党的事业得以兴旺发达。下面就从四个方面展开论述。

2. 从正确的管理角度来看

（1）党的思想建设，即统一全党的思想。早在1930年5月，毛泽东在《反对本本主义》一文里就为党的思想建设提出了四个方向，认为马克思主义是科学真理，是我们党的指导思想和理论基础；不能把马克思主义神圣化和教条化，因为，实践是检验真理的唯一标准；应该把马克思主义的普遍真理与中国革命的实际情况相结合，要在调查研究的基础上，了解和把握中国革命的实际情况；党内存在的教条主义、冒险主义，以及把苏联十月革命胜利的经验、共产国际的指示当作圣旨的根本原因，是因为马克思主义理论和中国革命的实际相脱节、主观愿望和客观实际相脱离。1937年7月和8月，毛泽东相继发表了《实践论》和《矛盾论》两篇著作，向全党进一步普及马克思主义理论，号召全党全军要从矛盾的普遍性、对立性出发看待中国问题，要抓住主要矛盾和矛盾的主要方面，即"两点论"和"重点论"，只有这样才能用马克思主义的普遍真理解决中国革命的实际问题。1938年9月，在中共中央六届六中全会上毛泽东做了题为《论新阶段》的政治报告和会议总结，要求全党同志认真地负起领导抗日战争的重大历史责任。全会通过《中共中央扩大的六中全会政治决议案》，批准以毛泽东为代表的中央政治局的路线，强调全党必须自上而下地学习马克思列宁主义理论，并善于将其运用于中国的具体环境。在1941至1945年的延安整风运动期间，毛泽东先后发表了《改造我们的学习》《整顿党的作风》《反对党八股》等关于学风、作风和文风的文章，再一次向全党强调要学习马克思列宁主义的普遍真理与中国具体实践的有机结合，在调查研究的基础上运用马克思列宁主义的立场、观点和方法研究中国现状和中国历史,具体分析和解决中国革命问题。

为了完成打败敌人的任务,必须完成整顿中国共产党作风的任务。这就是反对主观主义以整顿学风,反对宗派主义以整顿党风,反对党八股以整顿文风。毛泽东从世界观和方法论的高度创造性地回答了加强中国共产党思想作风建设的一系列问题,对于培育中国共产党理论联系实际、密切联系群众、批评和自我批评的三大作风起了重要作用。主观主义、宗派主义和党八股,这三种东西,都是反马克思主义的,都不是无产阶级所需要的,而是剥削阶级所需要的。因此,推动革命精神的不断发展,必须以生动鲜活的马克思列宁主义文风代替党八股。这种文风,早已存在,但尚未充实,尚未得到普遍的发展。我们破坏了洋八股和党八股之后,新的文风就可以获得充实,获得普遍的发展,党的革命事业也就可以向前推进了。由以上论述可以看出,延安时期思想建党的宝贵经验,如党的性质和宗旨、群众路线、实事求是、理论联系实际等,是中国红色文化的重要组成部分,为实现党的思想统一,把马克思列宁主义的普遍真理与中国的具体实际相结合起到了思想建党的奠基性作用。

(2) 党的组织建设。延安时期组织建党取得了宝贵经验,主要包括壮大党的队伍,把党建设成为全国性大党;用"团结—批评—团结"的原则解决党内各种问题;"德才兼备",有计划地培养一大批干部;民主集中制的组织原则。首先,在抗日民族统一战线中,党要掌握主动权尤其是领导权,就必须迅速发展壮大党的队伍。为此,毛泽东在1937年5月党的代表大会上做了《中国共产党在抗日时期的任务》的报告,指出:"我们党的组织要向全国发展。"[①] 在毛泽东的积极倡议下,1938年中共中央作出了《关于大量发展党员的决议》指出:"大胆向着积极的工人、雇农、城市中与乡村中革命的青年学生、知识分子、坚决勇敢的下级官兵开门,把发展党的注意力放在吸收抗战中新的积极分子与扩大党的无产阶级基础之上。"[②] 延安时期党在发展党员上

[①] 毛泽东选集:第1卷 [M]. 北京:人民出版社,1991:277.
[②] 中共中央. 关于大量发展党员的决议 [EB/OL]. 1938-03-15 [2020-07-02]. http://www.zhongguomeng2013.cn/html/dsrz/1809.html.

的最突出贡献在于"不唯成分论",毛泽东指出:"凡属同意党的纲领政策而工作中表现积极的分子,不念其社会关系如何,均应广泛地吸收入党。"① 其次,解决党内各种问题的最有效办法是搞好党的团结统一。"只有经过共产党的团结,才能达到全阶级和全民族的团结,只有经过全阶级和全民族的团结,才能战胜敌人,完成民族和民主革命的任务"②,尤其是1945年党的六届七中全会通过的《关于若干历史问题的决议》,对建党以来至党的六届五中全会之间若干历史问题做了明确的总结:"为了学习中国革命的历史教训,以便'惩前毖后,治病救人',使'前车之覆'成为'后车之鉴',在马克思列宁主义思想一致的基础上,团结全党同志如同一个和睦的家庭一样,如同一块坚固的钢铁一样,为着获得抗日战争的彻底胜利和中国人民的完全解放而奋斗。"③从此,"惩前毖后,治病救人"就成为党的组织建设的优良传统和作风。

(3)党的作风建设。延安时期党的作风建设主要包括作风理论、作风实践和作风方法。

①作风理论建设。为了克服党在工作作风上存在的"左"倾路线问题、官僚主义问题、脱离群众问题、形式主义问题、贪污腐化和铺张浪费问题,加上我党各根据地面临的对外要抵御日本帝国主义的疯狂扫荡、对内要防范国民党对根据地的侵犯,在此情况下,必须加强党的作风建设,而加强党的作风建设必须有一个能结合中国现实需要的作风理论为指导,为此,毛泽东同志先后发表了《反对自由主义》《整顿党的作风》《反对党八股》《为人民服务》等著作。其中,《反对自由主义》是1937年9月7日毛泽东写的一篇文章。毛泽东在这篇文章中剖析了自由主义的表现、危害、来源以及自由主义者的思想方法,进而号召共产党员要用马克思主义的积极精神克服消极的自由主义,进而号召共产党员"用马克思主义的积极精神,克服消极的自由主义"④,对纠正党员思想上的不正之风意义显著。1942年2月1日,在中共

---

① 毛泽东年谱:上卷[M].北京:人民出版社,中央文献出版社,1993:500.
② 毛泽东选集:第1卷[M].北京:人民出版社,1991:269.
③ 毛泽东选集:第3卷[M].北京:人民出版社,1991:955.
④ 毛泽东选集:第2卷[M].北京:人民出版社,1991:360.

· 第八章
延安精神、西迁精神与红色文化

中央党校开学典礼上,毛泽东发表了《整顿党的作风》一文指出:"只要我们党的作风完全正派了,全国人民就会跟我们学。党外有这种不良风气的人,只要他们是善良的,就会跟我们学,改正他们的错误,这样就会影响全民族。"① 1944 年 9 月 8 日,在张思德同志的追悼会上毛泽东发表了《为人民服务》的演说,指出:"中国人民正在受难,我们有责任解救他们,我们要努力奋斗。要奋斗就会有牺牲,死人的事是经常发生的。但是我们想到人民的利益,想到大多数人民的痛苦,我们为人民而死,就是死得其所。"②

②作风实践建设。延安整风运动是中国共产党历史上第一次大规模的整风运动。1941 年 5 月,毛泽东同志在延安高级干部会议上做《改造我们的学习》的报告,标志着整风开始。1942 年 2 月 1 日,毛泽东在中央党校做《整顿党的作风》的报告。4 月 3 日,中共中央宣传部发出《关于在延安讨论中央决定及毛泽东整顿三风报告的决定》,规定了整风方法、步骤。6 月 8 日,中共中央宣传部又发出了《关于在全党进行整顿三风学习运动的指示》。从此,各解放区都先后开始了轰轰烈烈的整风运动。随着整风运动的深入,1943 年后,党的高级干部讨论了党的历史问题,总结了正反两方面的经验。1944 年 4 月 12 日,毛泽东做了《学习和时局》的讲话,对讨论做了总结。1945 年 4 月 20 日,党的六届七中全会通过了《关于若干历史问题的决议》,至此,全党整风运动胜利结束。延安整风运动作为一次在全党范围内开展的普遍的马克思主义教育运动和思想革命运动,产生了深远的历史影响,使全党达到空前的团结统一。

③作风方法建设。延安时期党的作风方法有许多种,如"重视学习之风""调查研究之风""联系群众之风""批评和自我批评之风""艰苦奋斗之风"等,但最有代表的优良传统和作风是在党的七大上毛泽东所作的《论联合政府》报告中概括出来的:"以马克思列宁主义理论思想武装起来的中国共产党,在中国人民中产生了新的工作作风,这主要的就是理论和实践相结合的

---

① 毛泽东选集:第 3 卷[M]. 北京:人民出版社,1991:812.
② 毛泽东年谱(1893—1949)[修订本][M]. 北京:中央文献出版社,2013:544.

作风，和人民群众紧密地联系在一起的作风以及自我批评的作风。"[①] 从 1921 年党的成立到 1935 年遵义会议之前，由于党还处在幼年时期，缺乏对中国革命的相关经验，因此，在如何对待马克思列宁主义理论和共产国际的指示上存在较大争议。1935 年，遵义会议虽然纠正了王明的"左"倾机会主义错误，但党还存在着没有指导中国革命实践的理论，面对到全面抗战时期已经发展到 70 多万党员的队伍，如何教育全党不再教条地对待马克思列宁主义的理论，如何正确对待中国革命的实际，如何把二者有机地结合起来，是党当时面临的最迫切的问题，因此，1941 年 5 月，毛泽东发表的《改造我们的学习》一文中指出："我们学的是马克思主义，但是我们中的许多人，他们学马克思主义的方法是直接违反马克思主义的。这就是说，违背了马克思、恩格斯、列宁、斯大林所谆谆告诫人们的一条基本原则：理论和实际统一。"[②] 在中国红色文化精神宝库中"三大作风"被称为"传家宝"，是毛泽东思想的智慧和光芒。

（4）纪律建设。延安时期纪律建党主要有三种方法，制定纪律制度、开展纪律教育和惩罚违纪行为。

①制定纪律制度。1939 年 5 月 30 日，时任中组部部长的陈云在《怎样做一个共产党员》一文中，根据党的性质和当时的任务，比较完整地提出了包括以"终身为共产主义奋斗"为核心内容的共产党员的六条标准，强调党员要做"群众模范"，为千百万要求入党和已经入党的先进分子的自觉锻炼和努力指明了方向和方法。1939 年 7 月，刘少奇撰写了《论共产党员的修养》，列举了党员需要锻炼的六个方面的修养。中共中央政治局于 1939 年 8 月 25 日作出《关于巩固党的决定》，提出党员发展工作"求精不求多"。1940 年 10 月 1 日，陈云在党内刊物《共产党人》上发表《巩固秘密党的几个问题》，明确提出"党员的质量重于数量"。党员标准、党员质量、党员修养，三者融合在一起，成为中国共产党的队伍不断发展壮大的基石。1941 年 7 月，中共中

---

① 毛泽东选集：第 3 卷 [M]. 北京：人民出版社，1991：933.
② 毛泽东选集：第 3 卷 [M]. 北京：人民出版社，1991：801.

央政治局在延安通过了《中共中央关于增强党性的决定》，产生了深远的历史意义。1941年，出台了边区第一部宪法性文件——《陕甘宁边区施政纲领》，规定："共产党员有犯法者从重治罪"。其中，遵守党的纪律，《中共中央关于增强党性的决定》列举了违反纪律的种种表现，主要是政治纪律和组织纪律。党的二大党章曾对上述两方面纪律做了详细具体且严格的规定，确保党中央的决议、命令和政策的贯彻执行。在政治纪律方面，《中共中央关于增强党性的决定》指出了党员干部和地方组织应与中央保持一致，尊重中央与上级的决定，不得发表与中央不一致的言论，更不能阳奉阴违，对党隐瞒。在组织纪律方面，必须坚持党的集中统一领导，坚持领导干部以身作则，反对家长统制，反对领导干部搞特殊化不遵守纪律。在提拔干部时，要坚持原则，防止小圈子和派别活动。特别是1938年党的六届六中全会上毛泽东作的《论新阶段》和中共中央根据毛泽东的报告，通过了《中共扩大的六届六中全会政治决议案》《关于中央委员会工作规则与纪律的决定》等一系列重要文件，着重运用马克思主义党建理论指导解决党内教条主义、宗派主义和自由主义等突出问题，加强党的思想和组织建设，从而增强党的凝聚力、战斗力。其中，"四个服从"的首次提出、政治规矩与纪律的重申和强调，等等，不仅在当时有力地维护了党中央的权威、党的团结和集中统一领导，对时至今日党的建设依然影响深远、意义重大。通过这些规范性文件的制定，党的纪律制度建设初步形成。

②进行纪律教育。延安时期的纪律教育主要针对党员的言行问题，升官发财问题，贪污腐化问题，奢侈浪费问题，自私自利、贪生怕死、萎靡不振的问题等开展教育。一是通过各种培训形式对党员进行纪律教育，包括延安时期的中共中央党校、抗日军政大学、鲁迅艺术学院等集中培训的方法进行党的纪律教育。二是通过实践形式进行党的纪律教育。如延安时期的大生产运动和整风运动。三是通过树立榜样进行党的纪律教育。如开展向张思德同志学习、向白求恩同志学习、向为了革命事业而英勇牺牲的革命烈士和战斗英雄学习等。四是通过惩罚严重违背党的纪律的反面典型进行纪律教育。如原八路军合作社副主任赵文元存在的结婚时不向党组织报告，婚后恶待新婚妻

子,克扣打窑洞工人工资,结婚挪用公款,在党组织对其进行谈话教育无效之后,对其给予纪律处分,其仍然不思悔改,趁反扫荡之机逃跑。八路军第十八集团军总支委员会对其作出了《关于开除赵文元党籍的决定》。又如,原清涧县张家畔税务分局局长肖玉璧贪污公款3050块大洋,案发后,边区政府对其作出了依法判处死刑的法院裁决。曾经是长征老红军、团政委的刘振球挪用公款300元左右、侵吞公款240元,中央军委原总政治部党务委员会作出如下决定:"为着巩固党,严格党的纪律,特开除刘振球的党籍,交法庭处理。"也曾经是老红军、师团级干部的黄克功,在抗日军政大学学习期间因逼婚不成枪杀陕北公学女学生刘茜,对党和军队造成了恶劣影响,被陕甘宁边区高等法院判处死刑,立即执行。

从以上分析可以看出,延安时期党的政治建设无论是从党的正确领导,还是党的正确管理两方面在红色文化中都处于特殊重要的历史地位。从正确领导角度来看,延安时期对红色文化的最大历史贡献是确立了毛泽东思想;从正确管理角度来看,延安时期对红色文化的最大历史贡献是思想建党、组织建党、作风建党和纪律建党,形成了一系列党的建设的宝贵经验。

(二) 从价值维度来看延安精神在红色文化中的价值

从价值维度来分析,延安时期产生了南泥湾精神、张思德精神等,是延安精神的集中体现。尤其是在延安时期党的七大上诞生的毛泽东思想,在中国共产党历史上具有奠基性意义,是第一次把马克思主义普遍真理同中国具体革命实际相结合的产物,是引导中国革命走向胜利的党的指导思想。

1. 南泥湾精神

作为延安精神的原生形态之一,以自力更生、艰苦奋斗为核心和本质的南泥湾精神孕育生成于大生产运动过程之中。80多年前,以八路军三五九旅为代表的抗日军民,在困境中奋起、在艰苦中发展,树立了抗日战争时期陕甘宁边区开展大生产运动的旗帜,创造了令人赞叹的伟大奇迹,谱写了一首壮丽的英雄史诗。回望历史,那是一段艰苦的岁月。为响应党中央提出的"自己动手、丰衣足食"的号召,1941年春,三五九旅在旅长王震的率领下,高唱"一把镢头一支枪,生产自给保卫党中央"的战歌,挺进南泥湾垦荒屯田，一场改天换地的"战斗"在这片黄土地上打响了，沉睡的南泥湾被战士们用镢头"唤醒"了。从野菜果腹到农业生产种植面积翻了百倍，从找废铁造工具到先后办起纺织厂、机械厂、铁厂。短短数年，三五九旅建立了农业、工业、运输业与商业等一系列比较完备的企业，打下了一个能够达到完全自给的经济基础，也铸就了伟大的南泥湾精神，成为激励无数仁人志士前赴后继、迎难而上的精神源泉。

2. 张思德精神

张思德精神的内核就是"全心全意为人民服务"。首先，张思德精神是为人民利益勇于牺牲的精神。张思德用行动履行了"为了人民，为了革命，要敢于献出自己的一切"的庄严承诺，用生命实践了"不怕困难，不怕牺牲"的入党誓词。其次，张思德精神是为人民利益任劳任怨的精神。张思德作为普通士兵，始终坚守平凡岗位，长年累月，默默无闻，兢兢业业，不计较个人得失，甘做人民的"孺子牛"，将个人利益融入党和人民的利益之中，书写了务实为民的生动篇章。最后，张思德精神是为人民利益艰苦奋斗的精神。艰苦奋斗是为人民服务的基本要求。共产党人要为民谋利，不能与民争利；要吃苦耐劳，不能贪图享乐。张思德在工作和生活中都保持了中华民族勤俭节约、艰苦奋斗的传统美德。他从不贪图享乐，单衣和袜子都打满了补丁，却把每月的津贴积攒起来，用于帮助解决他人困难。他的行为是共产党人艰苦奋斗精神的真实写照，我们党正是因为有千千万万像张思德这样的人艰苦奋斗，中国革命、建设和改革事业才取得了伟大的成就。

（三） 从实践维度来看延安精神对红色文化的传承创新

1. 建立广泛的爱国统一战线

从实践维度来看，首先要看延安时期党所面临的主要矛盾：国内存在着共产党和国民党的矛盾；国外存在着中华民族与日本帝国主义的矛盾。这是从全国大局上所做的分析。因此，在这两个矛盾中，其中，首要矛盾是中华民族与日本帝国主义之间的矛盾。解决这个矛盾的方法就是实行"国共合作"。面对日本帝国主义的侵略，蒋介石仍然采取"攘外必先安内"的政策，在日本帝国主义的疯狂侵略下，大片河山被日本帝国主义侵占，人民流离失所，而蒋介石的军队节节败退，1936年12月12日，张学良和杨虎城面对蒋介石"攘外必先安内"的既定国策，为了实现停止内战、一致抗日的目的，在西安发动"兵谏"，最终在中共中央和周恩来主导下，以蒋介石接受"停止内战，联共抗日"的提议而得以和平解决。不仅如此，为了形成全民抗战的"人民战争"的局面，中国共产党进一步提出了联合一切抗日力量、爱国人士和进步人士，组成"爱国统一战线"的号召，在此号召下，一大批爱国人士、进步人士和广大热血青年来到延安，经过抗大等学校的培训，奔赴抗日前线，用自己的血肉之躯同日本帝国主义展开了殊死搏斗。因此，从延安时期革命文化的实践成果——建立广泛的爱国统一战线，是红色文化的重要组成部分。

2. 自力更生，艰苦奋斗

从国内矛盾来看，中国共产党与国民党之间的矛盾是延安时期面临的现实矛盾。在达成了"国共合作"的情况下，蒋介石一方面对处于抗日前线的"八路军"和"新四军"少发甚至不发军费，甚至后来进一步发展到围剿"八路军"和"新四军"。1939年，蒋介石掀起反共高潮时，胡宗南任第三十四集团军副总司令、总司令，兼军委会西安办公厅主任，率军向陕甘宁边区纵深进犯，占据了淳化、旬邑、正宁、宁县和镇原五县地盘。与此同时，还协同陕西省保安处与甘肃驻军，强征民工，修筑了一条东起陕西宜川、西至甘肃西峰镇，纵横两省，长达700余华里的碉堡封锁线，严密包围封锁陕甘宁边区。1941年1月4日，国民党出兵8万多人，向驻扎在安徽云岭地区的新四军发动了突然袭击和疯狂进攻，史称"皖南事变"。面对国民党对根据地尤其是延安的严密封锁和包围，党领导延安军民开始了"自力更生，艰苦奋斗"的大生产运动。

在延安时期，自力更生、艰苦奋斗的创业精神体现在方方面面。一方面，自己动手、丰衣足食，是这种创业精神的生动表现。延安生产动员大会之后，边区军民齐参战、男女老少齐动员。党的领导人如毛泽东、朱德、周恩来、刘少奇等带头开荒种地、纺棉纱，参加大生产。领导人的率先垂范，不仅对陕甘宁边区军民发挥了重大鼓舞作用，也对推动自力更生、艰苦奋斗创业精神在整个解放区的发扬起到了重要作用，彰显了中国共产党特有的精神风貌。

另一方面，自力更生、艰苦奋斗的创业精神还体现在艰苦朴素、厉行节约、清正廉洁创造出来的良好社会风气上。在开展大生产运动中，我们党一方面注重发展经济，另一方面也要求厉行节约、反对浪费，一切党政机关和各级领导干部带头保持艰苦朴素的作风。为此，边区开展了广泛的节约运动。与此同时，党也在清正廉洁方面对共产党员提出了更高要求，强调"共产党员在政府工作中，应该是十分廉洁、不用私人、多做工作、少取报酬的模范……因此，自私自利，消极怠工，贪污腐化，风头主义等等，是最可鄙的；而大公无私，积极努力，克己奉公，埋头苦干的精神，才是可尊敬的。"①

"自力更生，艰苦奋斗"的延安精神是在军民大生产的伟大实践中总结出来的延安精神，是红色文化的实践基础。

三、 西迁精神在红色文化中的地位

（一） 从历史时期来看西迁精神在红色文化中的地位

通过前面论述，可以发现，学术界对红色文化历史时期的划分，主要倾向于新民主主义革命时期、社会主义革命和建设时期、改革开放和社会主义现代化建设新时期三个历史时期。其中，第二个历史时期是指从1949—1978，第三个历史时期是指从1978—2012。在第二个历史时期形成的红色文化主要包括雷锋精神、焦裕禄精神、大庆精神、红旗渠精神等。其中，红旗渠精神诞生于1960年，形成于1970年；雷锋精神是1963年提出的；大庆精神诞生于1959年，形成于1964年；焦裕禄精神诞生于1962年，形成于1966年。西迁精神诞生于1956年，形成于2005年。在第三个历史时期形成的红色文化包括"两弹一星"精神、抗震救灾精神、载人航天精神等。其中"两弹一星精神"诞生于1956年，形成于1999年；载人航天精神诞生于2003年，形成于2005年；抗震救灾精神诞生并形成于2008年。

---

① 毛泽东选集：第2卷 [M]. 北京：人民出版社，1991：522.

通过以上历史时期的分析，可以看出，西迁精神跨越三大历史时期，因此，从历史时期来看，西迁精神应该属于社会主义建设精神和新时代爱国奋斗精神，是交大西迁人通过60多年，历经几代人艰苦奋斗的精神成果。考察一种精神的时代意义必须立足于这种精神生发的时代背景。从国内来说，我们所处的时代可以用三句话来表述：第一，处在建立了人民民主专政的社会主义新中国的历史新纪元；第二，处在实行改革开放的历史新时期；第三，处在发展社会主义市场经济的历史新阶段。新纪元、新时期、新阶段，三个"新"字，意味着三个转折。"两弹一星"精神、大庆精神是实现第一个转折以后出现的先进典型，他们的模范事迹激励和鼓舞了整整一代共产党员、领导干部以至广大人民群众，至今仍然是人们学习的光辉榜样。① 据此理解，西迁精神应该属于第一个历史转折以后出现的先进精神和事迹。

（二）从逻辑推理上来分析：西迁精神—大学精神—红色文化

1. 西迁精神属于大学精神，是对大学精神的传承与创新

大学精神内涵十分丰富，主要包括以崇尚精神为核心的优秀传统，以爱国主义为核心的民族精神，以改革创新为核心的时代精神。具体体现为：自由独立与兼蓄包容精神的统一、人文涵化与科学实证精神的统一、批判思考与创造求新精神的统一②。

一是从交大的使命看与大学精神具有一致性。西安交通大学的使命是致力于培养崇尚科学、求实创新、勤奋踏实、富有社会责任感和高尚品质的杰出人才，保存、创造和传播知识，为中国乃至世界科技进步、社会发展和人类文明做出重要贡献。二是从交大的校训看与大学精神具有一致性。西安交通大学的校训是：精勤求学、敦笃励志、果毅力行、忠恕任事。三是从交大的学风来看与大学精神具有一致性。西安交通大学的学风是：起点高、基础厚、要求严、重实践。四是从交大西迁精神的内涵"胸怀大局、无私奉献、

---

① 中国运载火箭技术研究院. 载人航天精神的时代意义 [N]. 科技日报, 2011-11-16 (06).

② 李洪, 卫崔桃. 大学精神研究与大学建设方向 [J]. 社会科学论坛, 2015 (09): 119-135.

弘扬传统、艰苦创业"来看，与大学精神具有一致性。五是从西迁精神的核心"爱国主义"来看，与大学精神具有一致性。

由此可以看出，西安交通大学在使命、校训、学风几方面体现出的崇尚科学、重实践与自由独立的大学精神相一致；保存、创造和传播知识，"为中国乃至世界科技进步、社会发展和人类文明做出重要贡献"与大学精神的兼蓄包容的精神具有一致性；"精勤求学、敦笃励志、果毅力行、忠恕任事"与大学精神的人文涵化与科学实证精神的统一具有一致性。"崇尚科学、求实创新、富有社会责任感和高尚品质的杰出人才"与大学精神的批判思考与创造求新精神的统一具有一致性。正如时任陕西省委宣传部部长梁桂说的那样："半个多世纪来，西安交大的建设者们用自己辛勤的实践，在三秦大地上熔铸了'胸怀大局、无私奉献、弘扬传统、艰苦创业'的'西迁精神'，激励着一代又一代的交大人奋勇前进。它不仅是西安交大的优良传统和宝贵财富，是中国高等教育事业的传家宝，而且是全国广大知识分子热爱祖国、服务人民高尚情操的光辉写照。"[①]

同时，西迁精神是对大学精神的创新。一是西迁精神中所具有的"敢为人先"的精神是对大学精神的创新。其具体表现是在诸多西迁企事业单位中西安交通大学率先西迁，"党让我们去哪里，我们背上行囊就去哪里"。这种"胸怀大局"的精神无疑是对大学精神的创新。二是西迁精神中的"无私奉献"精神是对大学精神的创新。正如习近平总书记在对西迁老教授来信的回复中指出的那样："看了来信，我很感动。随手摘录几句：'党让我们去哪里，我们背上行囊就去哪里''哪里有事业，哪里有爱，哪里就有家''始终与党和国家发展同向同行。'这些话，是交大西迁人爱国奉献精神的写照，洋溢着中国知识分子浓厚的家国情怀。在价值观多元的今天，面对新的征程、新的使命，我们需要在知识分子中弘扬这种传统，激发这种情怀。"

2. 大学精神与红色文化

我国大学中的知识分子具有爱国主义的优良传统和作风。1919年"五

[①] 梁桂. 西迁精神：永远飘扬的旗帜 [N]. 陕西日报，2015-10-12（06）.

四"运动、1935年的"一二·九"运动，1937年内迁至云南昆明的西南联大，1938年内迁至陕西固县的国立西北联大，等等，无不反映出中国大学中的知识分子和全国人民一道时时关注着国家的前途命运，谋求国家富强、民族独立的办学宗旨和爱国主义热情。

我国社会主义大学，特别是经过了1951—1952年的知识分子改造运动之后的新中国大学和知识分子，他们对党怀有无比感激、热爱和坚决拥护之情，认真学习马克思列宁主义，逐步树立了马克思主义的辩证唯物主义和历史唯物主义的思想和观念，学会了运用马克思主义的立场观点和方法去分析和解决问题。特别是对毛泽东思想的学习，使得知识分子们学会了如何将马克思主义理论与中国发展实际需要紧密结合在一起，来指导自己的教学和科研工作。因此，我国社会主义大学是在马克思主义理论指导下，在中国共产党的领导下，坚定不移地沿着党所指引的路线和办学方针培养社会主义合格建设者和接班人，是先进文化的传播者，因此，大学精神是红色文化的重要组成部分。

新时代的中国特色社会主义大学是在习近平新时代中国特色社会主义思想指引下，在党的坚强领导下，紧密围绕"立德树人"的根本目标，把培养一代又一代拥护中国共产党领导和我国社会主义制度、立志为中国特色社会主义奋斗终生的有用人才作为根本任务和使命，积极传播民族精神和时代精神，帮助青年树立正确的世界观、人生观和价值观，由此可以看出，新时代的大学精神是红色文化必不可少的组成部分。

3. 西迁精神与红色文化的共性

西迁精神与红色文化的共性是中国共产党以马克思主义为指导，为了实现国家富强和民族振兴的历史使命，在探索和开辟社会主义建设和改革道路的过程中，形成的中国化的理论成果，包括物质文化、制度文化和精神文化三方面。西迁精神是延安精神的继承、发扬（梁桂，2015），西迁精神的创新发展离不开与延安精神的结合（西安交通大学党委，2017）。徐茂义在《西迁精神与交大传统》一文中将西迁精神与长征精神、延安精神做类比，西迁精神与长征精神均是要告别骨肉、手足、亲友，在情感上难舍难分；都要奔向

第八章 延安精神、西迁精神与红色文化

一个一无所知或知之甚少的陌生地区，难免有前途未卜的困惑。西迁精神与延安精神要点都是：胸怀大志、自我牺牲，在一个条件较差的新地区艰苦创业。西安市委中心组提出：以"胸怀大局、无私奉献、弘扬传统、艰苦创业"为主要内容的西迁精神，与新民主主义革命时期的红船精神、井冈山精神、延安精神、张思德精神、西柏坡精神，以及社会主义革命和建设时期的大庆精神、红旗渠精神、焦裕禄精神，等等，共同形成了中国共产党人的精神谱系，由此可见，西迁精神属于革命精神的继承和发扬，属于社会主义建设精神，因此，属于红色文化的应有内涵。

2018年6月，中共中央组织部、中共中央宣传部印发《关于在广大知识分子中深入开展"弘扬爱国奋斗精神、建功立业新时代"活动的通知》中指出："近年来，习近平总书记对弘扬爱国奋斗精神作出一系列重要指示，指出爱国主义是中华民族精神的核心，爱国主义精神激励着一代又一代中华儿女为祖国发展繁荣而不懈奋斗；幸福都是奋斗出来的，社会主义是干出来的，新时代是奋斗者的时代，要把爱国之情、报国之志融入祖国改革发展的伟大事业之中、融入人民创造历史的伟大奋斗之中。习近平总书记高度赞扬以钱学森、邓稼先、郭永怀等'两弹一星'元勋和西安交通大学'西迁人'为代表的老一辈知识分子'党让我们去哪里，我们背上行囊就去哪里''始终与党和国家的发展同向同行'的家国情怀和奉献精神，充分肯定以黄大年、李保国、南仁东、钟扬等为代表的新时代优秀知识分子'心有大我、至诚报国'的感人事迹和爱国情怀，强调面对新的征程、新的使命，需要在知识分子中弘扬这种传统、激发这种情怀。"[①] 由此可见，西迁精神具有时代精神的深刻内涵，属于红色文化。

2020年4月22日，习近平总书记来到西安交通大学，在参观完交大西迁博物馆之后，习近平总书记指出：西迁精神的核心是爱国主义，精髓是听党指挥跟党走，与党和国家、与民族和人民同呼吸、共命运，具有深刻的现实意义和历史意义。爱国主义是红色文化的核心，中华民族五千年的文明史、

---

① 中共中央组织部、中共中央宣传部关于在广大知识分子中深入开展"弘扬爱国奋斗精神、建功立业新时代"活动的通知 [N]. 人民日报，2018-08-01 (01).

中国共产党的奋斗历史就是爱国主义史,西迁精神就是红色文化的缩影。中国革命、建设和改革开放之所以能够取得胜利,中国人民之所以能够从站起来、富起来到强起来,就是因为中国人民深刻地认识到党的初心和使命就是为中国人民谋幸福,为中华民族谋复兴。因此,人民深深拥护和衷心爱戴党,人民群众愿意听党话跟党走,而"听党指挥跟党走,与党和国家、民族和人民同呼吸、共命运",正是西迁精神和红色文化的共性所在。

结束语

  伟大的时代铸就伟大的精神,伟大的精神引领伟大的时代。作为红色文化以及中国共产党人精神谱系第一批伟大精神的重要组成部分,延安精神与西迁精神在文化蕴涵、价值追求、时代意义方面具有一定融合性,共同植根于中华优秀传统文化,孕育于革命或建设时期的伟大实践,发展于中国特色社会主义光辉历程。一方面,二者相互联系,以爱国主义为核心的伟大民族精神、坚定的政治信念和崇高的革命理想、艰苦奋斗不屈不挠的英雄主义精神、重于求实和勇于创新的革命精神、忠诚于党和服务人民的崇高品德、顾全大局和无私奉献的报国精神是西迁精神与延安精神的共同要义。另一方面,二者相互贯通,西迁精神既继承了延安精神胸怀大局、听党指挥,高扬爱国主义旗帜,无私奉献、艰苦创业,解放思想、实事求是的精神内核,同时,在奉献报国、严谨精致、开拓进取、团结互助、爱国奋斗等方面守正创新,凝聚成为新时代开创新事业、奋斗新征程的强大精神动力。在新的历史条件下,要立足西迁精神和延安精神认知传播和传承创新调查现状,聚焦延安精神和西迁精神传承创新中的现实问题,牢牢把握新时代知识分子群体,依托增强主体自觉、丰富相关内容、拓宽媒介渠道、优化传播环境等的系统合力,不断深化西迁精神对延安精神的传承创新,充分发挥西迁精神和延安精神的时代价值,教育引导全社会特别是广大知识分子树牢家国情怀、坚定政治立场，到祖国最需要的地方建功立业，为全面建设社会主义现代化国家、全面推进中华民族伟大复兴的中国梦而拼搏奋斗、勇往直前。

后 记

延安精神和西迁精神是中国共产党人精神谱系中的闪亮明珠，是我们党在革命和建设辉煌历程中积淀凝结而成的宝贵精神财富，在新的时代条件下正焕发出蓬勃生机，赋予广大知识分子以丰富的思想文化资源和创新创造活力。本研究通过对延安精神和西迁精神的理论蕴涵、重要价值，以及二者间的内在关系等问题进行系统研究，得出以下主要结论：

第一，作为中国精神的重要组成部分，延安精神和西迁精神并非无源之水、无本之木，它们具有坚实的理论基础，深深植根于中国共产党人精神谱系以及习近平总书记关于精神的重要论述之中，凝练出丰富的理论内涵。延安精神主要包括全心全意为人民服务的根本宗旨；自力更生、艰苦奋斗的创业精神；坚定正确的政治方向；解放思想、实事求是的思想路线。西迁精神的内涵是胸怀大局、无私奉献、弘扬传统、艰苦创业，核心是爱国主义，精髓是听党指挥跟党走，与党和国家，与民族和人民同呼吸、共命运。

第二，西迁精神既蕴涵着中国共产党领导知识分子扎根西部艰苦奋斗、无私奉献的历史文化渊源，同时指明了新时代知识分子爱国奋斗、建功立业新时代的精神坐标，彰显出深刻的历史意义与时代价值。从历史维度看，西迁精神是对中华优秀传统文化、民族精神、延安精神的继承与发展。从现实维度看，西迁精神为时代精神、公民道德建设、社会主义核心价值观，以及党中央治国理政注入了新的内涵。

第三，西迁精神与延安精神一脉相承、高度契合，表现出鲜明的共性特征，主要涵盖以爱国主义为核心的伟大民族精神、坚定的政治信念和崇高的革命理想、艰苦奋斗不屈不挠的英雄主义精神、重于求实和勇于创新的革命精神、忠诚于党和服务人民的崇高品德、顾全大局和无私奉献的报国精神、同属于红色文化和中国共产党人精神谱系七个维度。与此同时，二者在时代背景、历史任务、创造主体、斗争对象等方面也蕴涵着各自的个性化鲜明特质。

第四，西迁精神的孕育生发离不开对于延安精神的继承弘扬，二者共同彰显了胸怀大局、听党指挥，高扬爱国主义旗帜，无私奉献、艰苦创业，以及解放思想、实事求是的精神品格。与此同时，西迁精神在伟大实践中凝铸了新的内涵，在奉献报国、严谨精致、开拓进取、团结互助和爱国奋斗等方面对延安精神进行了创新发展。

第五，深化对西迁精神和延安精神的准确把握是新时代知识分子继承发扬中国精神的重要使命，但调查研究发现，当前西迁精神对延安精神的传承创新过程中仍然存在主体意识薄弱，客体（内容）有待系统化、科学化、大众化，介体有待拓宽，环体有待优化等现实问题。对此，本研究从四个维度提出了具有针对性的优化路径：一是增强主体自觉性，提升价值认同，促进其主动强化对两大精神的继承学习；二是丰富相关内容，构建理论性精神体系，推进内容的系统化、科学化、大众化；三是拓宽媒介渠道，充分发挥实体红色文化资源和网络传媒的作用；四是优化精神传播环境，加强监督引导，营造良好的红色文化氛围。

第六，延安精神和西迁精神是红色文化的内在精神基因，在红色文化中具有重要地位与价值。具体而言：从历史维度看，延安精神的历史地位主要表现为政治地位；从价值维度看，延安时期诞生的毛泽东思想在中国共产党历史上具有奠基性意义；从实践维度看，延安精神在建立广泛的爱国统一战线以及自力更生、艰苦奋斗两个方面实现了对红色文化的传承创新。与此同时，西迁精神作为第一个历史转折后出现的先进精神，是跨越多个历史时期红色文化的鲜明体现，凸显了西迁精神—大学精神—红色文化的逻辑理路，与红色文化共同诠释了听党指挥跟党走，与党和国家，与民族和人民同呼吸、共命运的价值追求。

正如延安精神和西迁精神源远流长的发展历程一样，西迁精神对延安精神的传承创新研究以及两大精神的继承弘扬也是一个任重道远的过程。可以肯定，本研究在理论挖掘、研究视野等方面还存在诸多不足之处，这也为下一步研究指明了努力方向。一是从延安精神及西迁精神的发展历程出发，进一步深化两大精神各自生成逻辑、理论内涵、历史意义、时代价值的系统化研究，为深入挖掘二者的共性与个性奠定基础。二是坚持共时态与历时态相结合的研究视角，把握不同历史时期两大精神的内在联系，从历史与现实两个维度考察西迁精神对延安精神继承创新的发展规律。三是拓宽调查对象抽样范围，将被调查者由青年大学生扩展至包括高校师生在内的广大知识分子，增强数据的全面性、准确性。四是路径研究要做到与时俱进，不断赋予延安精神及西迁精神的传承路径以创新性元素。

精神是一个民族持续发展的深层动力。无论是在战火纷飞的革命年代塑造的延安精神，还是在艰苦卓绝的建设时期凝铸而成的西迁精神，都能让人深刻感受到中华民族团结起来所迸发出的伟大力量。尽管年代不同，但两大精神一脉相承，同其他中国精神一道，共同为中华民族构筑起一座永久的精神大厦和不朽的精神丰碑。"上有迢迢河汉，下有滔滔江水"。历史从来不是黑暗沉寂的过去，它的本质意义在于启明不可知之的未来光辉。我们要以传统为火种，以时代为动力，在薪火相传中不断增强广大知识分子传承弘扬延安精神与西迁精神的理论认知、价值认同与实践归属，汇聚起建功立业新时代的强大精神伟力。

本书为作者承担2018年陕西省社科基金项目"西迁精神对延安精神的传承创新研究"研究成果（立项号：2018A14）。